Marc-André Lussier

Le meilleur de mon cinéma

Les 300 films incontournables des 30 dernières années

LES ÉDITIONS **LA PRESSE**

Catalogage avant publication de Bibliothèque et Archives
nationalesdu Québec et Bibliothèque et Archives Canada

Lussier, Marc-André
Le meilleur de mon cinéma
ISBN 978-2-89705-205-8
1. Cinéma - Comptes rendus. I. Titre.
PN1995.L872 2013   791.43'75   C2013-941658-7

Présidente Caroline Jamet
Directrice de l'édition Martine Pelletier
Directrice de la commercialisation Sandrine Donkers

Éditeur délégué Yves Bellefleur
Conception de la couverture Marguerite Brooks
Conception de la grille intérieure Célia Provencher-Galarneau
Montage et versions numériques Studio C1C4
Révision linguistique Michèle Jean

L'éditeur bénéficie du soutien de la Société de développement des
entreprises culturelles du Québec (SODEC) pour son programme
d'édition et pour ses activités de promotion.

L'éditeur remercie le gouvernement du Québec de l'aide financière
accordée à l'édition de cet ouvrage par l'entremise du Programme de
crédit d'impôt pour l'édition de livres, administré par la SODEC.

Nous reconnaissons l'aide financière du gouvernement du Canada
par l'entremise du Fonds du livre du Canada (FLC).

LES ÉDITIONS **LA PRESSE**
Les Éditions La Presse
7, rue Saint-Jacques
Montréal (Québec)
H2Y 1K9

TABLE
DES MATIÈRES

À François, Pedro, Lars, Patrice,
Ang, Jacques, et tant d'autres, merci.

PRÉFACE

MONSIEUR CINÉMA

Il est prêt à faire 1000 kilomètres, en voiture, seulement pour interviewer Catherine Deneuve. Il l'a déjà fait. Quand j'ai connu Marc-André, il y a une quinzaine d'années, il ne prenait pas l'avion (ce qui explique cet aller-retour entre Montréal et Toronto). Difficile à imaginer aujourd'hui.

Et pourtant, même s'il passe quantité d'heures dans des avions et des hôtels, entre New York et Los Angeles, Cannes, Venise, Berlin, Locarno ou encore Toronto (parfois sans avoir le temps de poser ses valises chez lui), il est tout le contraire d'un *jet-setter*.

Il n'a cure des artifices entourant le cinéma, du strass et des paillettes, de l'obsession du vedettariat. Ce qui l'intéresse, ce sont les films et ses artisans. Les cinéastes, les scénaristes, les directeurs de la photographie, les acteurs. Ils le savent, du reste. Le respect entre eux est mutuel.

Il n'était pas rare, lorsque nous participions jadis – sous la bannière des *2 Marc* – à l'émission de Christiane Charette à la radio de Radio-Canada, qu'un cinéaste, une actrice ou un acteur français de passage à Montréal le reconnaisse avec plaisir en entrant dans le studio. Il les a rencontrés si souvent, les artistes d'ici comme ceux d'ailleurs, avec toujours la même rigueur, le même professionnalisme, que s'est naturellement installé entre eux un climat de confiance.

Les films de François Truffaut l'ont marqué à l'adolescence. Il en a conservé un goût du cinéma d'auteur, et du cinéma français en particulier. Mais il reste un passionné de tous les types de cinéma. Il a consacré sa vie professionnelle, à la radio, à la télévision comme à *La Presse*, à partager son amour du septième art. Humblement, avec à-propos, sans jamais se mettre à l'avant-plan de son sujet.

Il passe le plus clair de son temps dans les salles obscures. Aussi est-il toujours surpris qu'on le reconnaisse, dans la rue ou dans un aéroport, et qu'on lui fasse la remarque que son travail est très apprécié. Ce n'est pourtant pas étonnant.

Marc-André est un critique de cinéma comme il s'en fait peu. Un maniaque du détail, de l'information juste, du repère historique pertinent. C'est aussi un bourreau de travail, capable de résister aux tentations d'une nuit vénitienne, new-yorkaise ou parisienne, pour peaufiner un reportage, resserrer une critique ou retravailler un texte que vous pourrez lire dans ce livre.

Il revoit ou découvre volontiers, en prévision de la sortie d'un film attendu ou d'un festival, les précédentes œuvres d'un cinéaste, revisitant sans cesse le répertoire. Je ne connais personne qui voit autant de films que lui. Ils sont rares les critiques qui ont une telle mémoire du cinéma. Qui peuvent aussi aisément faire référence à d'autres films, à d'autres cinéastes, à d'autres courants cinématographiques pour appuyer leur propos.

Dans le milieu du cinéma québécois, Marc-André est reconnu pour son jugement critique, son sens de la nuance, ses connaissances encyclopédiques, sa très grande crédibilité. Il est un pilier, à *La Presse*, non seulement pour les lecteurs, mais pour tous ceux qui le côtoient au quotidien. Notre « Monsieur Cinéma » à nous.

Il n'est jamais complaisant, mais il sait faire la part des choses. Trouver la lumière où plusieurs ne voient, par facilité peut-être, par paresse ou par « sens de la formule », que du noir. Ou à l'inverse, oser relever le bémol dans le concert d'éloges. Avec, toujours à cœur et en tête, l'intérêt du lecteur.

Il ne prend jamais son travail à la légère. Et ne sous-estime jamais l'effort et le temps – se calculant parfois en années – consacrés à une œuvre par un cinéaste. Cette sensibilité lui vient peut-être de son propre passé d'artiste, dont il n'aime pas faire l'étalage. Marc-André a été, dans une autre vie, demi-finaliste au prestigieux Festival de la chanson de Granby!

Le côtoyer, c'est avoir la chance de fréquenter une sommité en son domaine. Je sais qu'il rougira en lisant cette phrase, qui est pourtant incontestable. Il faut voir sa vidéothèque, qui compte plusieurs raretés acquises pendant ses voyages, pour comprendre son rapport intime au cinéma.

Un rapport si fort qu'il peut s'avérer dangereux... En voulant faire le tri dans sa collection de magazines de cinéma l'an dernier, il s'est fracturé un bras pendant un transport hasardeux et a dû faire l'impasse sur le Festival de Karlovy Vary. Ce qui ne l'a pas empêché de bloguer d'une seule main pendant des semaines!

Il s'en défendra en prétextant un quelconque désordre dans ses archives, mais Marc-André est un maître de l'organisation. À la mi-décembre, depuis au moins une décennie, il m'envoie sans faute la liste des longs métrages ayant pris l'affiche au Québec au cours des 12 derniers mois, afin que je puisse dresser ma propre liste des meilleurs films de l'année. C'est donc sans surprise que j'ai appris qu'il avait conservé les listes annuelles de ses films préférés, même celles datant d'avant sa carrière de critique.

Elles ont nourri cet ouvrage ludique, instructif et passionnant. Un livre à l'image de son auteur : rigoureux, sans prétention. Un essai d'une grande acuité, truffé d'informations inédites, d'anecdotes, d'entrevues avec les artistes les plus réputés du cinéma actuel, qui donne envie de découvrir ou de revoir quantité de films. Coups de cœur personnels, chefs-d'œuvre en devenir, bijoux méconnus, revisités et éclairés par le regard rétrospectif, sur 30 ans de cinéma, d'un critique et cinéphile hors du commun.

Marc Cassivi

Chroniqueur et critique de cinéma à La Presse.
Il coanime les capsules Les 2 Marc avec Marc-André Lussier.

AVANT-PROPOS

HIER ENCORE...

Il y a exactement 25 ans, ma vie a basculé. Le 29 septembre 1988, je suis monté au deuxième étage d'un vieil édifice du boulevard Pie-IX avec mes notes, mes disques vinyle sous le bras, et la peur au ventre. Je suis entré dans un studio dont les murs étaient revêtus de contenants à œufs. Pour servir d'isolant. Je me suis assis derrière une vieille console (que j'ai appelée plus tard ma console «soviétique») à essayer de comprendre ce qu'on m'expliquait: comment fonctionnent tous ces machins pour faire entendre les promos, comment régler la bonne vitesse pour les deux tables tournantes installées à gauche (qui ne tournaient jamais à la bonne vitesse de toute façon), comment ouvrir, éteindre les micros. Surtout, je pensais à ce que j'allais dire. Pour la première fois de ma vie, j'allais parler publiquement de ma passion du cinéma à qui voulait bien l'entendre, dans une nouvelle émission hebdomadaire insérée dans la grille du jeudi soir de CIBL-FM, la radio communautaire de Montréal.

Avec mon ami d'enfance Gilles Durocher, qui s'est orienté autrement depuis, nous avions eu l'idée de *Projection spéciale,* une émission qui correspondait à notre envie de parler de cinéma «autrement». Sans aucune expérience mais débordant d'enthousiasme, nous avions eu le feu vert du directeur des programmes de l'époque, Marc Thivierge. Si ma mémoire est fidèle, Marc était heureux d'inscrire à sa grille une nouvelle émission consacrée au cinéma, d'autant plus que celle produite par une autre équipe venait de cesser. On nous a mis à l'essai. *Projection spéciale* est restée en ondes huit ans. Bien des coanimateurs se sont succédé au micro au fil des ans, mais la formule est toujours restée la même.

J'ai souvent dit que je devais en grande partie ma carrière à cette radio communautaire. Je le crois toujours. Même si, à l'époque, la petite antenne de CIBL ne rayonnait pas au-delà de 10 pâtés de maisons dans le quartier Hochelaga-Maisonneuve, j'y ai appris ce qui allait plus tard devenir mon métier. J'y ai surtout rencontré des gens formidables.

Au moment où *Projection spéciale* est entré en ondes, je rédigeais depuis cinq ans déjà, dans de petits cahiers, des commentaires sur tous les films que j'allais voir en salle. Au moins trois ou quatre par semaine. Dès 1983, j'ai commencé à établir ma liste personnelle des 10 meilleurs films de l'année. Pour le simple plaisir de la chose. C'est en retrouvant par hasard ces vieux cahiers que l'idée de ce recueil a surgi.

Le livre que vous tenez entre vos mains est un peu à l'image de l'esprit qui m'animait à l'époque. Il ne s'agit pas du tout d'un ouvrage théorique sur le cinéma, encore moins d'un essai sur la pensée critique. Il n'a pas la prétention non plus de couvrir tout ce que le cinéma a produit de plus grand au cours des 30 dernières années.

Ce recueil résulte plutôt d'un exercice ludique qui, je l'espère, vous rappellera aussi de beaux souvenirs cinématographiques. Peut-être même vous donnera-t-il l'envie de découvrir certains films ou d'en revoir d'autres.

Je vous invite, donc, à partager avec moi ces 30 années d'amour du cinéma. À travers les portraits de 30 personnalités marquantes, je vous propose aussi de découvrir les coulisses d'un métier qui, 25 ans plus tard, me passionne toujours autant.

Bon cinéma !

Marc-André Lussier

1983

★ 1 ★
L'HOMME BLESSÉ
Patrice Chéreau (France)

Avec Jean-Hugues Anglade, Vittorio Mezzogiorno, Roland Bertin.

...

Poussé à commettre un acte violent sur un inconnu, un adolescent s'éprend d'une passion pour l'homme qui l'a incité à poser ce geste.

Une histoire de fascination et de grande passion, traversée de scènes troublantes. Écrit par Patrice Chéreau et l'écrivain Hervé Guibert, le scénario explore de nombreuses zones grises et fait aussi écho au désarroi de l'adolescence. Le souvenir de ce drame ne s'effacera pas de sitôt. En prime, une vraie révélation : Jean-Hugues Anglade. (23 août 1983)

★ 2 ★
THE BIG CHILL (Les copains d'abord)
Lawrence Kasdan (États-Unis)

Avec Glenn Close, William Hurt, Kevin Kline, Tom Berenger.

...

Les membres d'un groupe d'amis d'université se retrouvent des années plus tard après le suicide de l'un des leurs.

Brillant d'intelligence, d'humour, d'émotion. Les personnages sont bien dessinés, les dialogues sont savoureux et la distribution d'ensemble est superbe. Mentions spéciales à Kevin Kline, Glenn Close, ainsi qu'à William Hurt, touchant dans le rôle d'un vétéran de la guerre du Vietnam, meilleur ami de celui dont on pleure la disparition. (9 octobre 1983)

★ 3 ★
LA LUNE DANS LE CANIVEAU
Jean-Jacques Beineix (France)

Avec Gérard Depardieu, Nastassja Kinski, Victoria Abril, Bertice Reading.

...

Un *docker* jure de venger la mort de sa sœur, qui s'est suicidée après avoir été violée dans une impasse.

Beineix a été traîné dans la boue à Cannes et j'avoue mal comprendre. Le pari de cette adaptation d'un roman noir de David Goodis est principalement esthétique, il est vrai, mais quand même, quelles images exceptionnelles ! Le parti-pris du romantisme exacerbé est fort bien tenu ici. Et le trio Nastassja Kinski – Gérard Depardieu – Victoria Abril fonctionne très bien. Il nous vaut même quelques scènes dignes d'une anthologie. (25 août 1983)

★ 4 ★
MERRY CHRISTMAS MR. LAWRENCE (Furyo)
Nagisa Oshima (Japon)

Avec David Bowie, Ryuichi Sakamoto, Tom Conti, Takeshi Kitano.

...

Prisonnier des Japonais à Java en 1942, un militaire rebelle soulève l'ire d'un jeune capitaine, atteint intimement par les provocations du soldat anglais.

La rumeur venue de Cannes est fondée : ce drame de guerre est remarquable, d'autant qu'il a cette particularité de faire écho à un point de vue plus intime. Mis en scène de façon rigoureuse, le film se distingue grâce à ses deux rock stars, *David Bowie et Ryuichi Sakamoto, sans oublier l'extraordinaire trame musicale que Sakamoto a composée pour l'occasion. (23 août 1983)*

★ 5 ★
TOOTSIE
Sydney Pollack (États-Unis)

Avec Dustin Hoffman, Jessica Lange, Teri Garr, Dabney Coleman.

...

Un acteur au chômage tente de décrocher un rôle important dans un téléroman en s'inventant à l'insu de tout le monde un personnage féminin.

Avec The Way We Were, Tootsie *constitue sans doute l'une des plus belles réussites de Sydney Pollack. Ce qui n'aurait pu être qu'une comédie simplette entiè-*

rement centrée sur une performance d'acteur devient, grâce à Pollack et au jeu de Dustin Hoffman, un film émouvant sur l'identité sexuelle. *(10 janvier 1983)*

★ 6 ★
EN HAUT DES MARCHES
Paul Vecchiali (France)
Avec Danielle Darrieux, Hélène Surgère, Micheline Presle, Nicolas Silberg.

...

Vingt ans après la guerre, une femme revient dans la ville qu'elle a été forcée de fuir après l'assassinat de son mari, un ancien pétainiste.

Vecchiali brosse ici un portrait tendre et sensible d'une femme (sa mère), « complice » d'un homme qui s'est placé du mauvais côté de l'histoire. Ce faisant, l'auteur cinéaste aborde un sujet tabou, celui du régime de Vichy et des règlements de comptes qui ont suivi la Libération. Dans ce drame qui s'engouffre volontairement dans plusieurs zones d'ombre, Danielle Darrieux est magnifique. (3 décembre 1983)

★ 7 ★
DANTON
Andrzej Wajda (France/Pologne)
Avec Gérard Depardieu, Wojciech Pszoniak, Anne Alvaro, Roland Blanche.

...

Inquiet de la nouvelle orientation qu'emprunte la révolution en 1793, Danton affronte son ancien compagnon de lutte, Robespierre.

Oui la postsynchro est parfois un peu gênante (des acteurs jouent en français ; d'autres en polonais), mais Wajda nous propose ici un film à caractère historique captivant, porté par une interprétation inspirée de Gérard Depardieu. Dans le rôle de Danton, il est tout simplement magistral. (26 août 1983)

★ 8 ★
SOPHIE'S CHOICE (Le choix de Sophie)
Alan J. Pakula (États-Unis)
Avec Meryl Streep, Kevin Kline, Peter MacNicol, Rita Karin.

...

À New York, quelques années après la guerre, un écrivain se lie d'amitié avec Sophie, survivante polonaise des camps nazis, et l'amant de cette dernière, un intellectuel juif.

Adaptation magnifique du roman de William Styron, magnifiée par la composition sidérante de Meryl Streep. Entourée de Kevin Kline (brillant) et de Peter MacNicol (très bien aussi), l'actrice met ici son talent au service d'une histoire très forte et déchirante. Soulignons le travail admirable de Nestor Almendros à la photo. (4 février 1983)

★ 9 ★
HÉCATE
Daniel Schmid (Suisse)

Avec Bernard Giraudeau, Lauren Hutton, Jean Bouise, Jean-Pierre Kalfon.

...

En 1942 en Afrique du Nord, un jeune ambassadeur tombe éperdument amoureux d'une femme qui ne cesse de lui échapper.

Ce film fut généralement très mal accueilli mais j'ai été personnellement touché par l'écriture (Pascal Jardin a adapté le roman de Paul Morand), tout autant que par le jeu sensible des interprètes, Bernard Giraudeau en tête. Une réplique — livrée par Jean Bouise — passera sans doute à l'histoire : « Quel âge avez-vous ? 50 ans ? Quel désastre ! »... (22 août 1983)

★ 10 ★
THE HUNGER (Les prédateurs)
Tony Scott (Royaume-Uni/États-Unis)

Avec Catherine Deneuve, David Bowie, Susan Sarandon, Cliff De Young.

...

À New York, une femme vampire sollicite l'aide d'une spécialiste afin de tenter d'arrêter le processus de vieillissement accéléré de son compagnon.

Catherine Deneuve, au sommet de sa beauté, en vampire éternelle dans un film où le souci esthétique prime pratiquement sur tout le reste. Pour un admirateur, la voir dans un film aussi gonflé constitue forcément une joie. En compagnie de David Bowie et Susan Sarandon, elle joue à fond de son image mythique et l'on ne demande pas mieux. (15 mai 1983)

RETOUR

· ·

UN CONSTAT

Il y a 30 ans, je dressais ma liste personnelle des 10 meilleurs films de l'année pour la toute première fois. Pour le simple plaisir de la chose. Quand je suis retombé récemment sur cette vieille liste (en faisant du ménage dans mes archives!), je n'ai pu faire autrement que de constater à quel point le Festival des films du monde de Montréal (FFM) occupait un espace très important dans la vie des cinéphiles montréalais à cette époque. Quatre des 10 titres retenus dans ce palmarès ont amorcé leur carrière nord-américaine au FFM après avoir été lancés au Festival de Cannes quelques mois plus tôt. Un autre fut présenté au FFM en première mondiale. En ces temps bénis, le festival montréalais parvenait à attirer plusieurs productions de prestige dans son volet compétitif. *Danton* avait d'ailleurs valu à Gérard Depardieu le Prix d'interprétation du FFM, le premier de ses lauriers internationaux. On retrouvait aussi dans la programmation «hors concours» de l'événement la vaste majorité des films déjà présentés en compétition dans d'autres grands festivals internationaux. Comme tout cela a bien changé depuis!

Il est d'ailleurs assez ironique de retrouver dans cette liste le film qui, d'une certaine façon, devait provoquer le déclin du Festival des films du monde. En 1983, le studio Columbia a couru un risque en utilisant le *Festival of Festivals* de Toronto (c'était son nom à l'époque), un festival non compétitif né un an avant le FFM, comme rampe de lancement pour un «petit» film dont la mise en marché s'annonçait un peu difficile à faire. La carrière de *The Big Chill*, premier film à faire directement écho aux désillusions de la génération des *baby-boomers*, a commencé dans la Ville Reine (où il a reçu le Prix du public) pour ensuite se poursuivre glorieusement jusqu'aux Oscar. Le sort du FFM en fut presque jeté à ce moment-là. Et son déclin inéluctable. La stratégie s'étant révélée payante pour Columbia, les grands studios américains ont progressivement choisi le Festival de Toronto pour lancer leurs poulains susceptibles de se distinguer pendant la saison des récompenses. Du coup, ils ont entraîné à leur suite tous les intervenants du cinéma mondial. La direction du FFM n'a visiblement pas pris la menace au sérieux pendant qu'il était encore temps. Dès les années 90, la partie était perdue.

Je n'ai pas revu *L'homme blessé* depuis plusieurs années. Peut-être ma lecture serait-elle différente aujourd'hui. Mais il s'agit du film qui m'a initié à l'œuvre de Patrice Chéreau, un artiste dont l'approche artistique me touche profondément. Cela tient sans doute à sa façon de toujours traquer la vérité des sentiments jusqu'au bout, sans faux-fuyants. C'est en tout cas ce qui m'avait bouleversé dans cette rencontre entre deux hommes dont l'un exerce un pouvoir malsain sur l'autre.

Par ailleurs, la plupart des titres aimés ont traversé l'épreuve du temps. Des films comme *Tootsie, Merry Christmas Mr. Lawrence, Sophie's Choice* ou *Danton* tiennent encore très bien la route aujourd'hui.

Si je persiste à croire que *La lune dans le caniveau* n'a jamais été reconnu à sa juste valeur, j'affiche en revanche une perplexité de bon aloi face à *En haut des marches,* un film que je n'ai jamais revu (non disponible en DVD, même en France). Paul Vecchiali est un auteur cinéaste qui, au cours des années 70 et 80, s'est résolument cantonné dans la marge. *En haut des marches,* complètement tombé dans l'oubli maintenant, reste probablement son film le plus accessible à ce jour.

L'année 1983 en fut par ailleurs une grande pour David Bowie. Non seulement s'est-il tapé son plus grand succès populaire sur disque cette année-là (grâce à l'album *Let's Dance*), mais il fut aussi la vedette de deux films très en vue, on ne peut plus différents, tous deux lancés au Festival de Cannes. *Merry Christmas Mr. Lawrence*, dans lequel un dénommé Takeshi Kitano fut révélé, affiche une plus grande ambition sur le plan artistique, mais je prends toujours plaisir à revoir aussi *The Hunger*, un film généralement très décrié à l'époque. Au début des années 80, il était généralement de bon ton de dénoncer haut et fort les cinéastes venus d'une autre forme de réalisation — c'était le cas du regretté Tony Scott — qui «contaminaient» le cinéma avec leur esthétisme directement inspiré de la publicité et du vidéoclip.

★ Portrait ★
FRANÇOIS TRUFFAUT

L'HOMME QUI M'A FAIT AIMER LE CINÉMA

• •

En 1983, François Truffaut signait *Vivement dimanche*. Qui devait malheureusement être son dernier film. Voici une chronique écrite à l'occasion du 25ᵉ anniversaire de sa mort.

Il pleuvait à boire debout. Une fraîcheur d'automne à vous transpercer l'âme et le corps. Alors qu'en ce mercredi de fin d'octobre, Paris s'anime sur la place de Clichy, le cimetière de Montmartre, tout juste à côté, reste tristement désert. Même si je fréquente rarement ce genre d'endroit, j'ai ressenti le besoin de m'y rendre aujourd'hui. Pour honorer une dette de reconnaissance.

J'arpente tout fin seul quelques avenues entre les mausolées pour me rendre à la 21e division. Je cherche. Ne trouve rien. Je me rends trop loin. La pluie s'intensifie. Je reviens sur mes pas en observant attentivement chacune des marques. La pierre tombale, noire, est bien là, un peu en retrait, étendue sobrement sur le sol avec, pour unique inscription, « François Truffaut, 1932-1984 ». Je m'approche.

Sur le rebord de la pierre rectangulaire, quelques plantes discrètes, une photo détrempée de Jeanne Moreau à la garçonne (tirée de Jules et Jim*), et quelques titres de transport déposés sous de petites roches. Ces billets doivent encore être valides pour le dernier métro, j'imagine...*

*En ce jour où l'on commémore le 25ᵉ anniversaire de la mort prématurée du cinéaste, je n'ai pas croisé le fantôme d'Antoine Doinel, ni le regard de celles — elles en furent toutes éperdument amoureuses — qui ont tant aimé cet homme qui aimait les femmes. « Les jambes des femmes sont des compas qui arpentent le globe terrestre en tous sens, lui donnant son équilibre et son harmonie », faisait-il dire à Charles Denner dans son célèbre film (*L'homme qui aimait les femmes*).*

Quand Truffaut est mort du cancer le 21 octobre 1984 à l'âge de 52 ans (52 ans! Vous vous rendez compte?), ça m'a touché personnellement. Alors jeune cinéphile, j'avais carrément l'impression d'avoir perdu un proche.

À Truffaut, je dois pratiquement mon amour du cinéma. J'ai aimé ses films bien sûr. Des 400 coups *jusqu'à* Vivement dimanche *avec, au fil du parcours, quelques œuvres fétiches: toutes celles du cycle Doinel, et* Tirez sur le pianiste, Jules et Jim, L'enfant sauvage, La nuit américaine, L'histoire d'Adèle H., Le dernier métro, La femme d'à côté... *« Ce sont les trois premiers films d'un cinéaste qui sont toujours les plus intéressants, affirmait-il pourtant. Après, on parle plutôt d'une carrière! »*

J'ai aussi aimé l'homme. On ne pouvait d'ailleurs pas le dissocier de ses films tellement les deux étaient intimement liés. La vie entière de Truffaut fut vouée au cinéma. « *Ce que j'ai toujours aimé chez Renoir et Hitchcock, c'est un de leurs points communs d'être deux artistes qui préféraient leur travail à leur propre personne* », *a-t-il déjà déclaré dans une interview publiée dans les* Cahiers du cinéma.

Entendre Truffaut parler de cinéma avec l'éloquence, la passion, l'intelligence qui le caractérisaient était par ailleurs un pur bonheur. Brillant polémiste, debout sur la ligne de front, ce grand timide était de tous les combats, fort de ses convictions et de sa manière de les exprimer. Truffaut a lancé la nouvelle vague en réaction contre cette « *certaine tendance du cinéma français* ». *Cinq ans avant la sortie des* 400 coups, *six avant celle d'*À bout de souffle *de Godard (dont il a coécrit le scénario), il avait rédigé cet article fameux dans lequel il dénonçait la tradition de la* « *qualité française* » *de l'après-guerre et les limites d'un cinéma qui s'embourgeoise.*

Je ne sais à quoi ressemblerait le cinéma de Truffaut dans le contexte actuel. Avec sa société, les Films du Carrosse, parions que le cinéaste serait parvenu à rester libre de ses choix. Comme le sont toujours aujourd'hui ses collègues de l'époque, notamment Rohmer et Rivette. « *Je suis un cinéaste français qui a 30 films à tourner au cours des années à venir, écrivait Truffaut dans le journal de tournage de* Fahrenheit 451 *(1966). Certains réussiront, d'autres pas. Cela m'est presque égal pourvu que je puisse les faire.* »

Le compteur s'est malheureusement arrêté à 21. Vingt et un longs métrages qui, encore aujourd'hui, vivent précieusement dans le cœur de bien des cinéphiles en général, et dans le mien en particulier. De tous les témoignages recueillis au lendemain de la mort du bien-aimé, je retiens celui du cinéaste Pascal Kané (Liberty Belle) *dans les Cahiers.*

« *Ce qui me frappe le plus, au-delà de la tristesse, c'est que cette disparition précipite les choses : il n'y aura peut-être plus d'hommes complets du cinéma. Truffaut est peut-être le dernier à l'avoir été, pleinement et sereinement. Qui d'autre, dorénavant, saura comme lui mener de front plusieurs histoires d'amour avec le cinéma, toutes faites d'intelligence du spectacle, d'attention à l'autre, d'exigences personnelles, de justesse d'évaluation, et de ce qu'il faut de piété. Nous serons, un peu plus encore qu'avant, voués aux jeunes génies qui ne durent pas, aux obsédés de l'image de marque, aux événements médiatiques bidon, aux engouements suspects, lesquels ne rejoignent que rarement, comme nous le savons, les quelques véritables trajectoires transcendantales que nous connaissons. »*

Toujours seul sous la pluie battante, je suis perdu depuis 30 minutes dans mes souvenirs de cinéma, l'œil un peu embué. Avec une envie de dire à François, même 25 ans plus tard, un simple merci. Pour tout.

La Presse, 23 octobre 2009.

1984

★ 1 ★
À NOS AMOURS
Maurice Pialat (France)

Avec Sandrine Bonnaire, Maurice Pialat, Pierre-Loup Rajot, Dominique Besnehard.

...

Une adolescente multiplie les aventures amoureuses et découvre avec lucidité et amertume le rapport qu'elle entretient avec les hommes.

Dès le premier plan, montrant une jeune femme face à la mer alors que se fait entendre un air de Purcell chanté par Klaus Nomi, on sait que nous aurons droit à un film grave, beau, émouvant. Traversé de véritables moments de grâce, ce film doit beaucoup à Sandrine Bonnaire, une nouvelle venue stupéfiante qui affiche ici une maturité peu commune, malgré son jeune âge. Un film puissant. (5 avril 1984)

★ 2 ★
ONCE UPON A TIME IN AMERICA
(Il était une fois en Amérique)
Sergio Leone (Italie/États-Unis)

Avec Robert De Niro, James Woods, Elizabeth McGovern, Joe Pesci.

...

Les chemins de deux truands juifs, liés par un pacte d'amitié depuis l'enfance, se séparent...

Bien entendu, une durée de 3 h 40 peut faire peur. À l'arrivée, on regrette pourtant presque que Leone ait fait si... court ! Ayant structuré ce récit complexe de façon géniale (tout s'imbrique parfaitement au fil de retours en arrière savamment orchestrés), le maître italien nous offre ici une œuvre à la hauteur de ses ambitions et de sa réputation, qu'on prendra assurément plaisir à revoir. (9 août 1984)

★ 3 ★
AMADEUS
Milos Forman (États-Unis)

Avec Tom Hulce. F. Murray Abraham, Elizabeth Berridge, Simon Callow.

...

En 1781, le compositeur officiel de la cour d'Autriche tente d'évincer un surdoué arrogant dont il admire le génie musical, un dénommé Wolfgang Amadeus Mozart...

Milos Forman a magistralement adapté pour le cinéma la pièce de Peter Shaffer. Il aura en outre eu du flair en faisant appel à deux acteurs pratiquement inconnus pour interpréter les rôles de Mozart et Salieri. Comme toujours, sa réalisation est d'une rigueur et d'une beauté saisissantes. Forman parvient même à faire croire au spectateur que la musique de Mozart est en train d'être créée sous ses yeux. C'est un exploit. (28 octobre 1984)

★ 4 ★
LOVE STREAMS (Torrents d'amour)
John Cassavetes (États-Unis)

Avec Gena Rowlands, John Cassavetes, Diahnne Abbott, Seymour Cassel.

...

Traversant une crise, un frère et une sœur, épris d'un amour inébranlable l'un pour l'autre, se retrouvent.

Le nouveau Cassavetes est un peu déroutant au départ car les histoires mises de l'avant ne semblent pas avoir de liens apparents entre elles. Ce n'est qu'au milieu du film que tout se précise, alors que les deux héros, complètement cinglés et attachants, se rencontrent enfin. Inutile de dire que Gena Rowlands et John Cassavetes sont épatants. (20 août 1984)

★ 5 ★
THE COTTON CLUB (Cotton Club)
Francis Ford Coppola (États-Unis)

Avec Richard Gere, Gregory Hines, Diane Lane, Nicolas Cage.

...

En 1919 à New York, un danseur noir et un trompettiste blanc sont emportés dans une tourmente où l'amour et l'ambition se jouent au rythme des claquettes, du jazz... et des mitraillettes.

Pour bien apprécier The Cotton Club, *il faut d'abord et avant tout prendre ce film comme un spectacle. À cet égard, Francis Ford Coppola a merveilleusement gagné son pari. D'ailleurs, le film musical l'emporte ici sur le film de gangster. Le cinéaste a ainsi emprunté une approche différente de celle prise avec* The Godfather. *On le lui reprochera sans doute... (20 décembre 1984)*

★ 6 ★
LA FEMME PUBLIQUE
Andrzej Zulawski (France)
Avec Valérie Kaprisky, Francis Huster, Lambert Wilson, Lucas Belvaux.

...

Une jeune actrice inexpérimentée a du mal à discerner la fiction de la réalité.

On ressent une œuvre comme La femme publique *plus qu'on ne la comprend. Zulawski propose ici un film fou, parfois hystérique, aussi dérangeant que séduisant. C'est en outre grâce à la performance de Valérie Kaprisky que l'émotion du film passe. Dans cet immense délire, qui défie parfois toute analyse, elle sortira grandie d'une composition où elle donne parfois l'impression de se brûler les ailes... (26 août 1984)*

★ 7 ★
PARIS, TEXAS
Wim Wenders (Allemagne/France)
Avec Nastassja Kinski, Harry Dean Stanton, Dean Stockwell, Hunter Carson.

...

Après quatre années d'errance, un homme part avec son fils à la recherche de la mère de ce dernier.

Un film remarquable. Il y a d'abord la photographie admirable de Robby Müller, avec des plans inusités, d'une beauté exceptionnelle. Il y a ce récit dépouillé (scénario de Sam Shepard), qui fait écho au parcours d'un homme qui s'est emmuré dans le silence de sa douleur. Il y a la musique très planante de Ry Cooder. Et puis, des interprètes vibrants, à commencer par Harry Dean Stanton, qui trouve sans doute ici le rôle de sa carrière. Wenders n'a pas volé sa Palme d'or. (19 août 1984)

★ 8 ★
FEMMES DE PERSONNE
Christopher Frank (France)

Avec Marthe Keller, Caroline Cellier, Fanny Contençon, Jean-Louis Trintignant.

...

Travaillant dans un même établissement, trois femmes vivent différentes situations.

Un portrait crédible et touchant de trois femmes de notre époque, brossé avec délicatesse et authenticité. Christopher Frank a su réunir une distribution étincelante (comprenant aussi Philippe Léotard et Patrick Chesnais), dans laquelle se distingue particulièrement Caroline Cellier. Cette dernière est pour le moins convaincante dans la peau d'une femme au tempérament de feu. (22 août 1984)

★ 9 ★
FORT SAGANNE
Alain Corneau (France)

Avec Gérard Depardieu, Philippe Noiret, Catherine Deneuve, Sophie Marceau.

...

Déçu par la politique parisienne après s'être couvert de gloire au Sahara en 1911, un lieutenant retourne dans le désert...

Contrairement à bien des critiques (le film a été plutôt mal accueilli à Cannes), j'ai grandement été séduit par cette production ambitieuse signée Alain Corneau. Cette histoire de désert au temps des colonies est jalonnée d'élans romanesques magnifiques. Depardieu, tout en puissance et en fragilité, donne à Charles Saganne une magnifique humanité. Face à lui, Noiret nous rappelle à quel point il évolue dans une classe à part. (26 août 1984)

★ 10 ★
STARMAN
John Carpenter (États-Unis)

Avec Jeff Bridges, Karen Allen, Charles Martin Smith, Richard Jaeckel.

...

Poursuivi par l'armée, un extra-terrestre se réfugie chez une jeune veuve et prend l'apparence de son mari défunt.

Je n'en attendais strictement rien. Or, quelle ne fut pas ma surprise de découvrir un petit film qui allie à la fois science-fiction et histoire romantique avec, ma foi, beaucoup de charme. Les bons sentiments prennent évidemment le haut du pavé dans ce film (qui pourrait ressembler à une version d'E.T. revue et corrigée), mais quand la recette fonctionne, pourquoi pas? (15 décembre 1984)

RETOUR

L'ANNÉE DES GRANDES FRESQUES

J'avais déjà vu quelques films de Maurice Pialat avant *À nos amours,* mais jamais n'avais-je encore été sonné par l'un d'eux de cette façon. Cette position au sommet du palmarès traduit sans doute l'ampleur du choc ressenti à l'époque. Pialat faisait partie de ces auteurs cinéastes qui traquent l'émotion dans ce qu'elle a de plus intime, de plus douloureux.

Cela dit, l'année cinéma 1984 fut surtout marquée par de grandes fresques, particulièrement celle réalisée par Sergio Leone en guise de testament cinématographique. *Once Upon a Time in America,* dont une partie fut tournée à Montréal, avait d'abord été présenté au public nord-américain dans une version tronquée de 139 minutes. Fort heureusement, la version intégrale de 229 minutes fut aussi offerte au public québécois à l'époque.

À ce jour, *Amadeus* reste l'un des plus grands films de Milos Forman. Le cinéaste d'origine tchèque a fait l'unanimité en 1984, tant auprès de la critique que du public. *Amadeus* a d'ailleurs transformé en statuettes dorées huit des 11 nominations qu'il avait recueillies aux Oscar. Le film a même fait de Mozart un véritable phénomène culturel populaire cette année-là.

Le regretté Alain Corneau a aussi fait preuve d'ambition en portant à l'écran un roman de Louis Gardel. Son *Fort Saganne* n'a toutefois pas eu l'écho escompté. À cet égard, on peut aussi tracer un parallèle avec *The Cotton Club*. L'histoire du cinéma n'a pas retenu beaucoup de choses du film musical et historique de Francis Ford Coppola.

En revanche, Wim Wenders a élargi son public — jusque-là plutôt marginal — grâce à son magnifique *Paris, Texas,* lauréat de la Palme d'or du Festival de Cannes.

Une autre pointure du cinéma mondial a aussi signé un film remarquable en 1984 : John Cassavetes. Son *Love Streams* était d'autant plus réjouissant que nous avions aussi la chance de pouvoir apprécier son talent de comédien.

Les deux autres titres retenus dans cette liste sont plus surprenants. *Femmes de personne* était en phase avec l'époque. Christopher Frank, disparu lui aussi (décidément !), avait su dépeindre une galerie de personnages féminins forts, issus de l'une des premières générations de femmes à pouvoir véritablement revendiquer son indépendance.

Starman, qui jure un peu dans l'œuvre de John Carpenter, n'est pas passé à l'histoire du cinéma de science-fiction mais a quand même valu à Jeff Bridges une nomination aux Oscar dans la catégorie du meilleur acteur. Ses concurrents étaient les deux vedettes d'*Amadeus,* Tom Hulce et F. Murray Abraham, Sam Waterston pour *The Killing Fields* (l'excellent film de Roland Joffé aurait dû en principe figurer sur cette liste), et Albert Finney (*Under the Volcano*). Salieri a finalement eu droit à sa revanche ce soir-là…

L'ICÔNE ABSOLUE

C'en était devenu un *running gag*. À l'époque de l'émission *Projection spéciale*, je disais souvent aux auditeurs que le jour où j'aurais l'honneur de recevoir Catherine Deneuve en entrevue, je pourrais accrocher mon micro. Le miracle s'est produit plus tard, en 1999, quand, à titre de collaborateur à *La Presse*, j'ai enfin eu l'occasion de la rencontrer une première fois. J'avais d'ailleurs évoqué cette histoire dans une chronique :

*C'était au Festival de Toronto. Catherine Deneuve avait fait le voyage pour accompagner la présentation d'*Est-Ouest *de Régis Wargnier. Une conférence de presse en compagnie des membres de l'équipe du film était prévue mais aucune entrevue individuelle ne devait figurer à son programme.*

De Montréal, j'ai bien sûr beaucoup insisté auprès du distributeur — la rumeur de ma totale dévotion à l'actrice avait déjà fait le tour — afin qu'il essaie d'organiser quelque chose, ne serait-ce que 10 minutes d'entretien. Allez, soyez gentils. Un rien me suffira.

À 22 heures, jour de l'arrivée de l'actrice dans la Ville Reine, le téléphone sonne chez moi. Une relationniste m'annonce que mademoiselle Deneuve consent finalement à me recevoir tout de suite après la conférence de presse prévue le lendemain. Que j'aurai droit à 30 minutes avec elle. Et qu'il s'agit de l'unique entrevue qu'elle accordera seule à seul à un journaliste. Elle réclame aussi la plus grande discrétion. Si cela devait se savoir, cela risquerait de faire tout un « chiard » au sein de la confrérie. Ciel ! Direction 401.

Dieu merci, j'ai gardé à peu près tous mes sens pendant les quelques heures qu'a duré ma mission. Catherine Deneuve fut d'abord souveraine lors de la conférence de presse, maîtrisant le jeu de façon parfaite. Au cours de l'interview qu'elle m'a accordée ensuite en donnant congé à son entourage, l'actrice fut exactement comme je l'aime: impériale, un peu distante, élégante, avec cette façon d'en révéler un peu plus au simple détour d'un regard ou d'un sourire discret. Au bout de 15 minutes, elle a même enlevé ses verres fumés. L'échange fut professionnel mais pas chaleureux.

Avec elle, pas de fausse complicité ni de faux-semblants. Elle m'aurait envoyé paître que je ne lui en aurais même pas tenu rigueur de toute façon. C'est justement ce que j'admire chez elle: cette façon de jouer de son statut d'icône, de mener sa barque comme elle l'entend en faisant fi des qu'en-dira-t-on, en toute liberté.[1]

Depuis cet épisode, j'ai souvent eu l'occasion de recroiser l'icône lors de conférences de presse dans les festivals, de rencontres de presse ou d'interviews collectives (des entrevues menées de front par quatre ou cinq journalistes). Visiblement, Catherine Deneuve fascine et intrigue à la fois. On me pose probablement plus de questions à propos d'elle que n'importe qui d'autre. D'autant que l'actrice n'est jamais parvenue à se débarrasser de l'image de femme «froide» et mystérieuse qui lui colle à la peau depuis toujours.

Le fait est que Catherine Deneuve n'essaiera jamais de vous faire croire qu'une amitié est possible à la fin de l'entrevue. Elle n'est pas là pour cela. Les circonstances dans lesquelles se déroule la rencontre influent aussi beaucoup sur la qualité de l'entretien. Quand elle a reçu quelques journalistes québécois au Festival de Toronto pour parler de *Potiche,* elle était dans de très bonnes dispositions. Nous l'avons vue enjouée, rieuse, volubile. Elle était fière du film de François Ozon. Cela paraissait dans ses propos, dans sa façon

---

1. *La Presse,* 21 décembre 2007.

d'être. Cette attitude faisait grandement contraste avec celle qu'elle affichera l'année suivante, alors que le Festival des films du monde de Montréal lui rendait hommage. En plus d'un horaire infernal (on lui a fait enchaîner plusieurs interviews après une conférence de presse où il ne fut pratiquement question que des *Parapluies de Cherbourg* et de *Belle de jour*), l'actrice aurait aussi eu droit à une mauvaise surprise, semble-t-il. Croyant soutenir une présentation du film de Christophe Honoré *Les bien-aimés,* que la direction du FFM a tenté d'obtenir sans succès (le Toronto International Film Festival en a eu la primeur nord-américaine la semaine suivante), Catherine Deneuve s'est retrouvée à défendre *Les yeux de sa mère,* un film (raté) de Therry Klifa, déjà un four en France.

Pour achever le plat, l'icône fut la vedette d'une cérémonie de clôture sinistre et suintant l'amateurisme, au cours de laquelle, en guise d'hommage, des extraits de ses films en vidéo — un comble dans un festival de cinéma ! — ont été présentés. Tout le langage corporel de Catherine Deneuve ne criait qu'une chose ce soir-là : que quelqu'un vienne me sortir d'ici. Et vite !

On ne pouvait la blâmer.

1985

★ 1 ★
PÉRIL EN LA DEMEURE
Michel Deville (France)

Avec Nicole Garcia, Christophe Malavoy, Anémone, Michel Piccoli.

...

Appelé à donner des leçons de guitare à une jeune fille, un musicien devient le pion d'un jeu mystérieux et cruel.

Qui a dit que le cinéma français était mort ? C'est particulièrement flagrant cette année au FFM : les films français créent l'événement. Péril en la demeure est une vraie splendeur. Dialogues exquis, mise en scène élégante, une approche tout en finesse et en subtilité, à travers laquelle pointe une belle irrévérence. Nicole Garcia et Anémone (étonnante !) ont l'occasion de faire valoir ici une facette différente de leur personnalité d'actrice. Et Christophe Malavoy est une révélation. (24 août 1985)

★ 2 ★
BIRDY
Alan Parker (États-Unis)

Avec Matthew Modine, Nicolas Cage, John Harkins, Sandy Baron.

...

Un jeune vétéran du Vietnam aide son ami à réaliser son rêve : voler comme un oiseau.

Le très éclectique Alan Parker aurait facilement pu tomber dans le ridicule en s'attaquant à une histoire pareille. Raconter l'histoire d'un homme qui se prend progressivement pour un oiseau face aux difficultés du monde adulte n'était pas qu'une mince affaire. Or, son approche est délicate, tendre, et son film comporte aussi parfois des relents poétiques et profonds. Matthew Modine, que je découvre ici, et le toujours excellent Nicolas Cage affichent vraiment une belle complicité. (22 juin 1985)

★ 3 ★
WHITE NIGHTS (Soleil de nuit)
Taylor Hackford (États-Unis)

Avec Mikhail Baryshnikov, Gregory Hines, Jerzy Skolimovski, Helen Mirren.

...

Un danseur étoile russe passé à l'Ouest est forcé de revenir dans son pays natal quand l'avion dans lequel il voyage doit atterrir d'urgence en territoire soviétique.

J'ai rarement vu ça. Après la (magnifique) prestation de Mikhail Baryshnikov dans Le jeune homme et la mort, *la chorégraphie de Roland Petit qui ouvre le film, les spectateurs ont applaudi dans la salle! Toutes les scènes de danse — Gregory Hines est aussi formidable — sont carrément exceptionnelles. Et rachètent largement un scénario parfois emberlificoté. On retient quand même quelques scènes clés, notamment celle où, face à Helen Mirren, Baryshnikov danse sur une chanson de Vissotsky. (6 décembre 1985)*

★ 4 ★
THE PURPLE ROSE OF CAIRO (La rose pourpre du Caire)
Woody Allen (États-Unis)

Avec Mia Farrow, Jeff Daniels, Danny Aiello.

...

Une femme menant une existence morne est kidnappée par un héros de cinéma qui est sorti de l'écran...

Cet autre hommage de Woody Allen au 7e art se distingue par son humour et son originalité. Le réalisateur de Manhattan *nous entraîne cette fois dans une histoire aussi délirante que délicieuse. Il pose ici un regard tendre sur une époque — les années de crise — où le cinéma de quartier servait souvent de refuge à des gens en mal d'évasion, qui ne pouvaient échapper à leur condition autrement. Ce film est magique! (13 avril 1985)*

★ 5 ★
KISS OF THE SPIDER WOMAN
(Le baiser de la femme araignée)
Hector Babenco (Brésil/États-Unis)

Avec William Hurt, Raul Julia, Sonia Braga.

...

En Amérique latine, l'un est emprisonné à cause de ses convictions politiques, l'autre en raison d'une affaire de mœurs. Une amitié naîtra.

Contexte réaliste pour une histoire très touchante. Dès le premier plan, alors que la caméra balaie le décor pour se poser sur le visage maquillé de William Hurt, on saisit déjà l'ampleur du drame. Jeux de séduction, de haine et d'amitié entre deux hommes totalement différents, incarcérés dans une prison sud-américaine, qui apprendront peu à peu à se comprendre. La performance de William Hurt a déjà été célébrée à Cannes mais Raul Julia offre aussi une composition remarquable. (14 septembre 1985)

★ 6 ★
SUBWAY
Luc Besson (France)

Avec Christophe Lambert, Isabelle Adjani, Richard Bohringer, Jean-Hugues Anglade.

...

Pourchassé, un homme se réfugie dans le métro parisien et tisse d'étranges liens.

On a l'impression de n'avoir jamais rien vu de pareil auparavant. C'est neuf, c'est rafraîchissant. Et truffé de personnages singuliers et attachants. Cela dit, à force de tout miser sur le look, on en vient parfois à reléguer l'histoire au second plan. On note en effet quelques faiblesses sur le plan scénaristique. Mais Subway *n'en reste pas moins une réussite. (28 août 1985)*

★ 7 ★
LE QUATRIÈME HOMME (De Vierde Man)
Paul Verhoeven (Pays-Bas)

Avec Jeroen Krabbe, Renee Soutendjik, Thom Hoffman.

...

Un écrivain célèbre devient le quatrième mari d'une jeune femme dont les trois anciens conjoints sont tous morts de façon tragique et mystérieuse...

Une fantaisie surréaliste absolument envoûtante, qui allie le fantastique au mysticisme et la sexualité à la religion. Le récit parvient toujours à nous surprendre au détour et l'on se laisse aller à faire les liens entre les coïncidences et les symboles. Des scènes diaboliquement érotiques parsèment cette histoire dont les héros jouent à fond l'ambiguïté. Souhaitons ardemment que les prochains films de ce monsieur Verhoeven soient distribués chez nous...
(11 janvier 1985)

★ 8 ★

THE COLOR PURPLE (La couleur pourpre)

Steven Spielberg (États-Unis)

Avec Whoopi Goldberg, Danny Glover, Margaret Avery, Oprah Winfrey.

...

L'histoire de deux sœurs et de leur famille dans le sud ségrégationniste des États-Unis du début du 20e siècle.

Le premier film de la « maturité » de Steven Spielberg est très beau, mais quand même pas le « grand » film qu'on attendait. Mais ne serait-ce que pour l'histoire, et aussi ces révélations que sont Whoopi Goldberg et Oprah Winfrey, qui défendent toutes deux un premier rôle au cinéma, The Color Purple *vaut la peine d'être vu. Fidèle à sa manière, Spielberg propose un film dans lequel pratiquement aucun plan n'est exempt de notes musicales. Fort heureusement, la trame musicale de Quincy Jones sait quand même se faire discrète... (24 décembre 1985)*

★ 9 ★

MARIA'S LOVERS

Andrei Konchalovsky (États-Unis)

Avec Nastassja Kinski, John Savage, Robert Mitchum.

...

De retour au pays après avoir été fait prisonnier de guerre, un soldat tente de réaliser le rêve qui lui a permis de survivre : épouser la plus belle fille du patelin.

Une mise en scène discrète, fluide, mise au service d'une histoire déchirante. Nastassja Kinski, au sommet de son art, offre ici l'une des plus vibrantes compositions de sa carrière. Konchalovsky évite le piège du mauvais mélo en se plaçant au plus près de ses acteurs. La distribution d'ensemble (dans laquelle on remarque aussi Bud Cort et Keith Carradine) est d'ailleurs à la hauteur de ce film remarquable, qui séduit par sa finesse. (21 août 1985)

★ 10 ★

MARCHE À L'OMBRE

Michel Blanc (France)

Avec Gérard Lanvin, Michel Blanc, Sophie Duez.

...

Un routard musicien compte tenter sa chance à Paris mais doit composer avec la présence d'un inséparable compagnon, grand spécialiste de l'angoisse.

Un film bien de son époque, très actuel. Agréable surprise de voir deux acteurs aux profils si différents afficher une aussi belle complémentarité à l'écran. Pour sa première réalisation, Michel Blanc atteint la cible en proposant un film dans lequel on rit souvent, bien sûr, mais qui mise aussi sur la tendresse et l'émotion sans jamais tomber dans la guimauve. On sent également tout le soin apporté afin que le film soit aussi « beau » que bon. Pari gagné. (27 mai 1985)

RETOUR

DES FILMS EMBLÉMATIQUES
D'UNE CERTAINE ÉPOQUE

Honnêtement, la première phrase de ma fiche sur *Péril en la demeure* m'a bien fait rire. J'imagine qu'elle a été écrite à un moment où une énième crise du cinéma français était évoquée dans les médias. Hier comme aujourd'hui, le cinéma est toujours en difficulté. Partout. Mon penchant pour le cinéma français n'est maintenant plus très discret. Pour la troisième année consécutive, un film venu de l'Hexagone trône au sommet de mon palmarès personnel de l'année.

Michel Deville étant un cinéaste aussi élégant que classique, *Péril en la demeure* n'a pas pris une ride. On en apprécie autant les qualités aujourd'hui qu'à l'époque de sa sortie. Le contraste est frappant avec l'un des autres films français inscrits à ce tableau d'honneur. *Subway* est en effet emblématique d'un certain type de cinéma de l'époque, plus axé sur la forme que le fond. On remarque en outre que la plupart des cinéastes français ayant émergé sur la scène mondiale au cours des années 80 ont ensuite eu du mal à maintenir leur vitesse de croisière. De cette bande, de laquelle font notamment partie Jean-Jacques Beineix, Leos Carax, Éric Rochant, et d'autres, seul Luc Besson a pu poursuivre une carrière florissante… à sa façon. Il en est d'ailleurs du cinéma comme des autres disciplines culturelles. À quelques exceptions près, les années 80 n'ont pas laissé de souvenirs impérissables…

On peut aussi ranger *White Nights* parmi les films emblématiques des années 80, moins pour son style esthétique que pour l'état d'esprit dans lequel le film de Taylor Hackford a été produit. *White Nights* fut en effet l'une des dernières productions dont l'histoire est directement inspirée de la guerre froide. Encore aujourd'hui, on trouve dans ce film quelques-unes des meilleures scènes de danse jamais filmées.

Birdy, Maria's Lovers et *The Color Purple* sont des drames plutôt classiques, toujours de belle tenue. *Kiss of the Spider Woman* a par ailleurs valu à William Hurt une consécration tous azimuts cette année-là. En plus du Prix d'interprétation masculine du Festival de Cannes, l'acteur a aussi obtenu l'Oscar du meilleur acteur.

The Purple Rose of Cairo reste par ailleurs l'une des plus belles comédies signées Woody Allen au cours de la décennie post *Annie Hall*. De son côté, Michel Blanc a davantage su se faire remarquer avec ses réalisations subséquentes. L'histoire n'a pas vraiment retenu *Marche à l'ombre,* un film que je n'ai d'ailleurs jamais revu.

Enfin, la conclusion de mes vieilles notes sur *De Vierde Man* (mieux connu sous le titre *The Fourth Man*) m'a aussi beaucoup fait rire. Remarqué grâce à ce film, le réalisateur néerlandais Paul Verhoeven a vite gagné les studios hollywoodiens. Et devait plus tard signer les réalisations de « petits » films comme *Robocop, Total Recall, Basic Instinct,* sans oublier le mémorable *Showgirls*…

LE FRANCOPHILE

La première fois où j'ai pu l'interviewer, William Hurt n'était plus la grande vedette qu'il fut au cours des années 80. C'était en 2005, au Festival de Toronto. L'acteur était au Toronto International Film Festival (TIFF) pour accompagner la présentation de *A History of Violence,* un film de David Cronenberg dans lequel il tenait un rôle de soutien. Sa performance a toutefois marqué les esprits. Il a même décroché cette année-là sa quatrième nomination aux Oscar.

Le contact fut très chaleureux. Il insista d'emblée pour que le français soit notre langue d'usage. Pendant cette conversation d'environ 15 minutes, dans un contexte où les plages de temps s'entremêlent fébrilement de quart d'heure en quart d'heure, nous avons eu l'occasion d'échanger de vrais propos. Au point où, fait assez inusité, le grand William m'a serré dans ses bras avant de me raccompagner à la porte. J'en garde un souvenir assez vif car j'ai dû enchaîner cinq minutes plus tard une entrevue avec Anthony Hopkins. L'attitude de ce dernier n'aurait pu être plus différente. Sir Hopkins, un acteur remarquable, n'aime pas beaucoup discourir sur un métier qu'il exerce souvent un peu par-dessus la jambe. Il n'aime visiblement pas accorder des interviews non plus. Il fera en outre ramer son interlocuteur pendant une bonne dizaine de minutes avant de décider s'il va lui en donner un peu ou pas. Et pas d'embrassades à la sortie, ça c'est certain.

J'ai revu William Hurt trois ans plus tard à Los Angeles, à l'occasion d'une rencontre de presse organisée à l'occasion de la sortie de *Vantage Point,* un thriller éminemment oubliable. L'ami Bill était rayonnant, même si on sent que cet homme doit rarement avoir l'esprit serein. « *J'ai vraiment l'impression de vivre présentement la plus belle période de ma vie, m'avait-il confié. J'ai le très grand privilège de pouvoir continuer à exercer mon métier. J'ai aussi la chance de recevoir encore des offres des grands studios. D'être encore là, c'est probablement ce qui me surprend le plus à vrai dire. Après plus de 40 ans de métier — j'ai commencé à l'âge de 14 ans —, je ne suis plus dans une dynamique de réussite, ni de séduction, ni de succès populaire. Il s'agit d'une sensation exquise. Je me sens plus léger, plus en maîtrise. Quand, en plus, on me donne l'occasion d'interpréter de beaux rôles, c'est la grâce !* »

« *Dès le départ, même à 18 ou 19 ans, je savais que la problématique sur laquelle j'aurais à travailler serait le tiraillement entre la fonction de jouer et la représentation qu'on se fait du métier d'acteur. Quand on commence à s'analyser à travers le regard des autres, particulièrement au moment où le succès arrive, il est très facile de croire à sa singularité, de croire aussi que toutes les accolades sont méritées parce que vous êtes quelqu'un de spécial. Or, cela n'est pas vrai.* »

Attiré par la culture française depuis son enfance, William Hurt maîtrise plutôt bien notre langue. Les téléspectateurs québécois se rappelleront peut-être sa présence épisodique dans Rivière-des-Jérémie, un téléroman local dont la carrière fut plutôt brève au tournant des années 2000. Son visage se fend d'ailleurs d'un sourire quand on évoque ce souvenir.

« *Au cours d'un tournage à Montréal — c'était le film Varian's War je crois —, je m'étais lié d'amitié avec une personne de qui les producteurs du téléroman étaient proches. Quand j'ai entendu parler de ce projet-là, j'ai moi-même offert mes services car je voulais travailler en français. J'y tenais !* »

« *Aujourd'hui, je n'ai pas aussi souvent l'occasion de converser en français que je le souhaiterais. En tout cas pas quand je suis aux*

États-Unis. Je possède toutefois un appartement à Paris. Pour être près de ma fille », a-t-il expliqué simplement en évoquant sa cadette. Dont la mère est Sandrine Bonnaire.[2]

Devenue aussi réalisatrice, l'ancienne conjointe a d'ailleurs offert l'an dernier à William Hurt un rôle qui, à l'arrivée, se révèle être l'un des plus marquants de son illustre carrière. Dans *J'enrage de son absence,* l'acteur est, une fois de plus, bouleversant.

2. *La Presse,* 22 février 2008.

1986

★ 1 ★
CHILDREN OF A LESSER GOD (Les enfants du silence)
Randa Haines (États-Unis)

Avec William Hurt, Marlee Matlin, Piper Laurie, Philip Bosco.

...

Un professeur pour enfants malentendants voit sa vie bousculée par l'arrivée d'une jeune femme complètement sourde dont il tombe amoureux.

La bande-annonce n'avait pourtant rien pour convaincre. On aurait même pu craindre le pire tant cette histoire prête flanc à une approche mélodramatique. Or, Randa Haines, une réalisatrice que je ne connaissais pas, a su éviter les pièges hollywoodiens. Je ne sais si Marlee Matlin pourra poursuivre une vraie carrière, mais elle offre ici une composition magistrale. (4 octobre 1986)

★ 2 ★
LE LIEU DU CRIME
André Téchiné (France)

Avec Catherine Deneuve, Danielle Darrieux, Wadeck Stanczak, Nicolas Giraudi.

...

La vie d'un adolescent de province est profondément remuée à cause d'une rencontre avec deux fugitifs.

Dans ses films, André Téchiné aime s'attarder à révéler les failles de l'âme humaine. Il le fait de brillante façon ici, à travers une histoire dans laquelle un jeune homme en fuite vient foutre le trouble dans le cœur d'une femme qui élève seul un adolescent. Un film beau et grave. Grâce à Téchiné, Catherine Deneuve est en train de révéler une autre facette de son talent d'actrice. (23 août 1986)

★ 3 ★
37°2 LE MATIN
Jean-Jacques Beineix (France)

Avec Béatrice Dalle, Jean-Hugues Anglade, Gérard Darmon, Clémentine Célarié.

...

Un ouvrier est subjugué par l'arrivée d'une jeune femme dans sa vie mais cette dernière affiche progressivement des signes de folie.

Beineix s'attarde ici davantage à l'histoire qu'il raconte plutôt qu'à la virtuosité visuelle. Il y a dans ce film de la passion, du feu. Il affiche aussi une belle maîtrise en mêlant l'humour au tragique. Tout ce qu'on a pu lire ou entendre à propos de Béatrice Dalle est vrai : cette fille a une vraie nature. Face à elle, Jean-Hugues Anglade trouve un autre grand rôle. (25 août 1986)

★ 4 ★
THE MISSION
Roland Joffé (Royaume-Uni)

Avec Robert De Niro, Jeremy Irons, Ray McAnally, Aidan Quinn.

...

Au début du 18ᵉ siècle, sur les terres des Indiens guaranis, un frère jésuite et un mercenaire luttent contre la domination espagnole et portugaise.

Du vrai cinéma. Avec du souffle, du lyrisme, des images extrêmement étonnantes. Lauréat d'une Palme d'or contestée par certains à Cannes (où il a été présenté dans une version non définitive), The Mission *met aussi en valeur les performances de Jeremy Irons et de Robert De Niro, tous deux remarquables. Il est toutefois vrai que le scénario est parfois un peu rêche. La musique divine d'Ennio Morricone est inoubliable. (22 novembre 1986)*

★ 5 ★
MÉLO
Alain Resnais (France)

Avec Sabine Azéma, Pierre Arditi, André Dussollier, Fanny Ardant.

...

De retour de tournée, un musicien renommé s'éprend de la nouvelle femme de son meilleur ami.

Mélo *est l'adaptation d'une veille pièce de théâtre d'Henri Bernstein créée à Paris en 1929. La beauté de l'approche qu'emprunte Alain Resnais réside dans cette façon d'en respecter tous les codes. Une fois le postulat posé, le cinéaste s'efface pour laisser toute la place au texte (superbe) et aux comédiens, tous remarquables. Sabine Azéma et André Dussollier se distinguent particulièrement. (31 août 1986)*

★ 6 ★
LE DÉCLIN DE L'EMPIRE AMÉRICAIN
Denys Arcand (Québec)
Avec Dominique Michel, Rémy Girard, Dorothée Berryman, Louise Portal.

...

Pendant que les hommes, profs d'université, préparent un repas entre amis et discutent, leurs compagnes s'entraînent au gym et discutent tout autant...

Abordant les thèmes des relations amoureuses et de la sexualité, Arcand propose ici un scénario brillant dont l'astuce repose sur cette façon d'alterner les visions féminines et masculines pour ensuite les faire s'entrechoquer. Ça fait des dégâts. Voilà un genre de film qui mérite plusieurs autres visionnements et dont on parlera probablement encore longtemps. (15 septembre 1986)

★ 7 ★
THE TRIP TO BOUNTIFUL (Mémoires du Texas)
Peter Masterson (États-Unis)
Avec Geraldine Page, John Heard, Carlin Glynn, Rebecca De Mornay.

...

Une vieille dame partageant un appartement avec sa belle-fille tyrannique et son fils mou décide de concrétiser son rêve de retourner sur les lieux de son enfance. Envers et contre tous.

Un film modeste mais ô combien attachant. D'autant que ce film bénéficie de la performance empreinte d'humanité de la grande Geraldine Page. L'actrice est ici particulièrement touchante dans le rôle de cette vieille dame qui se débrouillera à sa façon pour se rendre à Bountiful. Sorte de récit initiatique à l'envers, The Trip to Bountiful constitue un voyage émouvant au cœur de souvenirs intimes et familiaux. (20 avril 1986)

★ 8 ★
BEAU TEMPS MAIS ORAGEUX EN FIN DE JOURNÉE
Gérard Frot-Coutaz (France)

Avec Micheline Presle, Claude Piéplu, Xavier Deluc, Tonie Marshall.

...

Un vieux couple qui s'aime se déchire néanmoins à l'occasion d'une visite du fils et de la nouvelle amie de ce dernier.

Une rencontre au sommet entre Micheline Presle et Claude Piéplu, tous deux irrésistibles. Elle est magnifique dans le rôle d'une femme constamment perturbée par ses obsessions ; il est aussi remarquable dans la peau d'un homme qui en a soupé d'être dans le sillage de cette femme qui prend beaucoup de place. Vraiment, une très belle surprise. (22 août 1986)

★ 9 ★
TENUE DE SOIRÉE
Bertrand Blier (France)

Avec Gérard Depardieu, Miou-Miou, Michel Blanc, Bruno Cremer.

...

Un homme constamment rabroué par celle qu'il aime devient l'objet du désir de son confident et meilleur ami.

Fidèle à son habitude, Blier a écrit des scènes plutôt gonflées, desquelles émane aussi une vraie tendresse. Depardieu en fait trop, c'est vrai, mais la présence fine et subtile de Michel Blanc, émouvant dans la peau de ce petit homme triste, ramène le monstre dans une dimension plus trouble, plus délicate. Si le dernier acte reste un peu étrange, on retrouve quand même ici la touche unique d'un cinéaste marquant. (3 septembre 1986)

★ 10 ★
LA FEMME DE MA VIE
Régis Wargnier (France)

Avec Christophe Malavoy, Jane Birkin, Jean-Louis Trintignant, Béatrice Agenin.

...

Un violoniste virtuose sombre dans l'alcoolisme.

Régis Wargnier affiche d'emblée ses couleurs. Voilà un type qui aime le lyrisme, la gravité, les grands sentiments. Ça paraît. Si le scénario insiste parfois un peu trop sur le côté «AA», il fait aussi en revanche écho, avec beaucoup de finesse,

*aux difficultés d'un homme — premier violon dans un orchestre — trop « protégé »
par sa femme (vibrante Jane Birkin) Christophe Malavoy confirme tout le bien
qu'on pense de lui depuis* Péril en la demeure. *(29 août 1986)*

RETOUR

LE RAYONNEMENT DU CINÉMA QUÉBÉCOIS

Denys Arcand a eu droit aux honneurs dès le début de sa carrière. Son premier long métrage, *Seul ou avec d'autres* (qu'il cosigne avec Denis Héroux et Stéphane Venne) fut d'ailleurs lancé au Festival de Cannes en 1963, dans le cadre de la Semaine de la critique. Neuf ans plus tard, son deuxième long métrage, *La maudite galette,* était sélectionné dans la même section, puis, l'année suivante, *Réjeanne Padovani* faisait les frais de la Quinzaine des réalisateurs. À cette époque, les films québécois obtenaient un succès d'estime qui se concrétisait rarement en ferveur populaire. L'année 1986 devait changer la donne.

D'abord lancé à la Quinzaine des réalisateurs, *Le déclin de l'empire américain* a obtenu cette année-là le Prix de la critique internationale attribué au meilleur long métrage hors compétition. Le film de Denys Arcand devait ensuite connaître une carrière glorieuse un peu partout sur le globe. *Le déclin* fut le premier vrai succès populaire international du cinéma québécois. Il fut aussi le tout premier long métrage d'ici à décrocher une nomination aux Oscar dans la catégorie du meilleur film en langue étrangère.

Ce succès a marqué une étape importante : la médiatisation des succès québécois à l'étranger. C'est en effet à l'aune du *Déclin* que les médias se sont mis à suivre à la trace les moindres faits et gestes des artisans d'ici dès qu'ils se présentent ailleurs dans le monde. L'industrie du cinéma a beaucoup changé ; les médias aussi. D'une indifférence de bon aloi, nous sommes passés en 25 ans à une médiatisation surdimensionnée, alimentée, il est vrai, par une concurrence féroce que se livrent les grands groupes de presse. Cela dit, le succès du film d'Arcand à l'étranger a fait prendre conscience aux intervenants de l'industrie de la réelle importance du rayonnement international pour la cinématographie québécoise.

Des autres titres retenus dans cette liste, peu obtiennent aujourd'hui le statut de «grands classiques». Il y a *The Mission* bien sûr. Dont la trame musicale d'Ennio Morricone (l'une de ses plus belles) marque encore aujourd'hui les esprits. Il y a aussi *37°2 le matin,* le plus grand succès de Jean-Jacques Beineix à ce jour. Ces trois longs métrages mis à part, on constate que peu de titres figurant sur cette liste ont bien traversé l'épreuve du temps. *Le lieu du crime* n'est pas aujourd'hui considéré comme un « grand » Téchiné, pas plus que *Mélo* ne figure parmi les «grands» Resnais. *Tenue de soirée,* pour spectaculaire qu'il fût à l'époque, dépasse difficilement son effet de mode. La vision que Blier propose de l'homosexualité (et de la bisexualité) ne colle d'ailleurs plus du tout à la réalité d'aujourd'hui. *The Trip to Bountiful,* qui a valu à Geraldine Page l'Oscar de la meilleure actrice, et *La femme de ma vie* tiennent encore bien la route. J'ai par ailleurs toujours cherché à revoir *Beau temps mais orageux en fin de journée,* mais ce film, non disponible en DVD, se fait très rare.

Quant à *Children of a Lesser God,* j'avoue mal comprendre comment j'en suis arrivé à le placer en tête de liste. Le film est très beau, certes, mais il n'est quand même pas passé à l'histoire…

LA POLITIQUE D'ÉVITEMENT

Les relations entre les critiques québécois et Denys Arcand ne sont pas simples. On pourrait même parler d'une politique d'évitement. Le plus grand ambassadeur du cinéma québécois n'aimant pas beaucoup rencontrer les scribes d'ici, je n'ai malheureusement pas eu souvent l'occasion d'échanger avec lui. Trois fois en fait. La première rencontre s'est faite à la radio dans les années 90, au moment de la sortie de *Love and Human Remains,* une pièce de Brad Fraser dont il avait signé l'adaptation cinématographique. Cette rencontre fut cordiale. Et Arcand fut, comme toujours, passionnant à entendre.

Des années plus tard, soit en mai 2002, la direction de *La Presse* me donne une affectation pour laquelle je dois faire preuve d'une très grande discrétion. Un rendez-vous, dont la tenue doit rester secrète, est pris. Tout ce que je sais, c'est que je dois me rendre dans les locaux d'un distributeur, où m'attend Denys Arcand. Il m'annoncera son prochain projet. Voilà la seule information dont je dispose. Moi qui ai l'habitude de préparer maladivement mes interviews, me voilà un peu déstabilisé. J'arrive à l'endroit indiqué. Je me retrouve non seulement face à Denys Arcand, mais aussi devant Dominique Michel et Rémy Girard, sans oublier la productrice Denise Robert, de même que le tandem Guy Gagnon — Patrick Roy, qui dirige la société de distribution Alliance Vivafilm. Ce jour-là, on m'a annoncé en primeur le tournage imminent d'un film intitulé *Les invasions barbares*. Encore une fois, Denys Arcand était enjoué, serein. Il fut aussi d'un calme olympien.

« À 61 ans, je suis devenu trop vieux pour ressentir la pression ! Le succès ou l'échec d'un film ne va pas changer ma vie maintenant. La pression, on la ressent quand on est jeune, qu'on a des choses à prouver, que la carrière en dépend. »[3]

Comme dit l'adage, le reste est passé à l'histoire. Triomphe absolu. Deux prix importants au Festival de Cannes (Prix du scénario et Prix d'interprétation féminine à Marie-Josée Croze); Oscar du meilleur film en langue étrangère; César du meilleur film français de l'année (une sélection due à une petite participation française au financement du film), Génie du meilleur film canadien, Jutra du meilleur film québécois. Et des dizaines de récompenses de toutes sortes partout dans le monde.

Quatre ans plus tard, l'histoire prenait une autre tournure avec *L'âge des ténèbres,* troisième volet d'une trilogie amorcée avec *Le déclin de l'empire américain.* Nous avons alors eu droit à un feuilleton dont le scénario s'est déployé de façon probablement unique dans l'histoire du cinéma. Et qui, présume-t-on, a dû profondément blesser le cinéaste. D'où cette amertume envers les journalistes couvrant le cinéma québécois.

Au moment de la présentation du film à Cannes, sept mois avant la sortie en salle, la presse en général, et québécoise en particulier, n'est pas aussi enthousiaste que d'habitude. Lors de la conférence de presse de l'équipe, tout autant que lors des rencontres qui ont suivi, Denys Arcand semble un peu déstabilisé. Il affirme ne pas avoir lu ce qui s'est écrit au Québec le matin même mais on sait très bien que les membres de son équipe ont déjà décortiqué tous

---

3. *La Presse,* 11 mai 2002.

ces textes, d'autant qu'ils ont vite été mis en ligne sur le Web. L'affaire prend des allures de véritable psychodrame. J'avais rédigé une chronique à ce propos.

Depuis mon retour du Festival de Cannes, famille, amis, collègues et lecteurs me posent de façon plutôt insistante une seule et même question: «Coudonc, est-ce vraiment si pourri?» Chaque fois, les deux bras m'en tombent. Il est vrai que dans l'ensemble, la critique n'a pas été très enthousiaste à l'égard de L'âge des ténèbres. À ce que je sache, personne n'a toutefois dit ou écrit que le nouveau film de Denys Arcand était un indigeste navet, un ratage aux proportions épiques ou une catastrophe ambulante. D'où vient, alors, cette perception si négative? Pourquoi cette fausse interprétation?

Je n'ai pas de réponse précise à formuler. Quand même, je me dis que nous subissons peut-être aujourd'hui — de façon très perverse — l'un des effets du «préjugé favorable» dont a bénéficié le cinéma québécois pendant des années. À l'époque où les films produits chez nous n'attiraient qu'une poignée de spectateurs, il était en effet de bon ton — je parle ici en termes de généralités — d'«encourager» les productions locales en tournant parfois les coins un peu ronds. C'était la fameuse époque du «pour un film québécois, c'est très bon». Cette complaisance n'a évidemment rendu service à personne, le public — échaudé — fuyant alors son cinéma national à grandes enjambées.

Vingt ou 30 ans plus tard, cette perception serait-elle encore si forte qu'elle pervertirait la perception du discours critique dans l'esprit du public? Faut-il comprendre que si la critique québécoise ose exprimer une seule réserve par rapport à un film réalisé par l'un des maîtres du cinéma d'ici, c'est que le film en question est vraiment, mais alors vraiment très mauvais? Misère.[4]

---

4. *La Presse*, 15 juin 2007.

Il y a fort à parier que *Deux nuits,* le film que Denys Arcand offrira en 2014, soit aussi lancé au Festival de Cannes. Un feuilleton du genre *L'âge des ténèbres,* extraordinairement mal géré, relève toutefois du domaine de l'improbable. C'est la grâce qu'on se souhaite.

1987

★ 1 ★
LES AILES DU DÉSIR (Der Himmel über Berlin)
Wim Wenders (Allemagne)

Avec Bruno Ganz, Solveig Dommartin, Otto Sander, Peter Falk.

...

Veillant sur Berlin, un ange tombe amoureux et devient mortel.

Wim Wenders est ici touché par la grâce. Comme s'il assemblait des moments captés au hasard des rumeurs de Berlin. Ponctué de plans sublimes, magnifiés par les images en noir et blanc du légendaire Henri Alekan, son film est traversé d'une tendre désespérance de laquelle émane un profond amour du genre humain. Le texte (poétique) de Peter Handke est à encadrer, et la trame musicale (Jürgen Knieper et Nick Cave) est à l'avenant. (18 novembre 1987)

★ 2 ★
EMPIRE OF THE SUN (Empire du soleil)
Steven Spielberg (États-Unis)

Avec Christian Bale, John Malkovich, Miranda Richardson, Nigel Havers.

...

En 1941, dans la concession internationale de Shanghai, le jeune fils d'un industriel britannique est séparé de sa famille.

Spielberg parle de nouveau d'une histoire d'enfance mais avec un œil plus mûr, plus inédit. Le cadre dans lequel se déroule le récit d'Empire of the Sun est aussi particulier: une banlieue cossue de Shanghai, habitée par des Britanniques qui recréent leur milieu de vie anglais en ignorant pratiquement tout de la réalité chinoise qui les entoure. Spielberg jalonne son récit de scènes aussi impressionnantes que spectaculaires. (27 décembre 1987)

★ 3 ★
MAURICE
James Ivory (Royaume-Uni)

Avec James Wilby, Rupert Graves, Hugh Grant, Denholm Elliott.

...

Dans les années 1910, un jeune bourgeois londonien ressent une affection particulière pour un autre jeune homme.

James Ivory s'attaque à nouveau à dépeindre les interdits de la société anglaise, cette fois au lendemain de l'époque victorienne, en adaptant un roman d'E. M. Forster. L'élégance habituelle du metteur en scène fait ici merveille. Les quelques scènes plus intimes sont empreintes de sobriété, pourtant fiévreuses de passion réfrénée. Beau film de facture classique, qui révèle notamment deux jeunes acteurs avec lesquels il faudra compter : James Wilby et Hugh Grant. (24 octobre 1987)

★ 4 ★
THE UNTOUCHABLES (Les incorruptibles)
Brian de Palma (États-Unis)

Avec Kevin Costner, Sean Connery, Robert De Niro, Andy Garcia.

...

À Chicago pendant la prohibition, un agent recrute trois hommes de confiance afin de neutraliser Al Capone et sa bande.

D'entrée de jeu, Brian de Palma affiche ses couleurs : sa version cinéma de la vieille série télévisée sera spectaculaire. Le cinéaste nous en met plein la vue, ponctuant même sa mise en scène de quelques hommages bien sentis (au Cuirassé Potemkine d'Eisenstein notamment) Kevin Costner endosse le costume d'Elliot Ness avec grâce, et Robert De Niro, saisissant en Al Capone, est au cœur de scènes (une en particulier) qui nous resteront longtemps en mémoire. (4 juin 1987)

★ 5 ★
LE GRAND CHEMIN
Jean-Loup Hubert (France)

Avec Anémone, Richard Bohringer, Antoine Hubert, Vanessa Guedj.

...

Traversant une épreuve pendant une nouvelle grossesse, une Parisienne confie pour un temps son fils à un couple d'amis installé à la campagne.

Le charme opère dès le départ. Jean-Loup Hubert propose ici une histoire empreinte d'humanisme, dont les éléments plus mélodramatiques sont quand même traités avec une belle sobriété. Des touches d'humour tendre viennent aussi ponctuer ce conte initiatique tout simple, qui respire la santé et le bon air champêtre. Anémone et Richard Bohringer sont touchants et les enfants aussi. (26 août 1987)

★ 6 ★
UN ZOO LA NUIT
Jean-Claude Lauzon (Québec)

Avec Gilles Maheu, Roger Lebel, Lorne Brass, Germain Houde.

...

Après avoir purgé une peine de deux ans de prison, un jeune homme tente de renouer avec les siens, notamment avec son père.

Un zoo la nuit révèle le talent d'un metteur en scène bien ancré dans son époque, dont le style s'impose d'emblée. Jean-Claude Lauzon propose ici un film original, fort, qui débute dans un climat de violence exacerbée pour ensuite basculer du côté plus tendre de la vie. Rarement a-t-on vu une pareille rupture de ton être modulée de façon aussi harmonieuse. (18 juin 1987)

★ 7 ★
TRAVELLING AVANT
Jean-Charles Tacchella (France)

Avec Thierry Frémont, Ann-Gisel Glass, Simon de La Brosse, Sophie Minet.

...

À la fin des années 40, de jeunes cinéphiles tenteront de réaliser leur rêve : fonder un ciné-club.

Tacchella a su éviter le pensum destiné à un cercle très fermé. Au contraire, le réalisateur de Cousin cousine *et de* Croque la vie *propose plutôt un hymne vibrant au cinéma, à travers une histoire d'où émane la passion nouvelle de jeunes cinéphiles à la fin des années 40. Les reconstitutions sont bien amenées et la distribution, constituée d'acteurs encore peu connus, fort bien choisie. (25 août 1987)*

★ 8 ★
LETHAL WEAPON (L'arme fatale)
Richard Donner (États-Unis)

Avec Mel Gibson, Danny Glover, Gary Busey, Mitch Ryan.

...

Deux policiers de Los Angeles, issus de deux milieux complètement différents, doivent faire équipe pour démanteler un réseau criminel.

Dans le registre du film d'action, on peut difficilement demander mieux. Lethal Weapon est d'une redoutable efficacité. Mel Gibson est particulièrement bon dans le rôle de ce policier écorché vif, dont la témérité est tributaire de ses élans suicidaires. Si le scénario reste finalement assez convenu, la manière, elle, est formidable. Du bon cinéma popcorn. (16 mars 1987)

★ 9 ★
L'HOMME RENVERSÉ
Yves Dion (Québec)

Avec Yves Desgagné, André Lacoste, Johanne Seymour, Yves Dion.

...

Deux hommes sont confrontés à des thèmes fondamentaux de la condition masculine.

Un tout petit film. Un peu comme du cinéma-vérité. Deux hommes, une femme et un metteur en scène échangent des propos. Un thème : la condition masculine. On fait des jokes, on se bouscule, on maquille ses sentiments, on use de charme et de formules creuses, on se crie des noms. Et la caméra reste là, impitoyable, prête à traquer la moindre trace d'émotion ou de faux semblant. Bouleversant. (12 avril 1987)

★ 10 ★
LES NOCES BARBARES
Marion Hänsel (Belgique/France)

Avec Thierry Frémont, Marianne Basler, Yves Cotton, Marie-Ange Dutheil.

...

Un jeune garçon mal aimé, souffre-douleur de plusieurs personnes de son entourage, est confié à une institution par sa mère.

Pour porter à l'écran le célèbre roman de Yann Quéfellec, la réalisatrice belge Marion Hänsel a choisi une approche dépouillée. Cela sert très bien le propos de son film, d'autant qu'on traite ici d'un sujet difficile : la maltraitance. Yves

Cotton, *qui interprète Ludo enfant, et Thierry Frémont, qui le joue à l'adolescence, misent avant tout sur l'intériorité pour évoquer l'amour maladif et impossible que Ludo porte à sa mère (Marianne Basler, magnifique) Quelques scènes plus caricaturales viennent parfois perturber le récit mais quand même, que voilà un film émouvant. (22 août 1987)*

RETOUR

LE FILM DE LA DÉCENNIE

À la toute fin des années 80, quand est venu le moment de choisir le plus beau film de la décennie qui s'achevait, j'ai sans hésiter choisi *Les ailes du désir*. Tourné à peine trois ans avant la chute du Mur de Berlin, ce chef-d'œuvre capte, au-delà de ses qualités proprement artistiques, l'état d'esprit d'une société encore coincée dans les relents de la guerre froide. Wim Wenders a su trouver le ton et la manière pour circonscrire dans son film l'essence de la condition humaine. C'est magnifique. Comme plusieurs cinéastes qui accouchent d'un film exceptionnel, Wenders n'a pu retrouver la même grâce depuis. La suite des *Ailes du désir*, intitulée *Far Away So Close,* était pratiquement vouée à l'échec d'avance. S'il tire encore bien son épingle du jeu grâce à ses documentaires (*Buena Vista Social Club, Pina*), le cinéaste allemand ne s'est quand même guère distingué du côté de la fiction depuis un bon moment. Mais qui sait ? Peut-être *Everything Will Be Fine,* un film tourné à Montréal et dans ses environs, viendra-t-il bientôt changer la donne.

Cela dit, 1987 a aussi vu l'émergence de Jean-Claude Lauzon, un cinéaste d'exception, malheureusement disparu dix ans plus tard dans des circonstances tragiques. Malgré ses imperfections, *Un zoo la nuit* fut un film marquant, dans la mesure où il a imposé un nouveau style, une nouvelle manière, de nouveaux thèmes. Sur le plan formel, cette œuvre à la fois dure et tendre a fait basculer le cinéma d'ici dans la modernité. *L'homme renversé,* un film conçu par un cinéaste venu du documentaire, avait par ailleurs beaucoup touché mon cœur de jeune homme. On a beaucoup gratté le bobo du mal-être masculin dans le cinéma québécois mais Yves Dion l'a fait un peu avant tout le monde. Et d'une manière très franche.

Empire of the Sun reste encore à ce jour l'un des plus beaux films de Steven Spielberg à mon avis. Il garde toutefois un profil plus bas dans l'ensemble de l'œuvre. Étrange. *Maurice* se situe dans la plus belle période créative du cinéaste James Ivory. Et ce film reste l'un de ses plus beaux, bien que moins célèbre que *A Room with a View* et *Remains of the Day*. Quant à *The Untouchables*, on peut dire que Brian de Palma a brillamment rempli sa «commande». On peut s'étonner de la présence de *Lethal Weapon* dans cette liste mais ce choix était parfaitement assumé. Ce film d'action est fort bien fait. Et Mel Gibson, qui a eu de très beaux rôles dans les années 80 (notamment dans les films de Peter Weir), avait là l'occasion de faire aussi valoir son talent d'acteur. Qui est bien réel. Dommage que le film se soit ensuite transformé en franchise et qu'il ait aussi engendré environ deux millions de mauvaises copies. Aujourd'hui, le genre du *buddy movie* n'est plus qu'un immense cliché.

Les trois titres français retenus dans cette liste sont pratiquement tombés dans l'oubli. À l'époque, *Le grand chemin* fut cependant un très grand succès populaire.

LA FULGURANTE ÉTOILE

Kevin Costner fut véritablement révélé en 1987. Vu dans quelques films auparavant (parmi lesquels *Silverado* de Lawrence Kasdan), il fut coup sur coup la tête d'affiche de deux productions très en vue cette année-là. En plus de se glisser dans le costard d'Elliott Ness dans *The Untouchables,* Costner fut aussi la vedette — avec Sean Young — de *No Way Out,* un thriller efficace et sexy. L'année suivante, il a enchaîné *Bull Durham* et *Field of Dreams.*

Hollywood n'en avait que pour lui à l'époque. Au point où, quatre ans plus tard, il devait décrocher l'Oscar de la meilleure réalisation grâce à son film *Dances with Wolves,* surclassant même Francis Ford Coppola (en lice grâce à *The Godfather, Part III*) et, surtout, Martin Scorsese qui, cette année-là, avait été sélectionné grâce à l'un de ses plus grands films : *Goodfellas.* Les membres de l'auguste académie ont toujours eu un préjugé favorable envers les acteurs qui passent aussi derrière la caméra.

Or, la cote de l'acteur a baissé très rapidement au cours des années 90. Et la presse a commencé à en faire une sorte de tête de Turc, encouragée il est vrai, par une courte scène vue dans le documentaire sur Madonna *Truth or Dare.* Son image dans la profession fut aussi entachée par des projets boursouflés dans lesquels le comédien a semblé céder le pas à la supervedette de cinéma (*Robin Hood, Waterworld* et autres *Postman*).

En 2003, on m'a invité à me rendre à Detroit pour rencontrer Kevin Costner en tête à tête. L'acteur cinéaste effectuait alors une tournée de promotion dans plusieurs villes américaines afin de soutenir la sortie d'*Open Range,* sa troisième réalisation. Fait assez exceptionnel dans le contexte d'une rencontre de presse organisée par un studio hollywoodien, j'ai eu droit à 30 minutes seul à seul avec lui. L'armée de relationnistes est même restée à l'extérieur de la pièce. Ce n'est pas toujours le cas. La discussion fut fort intéressante. Et plutôt franche :

« ... Quand on lui fait remarquer que peu de vedettes de son statut acceptent de se prêter à pareil exercice, Costner, qui est très volubile, dira être toujours resté fidèle à lui-même, et ce, depuis le début.

« C'est probablement ce dont je suis le plus fier d'ailleurs, lance-t-il. Mon histoire n'a jamais changé en cours de route. J'ai, je crois, toujours été respectueux envers les journalistes, et je crois avoir toujours été constant dans mes propos au fil des ans. Bien sûr, je veux être populaire — n'est-ce pas ce que tout le monde souhaite ? — mais je ne crois pas m'être perdu en cours de route pour atteindre la popularité à tout prix.

— Alors pourquoi, d'après vous, une certaine partie de la presse est-elle si sévère avec vous depuis quelques années ?

— Je crois que ces critiques proviennent d'une certaine élite, formée de gens qui se sentent obligés de manier le sarcasme pour être dans le coup. Ce sont généralement des personnes qui n'ont jamais pris de risques et qui, donc, n'ont pas pu connaître l'échec puisqu'elles n'ont pas accompli grand-chose. Ces gens ne sont généralement pas très braves non plus parce qu'aucun d'entre eux n'a jamais eu le courage d'exprimer ces critiques devant moi. Vous savez, c'est tellement facile d'être cynique ; tellement facile de rabaisser quelqu'un pour faire du style. Je pourrais d'ailleurs très bien le faire moi-même et vous en seriez surpris. Je pourrais même vous faire pleurer, là, tout de suite,

si je le voulais ! Mais j'estime qu'il ne s'agit pas là du genre de rela-
tions que devraient entretenir deux êtres humains... »

... Et avec le succès, bien sûr, vient la notoriété. Un aspect du métier
avec lequel il n'est pas toujours facile de composer, dit-il.

« Quand le succès est arrivé, je n'étais déjà plus un tout jeune
homme, ce qui est un avantage, je crois. Lorsqu'on atteint la tren-
taine, nous sommes un peu mieux armés pour gérer ce genre de
choses. La notoriété n'est pas amusante, mais elle ouvre des portes,
c'est certain — elle en ferme d'autres, cela dit. Généralement, on me
traite très bien. Et j'aime à penser que ce traitement découle du res-
pect que j'ai toujours eu envers les spectateurs. Qui savent que
j'exerce mon métier sérieusement, que mon arrangement politique
avec Hollywood découle aussi d'une vraie réflexion. »[5]

Kevin Costner ne m'a pas fait pleurer ce jour-là. Contrairement à
celui où je l'ai vu dans le film de Clint Eastwood *A Perfect World...*

---

5. *La Presse,* 9 août 2003.

1988

★ 1 ★
À CORPS PERDU
Léa Pool (Québec/Suisse)

Avec Matthias Habich, Michel Voïta, Johanne-Marie Tremblay, Jean-François Pichette.

…

À son retour à Montréal, un photographe entreprend dans sa propre ville un reportage aux résonances intimes.

Même si, au départ, À corps perdu *est une adaptation d'un roman d'Yves Navarre, Léa Pool s'est magnifiquement approprié cette histoire. Son film s'inscrit dans la parfaite continuité de* La femme de l'hôtel *et d'*Anne Trister *sur le plan formel. La réalisatrice affiche en outre un sens peu commun de l'image, surtout à travers le reportage photographique du personnage principal, magnifié par la photographie de Pierre Mignot. Mais le style n'entrave ici en rien l'émotion. (9 octobre 1988)*

★ 2 ★
ANOTHER WOMAN (Une autre femme)
Woody Allen (États-Unis)

Avec Gena Rowlands, Mia Farrow, Ian Holm, Blythe Danner.

…

Une quinquagénaire remet toute sa vie en question quand elle surprend les conversations entre une plus jeune femme et le psychiatre de cette dernière.

Dans ce drame dans lequel il ne joue pas, Woody Allen s'attarde à tracer le portrait d'une femme mûre qui laisse tomber le masque, à la recherche de sa propre vérité. La mise en scène s'accorde d'ailleurs parfaitement à cette remise en question. À mesure que cette femme voit son passé la rattraper et lui réclamer des comptes, on décolle de la réalité pour rejoindre une dimension plus onirique. La grande Gena Rowlands est évidemment parfaite. (CIBL-FM, 24 novembre 1988)

★ 3 ★
RAIN MAN
Barry Levinson (États-Unis)

Avec Dustin Hoffman, Tom Cruise, Valeria Golino, Gerald R. Molen.

...

Dépouillé d'un héritage paternel, un jeune homme d'affaires découvre que le bénéficiaire est un savant autiste qui vit dans une institution spécialisée.

Barry Levinson offre un film captivant, très touchant, dans lequel Dustin Hoffman propose une composition grandiose, sans cabotinage. Tom Cruise aurait pu se faire bouffer tout cru par un partenaire aussi impressionnant, mais non. Il tient son bout, offre aussi une très belle performance dans un rôle plus ingrat et s'impose comme acteur d'envergure. La réalisation de Levinson est également fort intéressante. Oscar en vue ! (CIBL-FM, 22 décembre 1988)

★ 4 ★
WHO FRAMED ROGER RABBIT
(Qui veut la peau de Roger Rabbit)
Robert Zemeckis (États-Unis)

...

Avec Bob Hoskins, Christopher Lloyd, Joanna Cassidy, Charles Fleischer.

Un détective privé est embauché pour suivre Jessica Rabbit, femme sublime d'une ancienne vedette du cinéma d'animation, soupçonnée de tromper son mari...

Un thriller aux allures de film noir mettant en vedette des personnages humains et des personnages de dessins animés. Outre le plaisir de retrouver tous les personnages de Disney et Warner réunis dans un même film, il faut souligner ici la qualité d'un scénario dans lequel les personnages de dessins animés sont magnifiquement intégrés. Sur le plan technique, ce film est aussi une très grande réussite. (22 juin 1988)

★ 5 ★
BAGDAD CAFÉ
Percy Adlon (Allemagne)

Avec Marianne Sägebrecht, CCH Pounder, Jack Palance, Christine Kaufmann.

...

Après avoir été larguée par son mari, une Allemande se réfugie dans un motel perdu de l'Ouest américain et se fait une nouvelle vie.

Bagdad Café met en vedette la même actrice que Zückerbaby, d'heureuse mé-moire. Comme dans son film précédent, Percy Adlon utilise d'abord des angles inusités et baigne son film dans une lumière très crue. À mesure que la confiance s'installe entre la voyageuse allemande et ses hôtes de fortune, le cinéaste installe alors un climat de douce folie contagieuse. (13 août 1988)

★ 6 ★
THE UNBEARABLE LIGHTNESS OF BEING
(L'insoutenable légèreté de l'être)
Philip Kaufman (États-Unis)
...
Avec Daniel Day-Lewis, Juliette Binoche, Lena Olin, Erland Josephson.
...

Le printemps de Prague tel que vu par un chirurgien amoureux des femmes en général, et en particulier d'une photographe qui deviendra son épouse.

Projet ambitieux d'adaptation d'un roman de Kundera réputé «inadaptable». Philip Kaufman (The Right Stuff) a fort bien réussi son pari, même si le dernier acte semble un peu plus faible que les deux premiers. Les séquences défilent comme une suite de tableaux admirablement composés. Daniel Day-Lewis en impose. Lena Olin subjugue, et Juliette Binoche prouve qu'elle occupe décidément une place bien à part. (4 mai 1988)

★ 7 ★
COMÉDIE !
Jacques Doillon (France)
Avec Jane Birkin, Alain Souchon.
...

À la demande de son amoureuse, un homme lui fait visiter une maison remplie de souvenirs de femmes qu'il a aimées.

Un film archidépouillé, sorte de huis clos au cours duquel deux êtres s'inventeront tout un système de faux semblants pour assouvir leur quête d'amour. Doillon ajoute cette fois une bonne dose d'humour et de causticité à ses dialogues, magnifiquement écrits il va sans dire. Il dissèque encore une fois les tourments sentimentaux, mais de façon plus légère. Dans ce film qui respire le grand air de la Provence, Birkin et Souchon relèvent brillamment le défi. (27 août 1988)

★ 8 ★
PELLE LE CONQUÉRANT (Pelle erobreren)
Bille August (Danemark/Suède)

Avec Pelle Hvenegard, Max von Sydow, Erik Paaske.

...

À la fin du 19e siècle, un père de famille émigre vers le Danemark avec son garçon de neuf ans dans l'espoir d'y trouver une vie meilleure.

Lauréat de la Palme d'or du Festival de Cannes plus tôt cette année, Pelle le conquérant *s'impose dès le départ grâce à la beauté de ses images et à la force de son histoire. Bille August prend bien le temps d'installer son récit et le construit au rythme des saisons. Max von Sydow est émouvant dans la peau d'un homme toujours digne, peu importe les circonstances. Vraiment, un très beau film. (10 décembre 1988)*

★ 9 ★
THE MILAGRO BEANFIELD WAR (Milagro)
Robert Redford (États-Unis)

Avec Rubén Blades, Sonia Braga, Julie Carmen, Melanie Griffith.

...

Un pauvre ouvrier agricole du Nouveau-Mexique provoque tout un émoi en détournant l'eau d'un chantier immobilier.

Une fable à travers laquelle Robert Redford manie habilement différents éléments pour offrir un conte social bien ancré dans les préoccupations du moment. The Milagro Beanfield War *ne fait pas partie de ces films appelés à connaître un grand succès populaire, mais le réalisateur d'*Ordinary People *confirme quand même ici ses talents de metteur en scène. (21 avril 1988)*

★ 10 ★
UN HOMME AMOUREUX (A Man in Love)
Diane Kurys (France)

Avec Peter Coyote, Greta Scacchi, Jamie Lee Curtis, Claudia Cardinale.

...

Lors d'un tournage en Italie, un acteur, déjà marié, tombe amoureux de sa partenaire de jeu.

Il s'agit d'un film romantique complètement assumé, qui se déroule de surcroît dans le milieu du cinéma. Ce genre d'histoire fut déjà proposé maintes et maintes fois, mais Diane Kurys parvient à imposer sa manière. Et puis, il y a

Rome, la Toscane, Greta Scacchi, Peter Coyote et une courte mais combien sensible présence de Claudia Cardinale... (30 janvier)

RETOUR

• •

L'EMPREINTE DE LÉA

À sa façon, Léa Pool a aussi marqué de son empreinte le cinéma québécois des années 80. Si *Strass café,* un premier «long» métrage de 62 minutes, était d'abord passé plutôt inaperçu, *La femme de l'hôtel* a eu un bel écho. Puis, *Anne Trister.* Anne-Claire Poirier mise à part, peu de femmes cinéastes étaient parvenues jusque-là à faire entendre une voix qui atteigne aussi l'oreille du public. Léa Pool a imposé une façon d'aborder d'autres préoccupations, de parler autrement de choses plus intimes. *À corps perdu* meilleur film de l'année? C'est sans doute un peu fort. N'empêche que ce film «librement inspiré» du roman *Kurwenal* d'Yves Navarre m'avait beaucoup touché. Peut-être un peu trop tributaire de l'esthétisme des années 80, *À corps perdu,* dont on espère toujours l'arrivée sur une nouvelle plate-forme (ce film n'a même jamais fait l'objet d'un DVD), n'en perd pas moins sa pertinence.

Des titres figurant dans ce tableau d'honneur, peu sont devenus de grands classiques dont on parle encore aujourd'hui. Bien sûr, il y a *L'insoutenable légèreté de l'être*, pari audacieux et généralement bien relevé par Philip Kaufman. *Qui veut la peau de Roger Rabbit* se regarde encore avec plaisir, même si la technologie empruntée par Zemeckis à l'époque — qui nous avait tant impressionnés — semble désormais relever de la préhistoire. Dans l'esprit de bien des gens, *Bagdad Café* évoque maintenant davantage la chanson *Calling You,* devenue un standard, plutôt que le film. Même s'il a valu au cinéaste danois Bille August la première de ses deux Palmes d'or à Cannes (il obtiendra de nouveau le laurier suprême quatre ans plus tard grâce aux *Meilleures intentions*), *Pelle le conquérant* ne s'est pas vraiment inscrit dans l'imaginaire collectif des cinéphiles. *Comédie !, The Milagro Beanfield War* et *Un homme amoureux* occupent maintenant un rang plutôt mineur dans les œuvres de leurs auteurs respectifs.

Quand on évoque les meilleurs films de Woody Allen, on ne cite pas très souvent *Another Woman,* mais je persiste à croire qu'il s'agit là de l'une de ses plus belles offrandes.

★ Portrait ★
WOODY ALLEN
FIDÈLE À LUI-MÊME
• •

Même si on le voit plutôt rarement dans les médias, Woody Allen se prête aux exigences du «service après-vente» de ses films avec une belle constance. Comme il ajoute un nouvel opus à son œuvre pratiquement chaque année, je ne compte plus les fois où j'ai eu le plaisir d'assister à l'une de ses conférences de presse dans l'un ou l'autre des grands festivals, ou à des rencontres de presse organisées par un distributeur américain. Chaque fois, il est comme on l'aime : brillant, parfois fragile, avec, toujours, le sens de la formule.

Il m'aura pourtant fallu des années avant d'avoir l'occasion de lui parler seul à seul. C'était il y a deux ans, en marge de la sortie de

Midnight in Paris, son plus grand succès public à ce jour. Un lundi, coup de fil d'une relationniste qui me demande si, par hasard, j'aurais envie de parler à Woody Allen un peu plus tard dans la semaine.

— Hum… Attends un peu. Je vais voir si je peux déplacer un truc dans mon agenda ?

On me dit alors que l'interview téléphonique devrait avoir lieu au plus tard mercredi, histoire de respecter nos délais de production. Au début de l'après-midi mercredi, toujours pas de nouvelles. La relationniste n'y croit plus tellement. Et nous non plus. On oublie ça.

Puis, jeudi matin, un message tombe dans la boîte de réception. On me prévient que Woody Allen me téléphonera chez moi dans la prochaine heure.

De fait, la sonnerie se fait entendre. Une voix, reconnaissable entre toutes, s'élève.

— *Hello, may I speak to… to… Mark… Annndré, please.*

— *Speaking.*

— *Oh hi, it's Woody !*

Ben oui ! Si c'est pas Woody toi ! Il est quand même très rare que les vedettes nous téléphonent elles-mêmes pour un entretien. Il y a habituellement une relationniste qui appellera une heure avant le rendez-vous pour s'assurer que nous sommes bien au poste. Il y aura parfois rappel 10 minutes avant, puis, un autre appel pour s'excuser de l'inévitable retard et, enfin, au moment fatidique, on vous mettra « en relation » avec la vedette.

Au cours de cette conversation, Woody Allen fut évidemment fidèle à lui-même :

« *Quand j'ai commencé à réaliser des films, c'était uniquement pour rencontrer des filles ! dit-il. Je savais que cette profession-là te permettait de côtoyer de belles actrices et de devenir populaire auprès d'elles. Ce n'était peut-être pas la seule raison m'ayant poussé à me lancer dans le cinéma, mais certainement l'une des principales! Maintenant que je suis marié depuis longtemps, que j'ai une famille et que je suis plus âgé, ça ne me donne plus rien de rencontrer des filles! Aujourd'hui, je fais du cinéma parce que j'aime en faire. Il me donne l'occasion de m'exprimer sur le plan créatif. Et il a aussi une fonction thérapeutique!* »[6]

D'autres moments de cette conversation avaient aussi été mis en ligne sur le Web:[7]

Sur sa méthode de travail, toujours la même, malgré les profondes transformations de « l'industrie »:

Ce qui m'aide grandement, c'est que je travaille avec de petits budgets. Mes films ne coûtent jamais plus de 15 ou 17 millions de dollars, ce qui est très peu selon les standards américains. J'ai aussi le grand privilège d'avoir un public fidèle partout dans le monde. Il y a des films qui marchent mieux que d'autres, évidemment, mais à l'échelle où je les fais, il faudrait vraiment que mon film soit très mauvais pour que le producteur ne fasse pas ses frais.

Sur les nouvelles plates-formes:

Vous ne me ferez jamais regarder un film sur un iPhone. C'est complètement ridicule! Je viens d'une époque où aller voir un film relevait de l'événement. Il y avait alors de beaux théâtres, des candélabres, de la belle moquette, de belles lumières. Et là, vous vous installiez dans votre fauteuil. Et sur le grand écran apparaissaient des vedettes comme Rita Hayworth, Katharine Hepburn, Humphrey Bogart ou Cary Grant. Oui maintenant, avec les cinémas maison, les grands écrans de télé et le nouvel équipement dont on dispose, on peut regarder un film de façon satisfaisante chez soi. Mais à mes

---

6. *La Presse*, 4 juin 2011.
7. Blogue *Lapresse.ca*, 4 juin 2011.

yeux, l'expérience ne sera quand même jamais comparable. Parce que voir un film en salle est aussi une expérience collective.

Sur les vedettes d'aujourd'hui :

Auparavant, les vedettes de cinéma étaient vraiment mythiques, au sens grec du terme. Des personnes plus grandes que nature. Clark Gable était un dieu. Aujourd'hui, on trouve d'excellents acteurs mais la nature même du vedettariat est très différente. Les vedettes font partie de notre quotidien maintenant. Et elles se tiennent au plus près de la réalité. Les grandes vedettes de l'époque étaient inaccessibles, irréelles, et nous permettaient de projeter sur elles tous nos fantasmes. Maintenant, les vedettes de cinéma sont des gens comme nous ! Je ne dis pas que c'est mieux ou moins bien — la vie devait être bien difficile pour les vedettes de l'époque — mais je dis que l'existence de vedettes mythiques comme Clark Gable ou Rita Hayworth n'est plus possible aujourd'hui.

Sur les vedettes qu'il dirige :

Je suis privilégié car des acteurs extraordinaires acceptent mes propositions. Même si, parfois, je les soupçonne de n'accepter que s'ils n'ont rien de plus payant à faire ailleurs ! Les cachets qu'on peut se permettre de leur offrir sont tellement petits que je pourrais comprendre si jamais un acteur choisissait de me laisser tomber au profit d'un autre film qui pourrait le payer 10 millions de dollars !

Très cher Woody.

1989

★ 1 ★

DANGEROUS LIAISONS (Les liaisons dangereuses)
Stephen Frears (États-Unis/Royaume-Uni)

Avec Glenn Close, John Malkovich, Michelle Pfeiffer, Keanu Reeves.

...

Ayant signé un pacte, deux aristocrates brillants se lancent des défis de séduction cruels.

Stephen Frears a su tirer de ce texte sulfureux et sublime un film dont la liberté de ton est fort réjouissante. Le dramaturge Christopher Hampton, qui s'était inspiré du roman épistolaire de Choderlos de Laclos pour écrire la pièce dont ce film est l'adaptation, élève ici le cynisme au rang de grand art. La réalisation est en parfaite symbiose avec la joute cruelle qui se joue dans cette histoire. (28 janvier 1989)

★ 2 ★

CAMILLE CLAUDEL
Bruno Nuytten (France)

Avec Isabelle Adjani, Gérard Depardieu, Laurent Grévill, Alain Cuny.

...

Apprentie auprès du sculpteur Auguste Rodin, Camille Claudel tombe éperdument amoureuse de son maître.

Isabelle Adjani s'est démenée pendant six ans pour faire aboutir ce projet. Elle aura eu raison de s'obstiner. Bruno Nuytten, qui signe ici son premier long métrage, propose un film sur l'art, sur la création, à travers le destin tragique d'une artiste qui n'aura jamais droit à la reconnaissance. Adjani, possédée, offre une très grande composition. Depardieu oppose un jeu pudique et sobre dans la peau d'un Rodin réfléchi mais lâche. (CIBL-FM, 16 février 1989)

★ 3 ★
JE SUIS LE SEIGNEUR DU CHÂTEAU
Régis Wargnier (France)

Avec Jean Rochefort, Dominique Blanc, Régis Arpin, David Behar.

...

Le fils d'un nouveau veuf envisage mal l'arrivée d'une gouvernante dans sa vie, encore moins celle du fils de cette dernière...

Bien que très différent de La femme de ma vie, *on reconnaît dans ce nouveau film le penchant du cinéaste pour les envolées lyriques. Qu'il met cette fois au service d'une histoire entièrement centrée sur les zones d'ombre de l'enfance. Pendant qu'une histoire d'amour tentera de naître entre les deux adultes, leurs enfants respectifs se livreront un combat sans merci, une lutte de pouvoir morbide et meurtrière, un duel d'une cruauté sans nom. Dans cette œuvre troublante aux relents opératiques, la musique de Prokoviev fait le reste...*
(CIBL-FM, 30 mars 1989)

★ 4 ★
MONSIEUR HIRE
Patrice Leconte (France)

Avec Michel Blanc, Sandrine Bonnaire, Luc Thuillier, André Wilms.

...

Vivant dans le même appartement depuis des années, un homme observe et tombe amoureux de la femme habitant en face.

Patrice Leconte entre dans la cour des grands grâce à cette nouvelle adaptation du roman de Georges Simenon. Ce film, très court, est dépouillé à l'extrême et ne vise que l'essentiel. Le travail de mise en scène est remarquable. Il émane aussi des images, très soignées, une sensualité discrète. Michel Blanc est remarquable. Sandrine Bonnaire est en train de se construire une filmographie du tonnerre. (CIBL-FM, 12 octobre 1989)

★ 5 ★
JÉSUS DE MONTRÉAL
Denys Arcand (Québec)

Avec Lothaire Bluteau, Catherine Wilkening, Johanne-Marie Tremblay, Rémy Girard.

...

Voulant mettre en scène une nouvelle version de la Passion, un metteur en scène cherche des acteurs prêts à tout pour le suivre...

Une réflexion crue, incisive, empreinte de cynisme, sur la notion d'intégrité. La grande réussite de Denys Arcand aura été de savoir comment recouper une multitude de thèmes sans sacrifier la cohérence du propos, comme si les différents éléments se répondaient les uns aux autres. La charge sociale est virulente. Arcand met ici en images (magnifique photo de Guy Dufaux) un scénario brillant (dont il est l'auteur), bien écrit il va sans dire, qui jette un regard critique et émouvant sur « l'évolution » de la société. (CIBL-FM, 18 mai 1989)

★ 6 ★
VALMONT
Milos Forman (France/États-Unis)

Avec Colin Firth, Annette Bening, Meg Tilly, Fairuza Balk.

...

Par vengeance, une aristocrate demande à un comte de séduire la jeune femme que s'apprête à épouser son amant.

Malgré ses très belles qualités, ce film de Milos Forman risque de souffrir de la comparaison avec Dangerous Liaisons. D'autant que la vision que nous offre le réalisateur d'Amadeus est moins sulfureuse, moins perverse que celle de Stephen Frears. Précisons d'ailleurs que le scénariste Jean-Claude Carrière s'est directement inspiré du roman de Choderlos de Laclos. On a quand même droit ici à une œuvre somptueuse, réalisée par l'un des maîtres de notre époque. (CIBL-FM, 11 janvier 1990)

★ 7 ★
ADIEUX AU FAUX PARADIS
(Abschied vom Falschen Paradies)
Tevfik Baser (Allemagne)

Avec Zuhal Olcay, Brigitte Janner, Ruth Olafsdottir.

...

Condamnée à six ans de prison pour le meurtre de son mari, une femme d'origine turque risque d'être expulsée d'Allemagne, où elle vit depuis plusieurs années.

Un film dur, réalisé avec beaucoup de finesse. Ce drame n'évoque pas tant l'horreur du milieu carcéral ; plutôt la détresse intérieure d'une femme qui, par légitime défense, se retrouve aujourd'hui dans une position impossible. Ce film aborde la délicate question d'immigrants coincés entre deux mondes, qui n'appartiennent ni à l'un ni à l'autre. Magnifiquement interprété par des comédiens inconnus, ce film mérite assurément notre attention. (29 août 1989)

★ 8 ★
TROP BELLE POUR TOI!
Bertrand Blier (France)
Avec Gérard Depardieu, Josiane Balasko, Carole Bouquet, François Cluzet.

...

L'histoire d'un homme qui a épousé une femme qui a l'air d'être sa maîtresse et qui tombe amoureux d'une maîtresse qui a l'air d'être sa femme...

Blier a troqué cette fois ses dialogues explosifs au profit d'une petite musique intérieure. Cela lui va très bien. L'approche est différente. Le texte est au service de la mise en scène plutôt que le contraire. La forme est éclatée (retours en arrière, projections dans le futur, témoins extérieurs, etc.), l'exercice est périlleux, mais le pari est bien relevé, même si le résultat peut sembler plus froid. (7 septembre 1989)

★ 9 ★
DEAD POETS SOCIETY (La société des poètes disparus)
Peter Weir (États-Unis)
Avec Robin Williams, Robert Sean Léonard, Ethan Hawke, Josh Charles.

...

La vie d'étudiants dans une prestigieuse université est profondément marquée par le passage d'un professeur libre penseur.

Peter Weir retrouve la forme grâce à ce film inspirant, dans lequel Robin Williams se glisse humblement dans la peau d'un professeur. En plus de la qualité de son scénario, ce film a aussi le mérite de nous faire découvrir de formidables jeunes acteurs, notamment Robert Sean Leonard et Ethan Hawke. Comme à l'habitude chez Weir, on retrouve cette atmosphère particulière, cette qualité de relations entre les personnages. Et les images sont magnifiques. (CIBL-FM, 22 juin 1989)

★ 10 ★
CASUALTIES OF WAR (Outrages)
Brian de Palma (États-Unis)
Avec Michael J. Fox, Sean Penn, Don Harvey, John C. Reilly.

...

Malgré l'admiration qu'il éprouve pour un commandant qui lui a sauvé la vie, un soldat se bat contre les actions immorales de ce dernier.

La sobriété dont fait preuve Brian de Palma dans sa mise en scène étonne. Il est vrai qu'avec un sujet aussi fort, tiré d'un véritable drame survenu au Vietnam en 1966, il n'avait pas besoin d'en rajouter. Et puis, la question : où va l'éthique morale et humaine en temps de guerre alors que tous les repères tombent ? Plus fort que Platoon *à mon avis. Très percutant à tout le moins. (14 août 1989)*

RETOUR

. . . .

CARPE DIEM !

On ne peut jamais prévoir la carrière d'un film. Les artisans de l'industrie auront beau utiliser tous les outils mis à leur disposition pour tenter de réduire les « risques » au minimum, rien n'y fera. Jamais. Même si des sommes colossales peuvent être investies dans une campagne de publicité, il y aura toujours des échecs spectaculaires de productions promises à un succès assuré. Il y aura aussi toujours des films qui parviennent à se frayer un chemin jusqu'au cœur des gens sans que personne puisse ne rien prévoir.

En 1989, *Dead Poets Society* a créé la surprise en se transformant pratiquement en phénomène de société. Le scénariste Tom Schulman, lauréat de l'Oscar du meilleur scénario cette année-là, s'était inspiré de ses propres souvenirs d'étudiant pour écrire cette histoire qui a su séduire autant les adultes que les ados. Et qui a mis le théâtre et la poésie à l'avant-plan !

On retiendra aussi de 1989 le duel entre *Dangerous Liaisons* et *Valmont*, duquel le film de Stephen Frears, proposé en premier, est sorti largement gagnant.

À l'instar du *Déclin de l'empire américain, Jésus de Montréal* s'est distingué sur la scène internationale, obtenant notamment le Prix du jury du Festival de Cannes. Nommé également aux Oscar dans la catégorie du meilleur film en langue étrangère, le film de Denys Arcand a dû cette fois s'incliner devant *Cinéma Paradiso,* l'excellent film de Giuseppe Tornatore (absent de cette liste, étonnamment !). Aussi dans la course aux Oscar cette année-là : *Camille Claudel,* dans la même catégorie que les films d'Arcand et de Tornatore, ainsi qu'Isabelle Adjani dans la catégorie de la meilleure actrice. La lauréate fut toutefois Jessica Tandy (*Driving Miss Daisy*).

Monsieur Hire reste encore à ce jour l'un des plus beaux films de Patrice Leconte. *Trop belle pour toi* constitue par ailleurs, peut-être, le dernier chapitre de la « grande » période de Bertrand Blier. *Je suis le seigneur du château* et *Adieux au faux paradis* sont des films aujourd'hui un peu tombés dans l'oubli, mais ils auraient franchement mérité un meilleur sort.

Quant à *Casualties of War,* qui faisait figure de grand événement à l'époque, il n'a pas du tout eu l'impact souhaité. J'estimais ce film supérieur à *Platoon* pourtant…

Carpe diem comme disait l'autre.

LE PAPY GÂTEAU

Philippe Noiret n'a jamais connu de périodes creuses, mais 1989 fut une grande année pour lui. En vedette dans le film italien *Cinéma Paradiso,* le grand comédien a aussi trouvé dans *La vie et rien d'autre* l'un de ses très grands rôles. Il a d'ailleurs obtenu, 14 ans après *Le vieux fusil,* le deuxième César du meilleur acteur de sa carrière, cette fois grâce au film de Bertrand Tavernier. À peu près à la même époque, j'ai eu l'occasion d'interviewer Philippe Noiret à la radio. L'acteur avait même eu la générosité d'enregistrer un indicatif pour CIBL. Qu'on a pu entendre pendant au moins une dizaine d'années sur les ondes de la dynamique station de radio communautaire.

Ce fut la seule fois où j'ai eu l'honneur de rencontrer monsieur Noiret. J'ai évoqué ce souvenir dans une chronique publiée à l'occasion de la disparition de l'acteur, en 2006.

Dans mon esprit, l'idée de réaliser une interview avec ce géant du cinéma — un grand privilège — était aussi enthousiasmante que terrifiante. Je devais ainsi me rendre à l'hôtel où logeait monsieur Noiret avec mon équipement, afin d'enregistrer notre conversation de 30 minutes comme s'il s'agissait d'une diffusion en direct.

Je me souviens avoir tremblé de tous mes membres en montant dans l'ascenseur, ma console sous le bras. Je transportais aussi, dans d'affreux sacs de plastique qui témoignaient éloquemment du peu de moyens dont nous disposions à la station, deux lourdes bases de micros. Sans oublier les micros eux-mêmes, les énormes «moumoutes» vertes qui les recouvraient et les kilomètres de fils requis au bon fonctionnement de l'exercice.

Tout d'abord, le géant s'est étonné de me voir arriver seul. Une radio «professionnelle» dépêche habituellement une équipe, ne serait-ce que pour pouvoir techniquement bien installer les choses. Constatant l'état délabré des sacs dans lesquels je transportais le matériel, sans parler de mon énervement, monsieur Noiret a jeté sur moi un regard empreint de compassion. Il avait probablement dès lors compris qu'il aurait affaire à un jeune journaliste qui ne comptait pas encore tout à fait le même nombre d'années d'expérience que ceux qu'il avait rencontrés auparavant au cours de cette tournée.

On s'est ainsi mis à parler de tout et de rien en installant les micros, l'acteur de légende s'offrant même pour brancher des fils. Ce faisant, il en profitait pour s'enquérir aussi de mes activités professionnelles, un peu comme un grand-papa gâteau qui s'assure de la bonne marche des études du petit dernier. En commençant l'interview, j'ai éprouvé un sentiment de vertige. Pendant quelques secondes, je réalisais que j'étais là, que Philippe Noiret me parlait, qu'il n'y avait personne d'autre autour de nous. Je réalisais aussi que nous bavarderions ensemble comme ça pendant une demi-heure. Wow!

Évidemment, la conversation a essentiellement porté sur l'ensemble d'une carrière exceptionnelle au cinéma; sur l'approche ludique qu'empruntent habituellement les acteurs de cette génération, parmi lesquels ses copains Jean-Pierre Marielle et Jean Rochefort. Le comédien s'est aussi prêté à l'exercice de réagir spontanément aux noms que je lui lançais: Tavernier, Deneuve, Ferreri, Signoret, et tant d'autres. Quand le nom de Romy Schneider fut évoqué, j'ai alors senti une infinie tristesse envahir le regard de cet homme élégant de cœur et d'esprit. «Ah! Romy... a-t-il simplement laissé tomber avec sa voix grave et inimitable. Tant de douleur... Tant de douleur... »

Quand on a un type comme Philippe Noiret en face de soi, ce sont forcément quelques-uns de nos plus beaux souvenirs de cinéma qui remontent spontanément à la surface. Depuis tant d'années qu'il nous accompagne dans notre parcours de cinéphile, on avait fini par le croire immortel. Je n'ai jamais eu l'occasion de converser de nouveau avec monsieur Noiret depuis cette interview de jeunesse, que je garde à jamais parmi mes plus précieux souvenirs.

Quand un géant meurt, il emporte forcément avec lui un peu de notre histoire personnelle. On se consolera quand même à l'idée que Philippe le bienheureux ait maintenant gagné son Cinéma Paradiso.[8]

---

8. *La Presse,* 24 novembre 2006.

1990

★ 1 ★
CYRANO DE BERGERAC
Jean-Paul Rappeneau (France)
Avec Gérard Depardieu, Anne Brochet, Vincent Perez, Jacques Weber.

...

Un jeune homme fait appel à un poète au physique moins avantageux pour l'aider à séduire celle dont les deux hommes sont finalement amoureux...

Cette adaptation est remarquable à tous points de vue. Rappeneau, qui réussit ici un coup de maître, est resté fidèle à l'esprit du texte de Rostand — jusqu'à en conserver les alexandrins — mais il a complètement dépoussiéré la forme. Il fait de cette pièce un vrai film de cinéma. Dans le rôle du célèbre cadet de Gascogne, Depardieu ne pourrait être plus parfait. (CIBL-FM, 7 juin 1990)

★ 2 ★
GOODFELLAS (Les affranchis)
Martin Scorsese (États-Unis)
Avec Ray Liotta, Robert De Niro, Joe Pesci, Lorraine Braco.

...

Ayant toujours rêvé de devenir un gangster, Henry Hill s'implique de plus en plus dans le milieu du trafic de la drogue.

Trente ans de mafia dans la petite Italie new-yorkaise. Projet ambitieux duquel Scorsese tire quelques morceaux de bravoure, notamment un plan séquence époustouflant qui passera certainement à l'histoire. C'est évidemment très violent, mais jamais complaisant. Scorsese aligne les scènes choc, filme nerveusement, et ses acteurs sont magnifiques. Joe Pesci est un feu d'artifice à lui tout seul. (CIBL-FM, 27 septembre 1990)

★ 3 ★
WILD AT HEART (Sailor et Lula)
David Lynch (États-Unis)

Avec Nicolas Cage, Laura Dern, Willem Dafoe, J. E. Freeman.

...

Deux jeunes amoureux tentent de fuir le monde violent dans lequel ils sont plongés.

C'est un brûlot explosif. Comme une espèce de version speed métal de Roméo et Juliette. *David Lynch propose ici un film plus frénétique, placé sous le signe du feu. Une bande-son d'enfer ponctue ce road movie exalté dans lequel l'auteur cinéaste explore les plus sombres facettes de l'Amérique. Ouf ! (20 octobre 1990)*

★ 4 ★
MATADOR
Pedro Almodóvar (Espagne)

Avec Antonio Banderas, Assumpta Serna, Nacho Martínez, Eva Cobo.

...

Une avocate, qui aime tuer ses amants pendant les ébats amoureux, est fascinée par un torero...

Avant *La loi du désir*, Pedro Almodóvar avait réalisé *Matador*, une histoire de sexe, de sang et de mort qui, d'une certaine façon, annonçait le film suivant. Le cinéaste en profite pour trucider allègrement tous les revers et les paradoxes de la société espagnole qui, un peu comme la société québécoise, fut longtemps menée par la religion. Un film iconoclaste et jouissif. *(15 janvier 1990)*

★ 5 ★
DANCES WITH WOLVES (Il danse avec les loups)
Kevin Costner (États-Unis)

Avec Kevin Costner, Mary McDonnell, Graham Greene, Rodney A. Grant.

...

Envoyé en reconnaissance au Dakota pendant la guerre de Sécession, un jeune lieutenant fait la rencontre du peuple sioux.

Cette première réalisation de Kevin Costner est de facture très conventionnelle mais l'ensemble est tout à fait étonnant et remarquable. S'inspirant visiblement des grands films épiques à l'ancienne, il trouve ici un souffle, un élan, et mise sur le dynamisme de sa mise en scène. S'il pêche parfois par excès d'enthousiasme,

Costner n'en propose pas moins ici un film vibrant, élaboré avec respect. (CIBL-FM, 22 novembre 1990)

★ 6 ★
THE GODFATHER : PART III (Le parrain III)
Francis Ford Coppola (États-Unis)

Avec Al Pacino, Diane Keaton, Talia Shire, Andy Garcia.

...

Atteignant la soixantaine, Michael Corleone souhaite renouer avec sa famille et se réhabiliter aux yeux de la société.

Difficile, évidemment, de proposer un troisième volet aussi grandiose que les deux premiers, surtout après une pause de 16 ans. Coppola offre pourtant un chapitre final tout à fait honorable. Le dernier acte, qui se déroule à l'opéra de Palerme, est particulièrement saisissant. Et permet au cinéaste de révéler la maîtrise de son art. (CIBL-FM, 27 décembre 1990)

★ 7 ★
TAXI BLUES (Taksi-Blyuz)
Pavel Lounguine (Russie)

Avec Piotr Mamonov, Piotr Zaitchenko, Vladimir Kachpour.

...

Un chauffeur de taxi et un escroc musicien entretiennent une relation d'amitié étrange, basée sur la confrontation...

Une rencontre de choc entre deux personnages qui survivent différemment dans le système communiste : l'un en souscrivant aux règles, l'autre en trouvant en lui-même un espace de liberté intérieure. Pavel Lounguine, qui a créé la sensation plus tôt à Cannes cette année, nous fait voir Moscou de l'intérieur avec, dirait-on, une vraie rage de filmer. Fascinant. (30 août 1990)

★ 8 ★
NIKITA
Luc Besson (France)

Avec Anne Parillaud, Tchéky Karyo, Jean-Hugues Anglade, Jeanne Moreau.

...

Dès le départ, Luc Besson orchestre une descente aux enfers et souhaite visiblement secouer le spectateur. Son long métrage tient à la fois du film d'action et, d'une certaine façon, de la bande dessinée. Le fond cède le pas à la forme bien souvent, mais l'ensemble étonne d'autant plus qu'après Le grand bleu, Besson explore ici des zones beaucoup plus sombre. (CIBL-FM, 23 mars 1990)

★ 9 ★
UN MONDE SANS PITIÉ
Éric Rochant (France)

Avec Hippolyte Girardot, Mireille Perrier, Yvan Attal, Jean-Marie Rollin.

...

À l'aube des années 90, un trentenaire désabusé tombe amoureux d'une femme qui ne partage pas son mode de vie.

Voilà un film on ne peut plus contemporain dans lequel on ne s'enfarge pourtant pas dans l'idée du « branché » à tout prix. Il y a ici une telle justesse dans le ton qu'on pourrait presque croire à du cinéma-vérité. Comme un miroir dans lequel se reconnaîtront à coup sûr les gens issus de la même génération. (CIBL-FM, 25 janvier 1990)

★ 10 ★
KORCZAK
Andrzej Wajda (Pologne)

Avec Wojciech Pszoniak, Ewa Dalkowska, Marzena Trybala.

...

Obligé de livrer aux SS les 200 orphelins dont il avait la garde dans le ghetto de Varsovie, le docteur Korczak décide de suivre ses enfants.

Entouré d'un parfum de controverse (la perspective d'une nouvelle « grande » Allemagne selon Wajda), ce film s'inscrit quand même dans le devoir de mémoire de l'humanité face aux atrocités de la Seconde Guerre mondiale. Notamment à une époque où l'on sent justement poindre des relents d'intolérance un peu partout. Le maître polonais propose ici un film empreint de dignité. (CIBL-FM, 28 août 1990)

RETOUR

• •

UNE NOUVELLE STRATÉGIE

Les dirigeants de la société de distribution québécoise C/FP, qui s'est beaucoup transformée au fil des ans, ont eu en 1990 l'idée saugrenue de tenter une nouvelle expérience. Cette année-là, ils ont pris le titre le plus attendu et le plus prestigieux de leur catalogue, *Cyrano de Bergerac,* et l'ont mis à l'affiche au début de la saison estivale. À l'époque (c'était bien avant la vague de succès populaires du cinéma québécois), cette période de l'année était largement concédée au cinéma hollywoodien. Or, le grand film de Jean-Paul Rappeneau a attiré près de 315 000[9] spectateurs dans les salles du Québec au cours de l'été. La stratégie s'étant révélée payante, les distributeurs locaux ont alors commencé à proposer pendant la belle saison, face aux superproductions américaines, de grands films internationaux. Deux ans plus tard, C/FP devait aussi connaître beaucoup de succès grâce à *Indochine,* aussi sorti chez nous pendant l'été.

Cyrano de Bergerac a suscité un véritable engouement dans l'ensemble de la francophonie, mais pas seulement. L'adaptation cinématographique de la pièce classique d'Edmond Rostand a en outre obtenu une nomination aux Oscar dans la catégorie du meilleur film en langue étrangère. Comme il arrive trop souvent dans cette catégorie, le grand favori a dû céder la victoire à un film pratiquement inconnu. Le film lauréat, *Journey of Hope,* tout autant que son réalisateur, le Suisse Xavier Koller, n'ont pourtant pas laissé d'impérissables souvenirs. Gérard Depardieu avait de son côté décroché une nomination dans la catégorie du meilleur acteur.

---

9. 313 984 spectateurs selon l'Institut de la statistique du Québec.

Jeremy Irons fut le lauréat grâce à sa performance dans *Reversal of Fortune* (Barbet Schroeder).

Goodfellas reste encore aujourd'hui l'un des très grands films de Martin Scorsese. *Wild at Heart* fut le lauréat de la Palme d'or du Festival de Cannes, attribuée cette année-là par un jury présidé par Bernardo Bertolucci. On peut par ailleurs s'étonner de retrouver dans cette liste *Matador,* un film qu'Almodóvar a réalisé en 1986. Il faut se rappeler que le chantre de la Movida fut révélé sur la scène internationale grâce à *La loi du désir* (1987). *Femmes au bord de la crise de nerfs* lui a valu son premier vrai succès populaire l'année suivante. Un distributeur local avait alors pris l'initiative d'offrir au public montréalais les films précédents de ce cinéaste d'exception. Voilà comment on explique la sortie de *Matador* seulement en 1990 à Montréal. À part *Korczak,* qui n'est pas souvent cité quand on évoque les grands films de Wajda, toutes les productions retenues dans ce tableau d'honneur sont encore dignes de figurer dans une collection personnelle.

★ Portrait ★
GÉRARD DEPARDIEU

LE TENDRE MONSTRE

• •

J'ai assez fréquemment eu l'occasion de croiser Gérard Depardieu au fil des ans. À Montréal comme à Paris. Conférences de presse, rencontres organisées par des distributeurs, entrevues menées à deux ou trois journalistes. On le croise un peu comme Catherine Deneuve, une actrice dont il a déjà dit qu'elle était «l'homme qu'il voudrait être[10]». Honnêtement, je n'ai pratiquement jamais vu le même type. Très enjoué un jour, sombre et introverti un autre. Il faut ainsi jauger très vite l'état d'esprit dans lequel se trouve le comédien en abordant la conversation. La plus récente rencontre a eu lieu à Paris l'an dernier, en marge de la sortie d'*Astérix et Obélix: Au service de Sa Majesté*. Le monstre semblait heureux ce jour-là. Et il en imposait.

« J'aime tout d'Obélix, a-t-il confié. Je dirais même que plus je le fais, plus je m'aperçois que je suis lui! Ça me plaît de devoir penser et réagir comme lui. Même quand il boude. Obélix est un personnage complètement dénué de méchanceté. Je ne suis pas aussi fort que lui, mais j'ai son penchant pour aimer d'emblée l'autre, en être curieux. Obélix aime l'idée d'aimer. L'incarner ne représente aucun défi pour moi. Juste du bonheur! De toute façon, j'ai horreur de travailler. Je ne veux que du plaisir. Et de temps en temps, je gémis aussi!»[11]

C'était avant que le ciel ne lui tombe sur la tête avec toutes les histoires d'exil fiscal, de citoyenneté, belge et russe, et de ses accointances avec l'ami Vladimir Poutine, président d'une «grande démocratie». C'est donc dire que nous étions alors à un mois de la polémique démesurée qui devait nourrir les médias français pendant des semaines. Mais au-delà des excès, des dérapages, des esclandres dans les avions, Depardieu reste un acteur d'exception. Et un homme de cœur. Il avait été particulièrement touchant au cours d'une interview accordée au moment de la présentation d'*Aime ton père* au Festival des films du monde. Dans ce film de Jacob Berger, l'acteur incarnait un écrivain célèbre, père d'un fils ayant beaucoup de mal à sortir de l'ombre. Dans ce drame aux

---

10. *Lettres volées*, éditions JC Lattès.
11. *La Presse*, 16 février 2013.

relents intimes, il donnait la réplique à son propre fils Guillaume, disparu en 2008.

Il est là, calme, réfléchi, presque vulnérable. Il parle d'une voix très douce, ponctue ses réponses de silences, évoque l'art, la littérature, le cinéma, la paternité aussi. Parce qu'un personnage comme celui qu'il incarne dans le film de Jacob Berger ramène forcément des choses à la surface.

« *Un père est toujours coupable. Un père est toujours jugeable. J'avais à peine 20 ans quand Guillaume est né. Toutes mes erreurs, je les ai faites. Aujourd'hui, je peux toutefois vous dire que la vie est belle... *»

S'il n'a pas hésité à plonger dans l'aventure, Gérard Depardieu dit s'être parfois senti plus fragile. Le réalisateur Jacob Berger affirme d'ailleurs avoir été particulièrement touché par « le cadeau » que Gérard a fait à son fils Guillaume en acceptant de participer à un film dans lequel il n'a pas nécessairement le beau rôle.

« *J'ai délibérément joué au père, dit l'acteur. Uniquement pour aider Guillaume à sortir... *» *L'acteur s'arrête. On comprend qu'à travers la relation père fils dans le film, Gérard a peut-être voulu aider Guillaume (absent en raison d'une blessure qu'il s'est infligée en moto) à mieux vivre, tout simplement.*

« *J'ai essayé de lui apporter la joie. De l'entraîner vers une approche différente du métier, lequel, pour lui, s'exécute dans une forme de douleur. Il y a eu un véritable changement dans nos rapports après ce film. *»

« *Guillaume, poursuit-il, a la vérité de sa jeunesse. Il a ses fulgurances, sa poésie, sa rébellion. Moi aussi, j'ai été rebelle — je le suis même encore un peu —, mais aujourd'hui, je m'arrange avec les lois de la vie. Il m'arrive d'être hors la loi parfois quand même!* »[12]

Si ma mémoire est fidèle, Gérard Depardieu est descendu sur la place du complexe Desjardins quelques minutes à peine après cette interview pour se prêter à l'une de ces étranges conférences de presse publiques qu'organise le FFM. Alors en représentation, l'acteur, très en verve, avait évidemment affiché la plus extravertie des facettes de sa personnalité. Et il avait mis tout le monde dans sa poche.

L'une de mes citations favorites de Depardieu est pourtant complètement anodine. Venu à Montréal en 1995 — encore au FFM — pour recevoir un Grand Prix spécial des Amériques, l'acteur vigneron avait alors dû faire la promesse — c'était au cours d'une autre conférence de presse — de goûter à un vin québécois.

« *J'aime toutes les aventures!* », avait-il déclaré.[13]

---

12. *La Presse*, 31 août 2002.
13. *La Presse,* 27 août 1995.

1991

★ 1 ★
EUROPA
Lars Von Trier (Danemark)

Avec Jean-Marc Barr, Barbara Sukowa, Udo Kier, Ernst-Hugo Järegard.

...

Un jeune Américain d'origine allemande se rend à Francfort en 1945 afin de contribuer à la reconstruction de son pays d'origine.

Avec Europa, *Lars Von Trier s'impose comme l'un des plus importants cinéastes actuels. Ce film plonge le spectateur dans un véritable état d'hypnose (grâce à la voix de Max Von Sydow notamment) pour évoquer de façon tout à fait originale les drames de l'Europe. Visuellement, ce film est sublime. (3 septembre 1991)*

★ 2 ★
BARTON FINK
Joel Coen (États-Unis)

Avec John Turturro, John Goodman, Judy David, Michael Lerner.

...

Dans les années 40, un jeune dramaturge new-yorkais est embauché par un grand studio hollywoodien...

Voilà qu'arrive enfin le film le plus primé de l'histoire du Festival de Cannes. Il est vrai que cette mise en abîme du rêve hollywoodien, à la manière des frères Coen, est aussi troublante que jubilatoire. D'autant que les auteurs cinéastes en appellent aux propres responsabilités des créateurs. Brillant. (15 septembre 1991)

★ 3 ★
THE GRIFTERS (Les arnaqueurs)
Stephen Frears (États-Unis)

Avec John Cusack, Anjelica Huston, Annette Bening, Jan Munroe.

...

Un escroc à la petite semaine est tiraillé entre une mère possessive et une petite amie qui n'apprécie pas la nature de leurs relations familiales.

En s'attaquant à un roman noir de Jim Thompson, Stephen Frears propose un thriller différent, pervers et fascinant. Dans cette descente aux enfers, la moralité bien-pensante en prend un sacré coup. Formidablement filmé, ce thriller met en valeur la maîtrise qu'affiche le cinéaste. Notamment pour manier l'ironie. (10 mars 1991)

★ 4 ★
THE FISHER KING (Le roi pêcheur)
Terry Gilliam (États-Unis)

Avec Jeff Bridges, Robin Williams, Mercedes Ruehl, Amanda Plummer.

...

Un célèbre présentateur radio arrogant, maintenant déchu, se lie d'amitié avec un clochard.

Même s'il transpose cette fois son imaginaire délirant dans un contexte plus réaliste, Terry Gilliam n'en offre pas moins un feu d'artifice. L'univers de The Fisher King *se révèle baroque et fantastique, violent et romantique. Des touches d'humour viennent aussi ponctuer le récit d'une douce folie contagieuse, malgré la dureté du propos. Irrésistible. (CIBL-FM, 26 septembre 1991)*

★ 5 ★
DELICATESSEN
Marc Caro et Jean-Pierre Jeunet (France)

Avec Dominique Pinon, Karin Viard, Ticky Holgado, Anne-Marie Pisani.

...

La vie des étranges habitants d'un immeuble de banlieue, tous clients du même boucher charcutier.

Empruntant à l'univers de la bande dessinée, le tandem Caro-Jeunet a composé une espèce de cocktail visuel singulier dans lequel on trouve aussi une bonne dose d'humour noir. Des effets tape-à-l'œil parfois, certes, mais l'ensemble n'en reste pas moins d'une incroyable originalité. Et c'est diaboliquement drôle en plus! (21 août 1991)

★ 6 ★
MY OWN PRIVATE IDAHO
Gus Van Sant (États-Unis)

Avec Keanu Reeves, River Phoenix, James Russo, William Richert.

...

Deux amis, qui gagnent leur vie en se prostituant, entreprennent un périple pour retrouver la mère de l'un d'eux.

Le milieu de la rue, transposé par la vision d'un artiste. Cela donne forcément un résultat intéressant, d'autant que Gus Van Sant, qui signe ici son film le plus personnel, intègre à son récit — on ne peut plus éclaté — un aspect documentaire qui vient enrichir le propos. River Phoenix est bouleversant dans le rôle de celui à qui le destin n'a pas fait de cadeau... (CIBL-FM, 19 octobre 1991)

★ 7 ★
JACQUOT DE NANTES
Agnès Varda (France)

Avec Jacques Demy, Philippe Maron, Édouard Joubeaud, Laurent Mounier.

...

L'enfance d'un garçon qui, très tôt, a voulu devenir cinéaste.

Agnès Varda a filmé la plus belle lettre d'adieu pour l'homme qu'elle a aimé, mort l'an dernier. Du coup, Jacquot de Nantes est aussi une formidable lettre d'amour qu'un artiste puisse envoyer à un autre. Plutôt que de tomber dans l'hagiographie, la cinéaste a préféré miser sur ce qui l'a unie à Jacques Demy: le cinéma. Et c'est magnifique. (CIBL-FM, 12 septembre 1991)

★ 8 ★
THELMA & LOUISE (Thelma et Louise)
Ridley Scott (États-Unis)

Avec Susan Sarandon, Geena Davis, Harvey Keitel, Brad Pitt.

...

Dans ce film jouissif qui mêle le genre du road movie à celui du buddy movie, Ridley Scott nous donne l'occasion — cela arrive trop peu souvent — de voir un duo d'actrices magnifiques dans des rôles principaux. Ce conte féministe,

*ponctué de revirements dramatiques inattendus, est une ode à la solidarité.
(CIBL-FM, 23 mai 1991)*

★ 9 ★
LA DISCRÈTE
Christian Vincent (France)

Avec Fabrice Luchini, Maurice Garrel, Judith Henry, Marie Bunuel.

...

Pour se venger d'une récente rupture, un homme décide de séduire une autre femme pour mieux l'abandonner ensuite.

Christian Vincent transpose dans le monde d'aujourd'hui une histoire qui aurait pu se dérouler il y a deux siècles. Malgré la cruauté du sujet au départ, ce film tout en finesse est souvent drôle, parfois cynique, toujours brillant. Grâce à ce remarquable premier long métrage, son auteur affiche un style qui le situe d'emblée entre Deville et Rohmer. Cela n'est pas rien. (CIBL-FM, 7 février 1991)

★ 10 ★
TRULY, MADLY, DEEPLY
(Beaucoup, passionnément, à la folie)
Anthony Minghella (Royaume-Uni)

Avec Juliet Stevenson, Alan Rickman, Bill Paterson, Michael Maloney

...

Une femme est si inconsolable depuis la mort de son mari que ce dernier réapparaît dans sa vie...

Sur papier, le scénario peut sembler complètement ridicule mais cette histoire à la Ghost est pourtant finement écrite, et abordée de manière intelligente. Avec ce premier long métrage, Anthony Minghella propose un film extrêmement romantique, qui ne tombe pourtant jamais dans la guimauve ou les poncifs du genre. Juliet Stevenson et Alan Rickman y sont remarquables.

(CIBL-FM, 21 novembre 1991)

RETOUR

. . . .

LA CONQUÊTE VON TRIER

Révélé en 1984 grâce à *The Element of Crime,* un film qui ne m'avait guère séduit, Lars Von Trier m'a complètement conquis avec *Europa,* le dernier volet de sa «Trilogie de l'Europe» (le deuxième était *Epidemic).* Je me souviens n'avoir eu qu'une seule envie après avoir vu son film une première fois au Festival des films du monde : le revoir le plus tôt possible ! Manque de pot, il aura fallu attendre plus de six mois avant qu'*Europa* prenne enfin l'affiche en programme régulier à Montréal. *Europa* est avant tout une entreprise formelle exceptionnelle. Le trublion danois s'était visiblement fait plaisir en s'amusant d'abord avec les outils dont il disposait. Lors d'une interview qu'il m'avait accordée à Copenhague il y a quelques années, Von Trier avait commenté tous les films de sa filmographie. Voici ce qu'il disait à propos d'*Europa,* 15 ans après la sortie du film :

« C'était un film extrêmement complexe sur le plan technique, pour lequel nous avions déjà détaillé tous les plans de façon très précise sur un story board. Ce qui est frustrant dans ce genre d'exercice, c'est que le résultat sur film ne peut jamais être à la hauteur de ce que tu as dessiné, de ce que tu as prévu. Je dirais que nous y sommes parvenus à 80 %. Je me souviens d'un tournage exigeant. J'ai revu le film récemment, je suis encore très fier de ce que nous avons accompli techniquement à l'époque. »[14]

Déjà habitué du Festival de Cannes, où il était sélectionné une troisième fois, Von Trier a obtenu le Prix du jury, le Prix de la meilleure contribution artistique, de même que le Grand Prix de la

---

14. *La Presse,* 21 octobre 2006.

Commission supérieure technique. Le jury, présidé cette année-là par Roman Polanski, devait toutefois lui préférer un autre film événement : *Barton Fink*. L'excellent film des frères Coen fut tellement couvert de prix sur la Croisette que le président du festival, Gilles Jacob, a sérieusement songé alors à changer les règles du jeu. Il est vrai qu'en plus de la Palme d'or, récompense suprême, *Barton Fink* a obtenu le Prix de la mise en scène et a aussi valu à John Turturro celui de la meilleure interprétation masculine. C'est beaucoup. Aujourd'hui, les jurys du Festival de Cannes ne sont plus autorisés à multiplier les lauriers pour un seul et même long métrage.

Ces deux œuvres exceptionnelles mises à part, les autres titres retenus dans cette liste sont aussi de très grande qualité, réalisés par des cinéastes qui ont fait preuve de grande constance au fil des ans. Stephen Frears, Terry Gilliam, Ridley Scott, Anthony Minghella (mort prématurément), Gus Van Sant, Jean-Pierre Jeunet, sans oublier la légendaire Agnès Varda, sont tous des créateurs qui, plus souvent qu'à leur tour, nous ont offert de grands moments de cinéma. De son côté, Christian Vincent s'est un peu perdu dans une filmographie trop éclectique. Même s'il proposera un autre excellent film quatre ans plus tard (*La séparation*), le cinéaste n'a jamais pu vraiment confirmer les grands espoirs suscités par *La discrète*. Il s'est quand même taillé un beau succès public l'an dernier grâce aux *Saveurs du palais*.

MICHEL SERRAULT

FAIRE CROIRE
À L'IMPOSSIBLE

• •

En 1991, Michel Serrault a décroché aux César du cinéma français la cinquième de ses six nominations obtenues dans la catégorie du meilleur acteur. Il avait offert cette année-là une composition étonnante dans *Docteur Petiot,* un film de Christian de Chalonge, dans lequel il prêtait ses traits à un personnage de médecin qui, pendant l'Occupation, soignait le jour et tuait la nuit. En 2002, à Paris, j'ai eu l'occasion, en compagnie du collègue du *Journal de Montréal* Paul Villeneuve, de passer un moment privilégié avec cet acteur d'exception. Au lendemain de sa mort, j'ai écrit cet article :

C'était il y a cinq ans, par une froide journée d'hiver à Paris. Michel Serrault, irrité par l'émergence de toutes ces nouvelles émissions de téléréalité, tempêtait. Lui dont la notion d'invention se situait au cœur même de la démarche artistique avait en effet du mal à concevoir un monde où ne surnageraient dorénavant que des « produits » directement collés à la réalité.

« Il faut au contraire toucher les gens par la création, insistait-il. Quand je compose un personnage, je me fous complètement de la vérité. Quand Michel Simon joue, il n'est pas "vrai"; Louis Jouvet ne joue pas "vrai" non plus — il parle même plutôt faux par moments. Mais ce qu'ils font est plus beau parce que le monde qu'ils recréent est magnifié par le travail de l'artiste. Il faut transposer les choses, inventer. Moi, ce qui m'amuse, c'est de faire croire à l'impossible. »

Une rencontre avec un acteur comme Serrault est forcément marquante. Car il reste l'une des figures emblématiques d'une génération d'artisans pour qui la réussite réside beaucoup plus dans la notion d'échange que dans les critères de rentabilité.

*Dans l'autobiographie qu'il venait alors de publier (*Vous avez dit Serrault? Éditions Florent Massot*), l'acteur révélait en outre une drôle d'habitude qu'il disait tenir de sa grand-mère. Lorsqu'il parlait à quelqu'un, Serrault avait la manie de lui prendre les mains. Parfois même, il posait une main sur le bras de son interlocuteur pour mieux l'agripper ensuite. Comme une façon d'établir d'office un contact, une complicité.*

En compagnie d'un collègue, j'ai été à même de constater à quel point cette «drôle d'habitude» faisait partie intégrante de son mode de communication. Alors que nous ne devions passer qu'un moment en sa compagnie, Serrault nous a gardés près de lui pendant plus de deux heures. Et nous a tour à tour «agrippés» plus d'une fois au fil d'une conversation enlevée et riche en éclats de rire.

Quand on lui parlait cinéma, l'acteur nous ramenait inévitablement à une époque où primait le sens du divertissement. Quand on lui parlait théâtre, il évoquait aussi bien les grands classiques que les pièces de boulevard. De façon récurrente, toutes les années «Poiret-Serrault» remontaient aussi à la surface. Car au-delà de la période faste où ont émergé plusieurs grands succès populaires (dont La cage aux folles*), une amitié indéfectible le liait à son ancien partenaire de jeu.*

Encore très sollicité par les jeunes metteurs en scène, Michel Serrault n'était pourtant pas nostalgique de ces époques. Cela dit, le regard qu'il posait sur la «dégradation» générale de la qualité des œuvres n'était pas tendre. Il exécrait notamment la transformation d'une industrie qui ne répond désormais plus qu'aux seuls critères commerciaux.

«Pour tout vous dire, je trouve cela affolant, pestait-il. Il n'y a plus de critères de qualité; que des trucs interchangeables conçus en fonction

de leur rentabilité. Au rythme où ça se dégrade actuellement, je me demande même s'il y aura encore des artistes dans 20 ans. On préfère prendre des gens dans la rue et les faire raconter leur vie. Tu parles!»

La filmographie de Michel Serrault compte environ 135 longs métrages. Le cinéma ne l'aura pourtant vraiment découvert que dans les années 70, alors qu'il était déjà un homme mûr. Auparavant, l'acteur aura tourné beaucoup de films peu intéressants, vite tombés dans l'oubli. Il considérait d'ailleurs cette époque comme une période d'apprentissage. Mais il revendique tous les films auxquels il a prêté son talent à partir du moment où il a été en mesure de faire de vrais choix.

*«Je ne crois pas m'être trompé très souvent, car mes choix ont toujours été dictés par mes envies personnelles. Même si j'aurais aimé que certains films que j'adore aient mieux fonctionné, notamment ceux de Christian de Chalonge (*L'argent des autres, Docteur Petiot*), je ne peux quand même pas me plaindre. »*[15]

La mort de tous ces artistes issus d'une autre époque entraîne aussi la disparition d'une conception bien différente de l'exercice du métier. Et, inévitablement, un doux parfum de nostalgie.

---

15. *La Presse,* 30 juillet 2007.

1992

★ 1 ★

THE PLAYER (Le meneur)
Robert Altman (États-Unis)

Avec Tim Robbins, Greta Scacchi, Fred Ward, Whoopi Goldberg.

...

À Hollywood, un directeur de production à l'emploi d'un grand studio reçoit des menaces anonymes.

The Player *repose avant tout sur une bonne intrigue policière, campée dans le milieu du cinéma. Avec une maîtrise époustouflante, Robert Altman profite de l'occasion pour élaborer une vision très cynique de ce milieu. Avec la complicité d'une pléiade de grandes vedettes (parmi lesquelles Julia Roberts), le réalisateur de* Nashville *propose ici un film jubilatoire. (26 avril 1992)*

★ 2 ★

LES NUITS FAUVES
Cyril Collard (France)

Avec Cyril Collard, Romane Bohringer, Claude Winter, Carlos Lopez.

...

Tombant amoureux d'une jeune fille de 17 ans, un trentenaire bisexuel révèle sa condition de séropositif.

L'expression «filmer dans l'urgence» prend ici un sens viscéral. Se sachant condamné à plus ou moins brève échéance, Cyril Collard filme des moments de vie avec la rage de celui qui veut les immortaliser à tout prix dans sa caméra. Son film est fiévreux, magnifique. Collard est également remarquable comme comédien dans ce film à caractère autobiographique, dans lequel Romane Bohringer révèle aussi tout un tempérament d'actrice. (12 décembre 1992)

★ 3 ★
BRAM STOKER'S DRACULA (Dracula d'après Bram Stoker)
Francis Ford Coppola (États-Unis)

Avec Gary Oldman, Winona Ryder, Anthony Hopkins, Keanu Reeves.

...

Le grand mérite de Coppola aura été d'avoir su dépasser les limites du simple film d'horreur. Il a insufflé au mythe du vampirisme une dimension de romantisme exacerbé et une bonne dose d'érotisme. Son film, très baroque, comporte de magnifiques fulgurances sur le plan visuel. (CIBL-FM, 11 novembre 1992)

★ 4 ★
ÉPOUSES ET CONCUBINES
(Da hong deng long gao gao gua)
Zhang Yimou (Chine)

Avec Gong Li, Caifei He, Cao Cuifen, Jin Shuyuan.

...

La nouvelle — et quatrième — épouse d'un homme riche découvre les intrigues que se livrent déjà les autres épouses pour attirer l'attention de leur « maître ».

Révélé grâce au film Le Sorgho rouge il y a quelques années, Zhang Yimou affiche un style incomparable sur le plan de la composition des images. C'est d'ailleurs grâce à ce style que s'impose une histoire somme toute classique, qui fait écho à l'exploitation des femmes dans la Chine ancienne. Gong Li, muse du cinéaste, propose un jeu nuancé, tout en finesse. (22 avril 1992)

★ 5 ★
BEING AT HOME WITH CLAUDE
Jean Beaudin (Québec)

Avec Roy Dupuis, Jacques Godin, Jean-François Pichette.

...

Un inspecteur de police tente de connaître les motifs ayant poussé un prostitué à tuer l'homme qu'il aimait.

Rencontre avec un texte flamboyant de René-Daniel Dubois. Que Jean Beaudin a mis en images avec une grande puissance d'évocation. Les choses renversantes qu'on y entend à propos de la passion amoureuse transcendent ici la simple histoire de crime passionnel. Jacques Godin et Roy Dupuis brillent dans cet exercice de haute voltige. (CIBL-FM, 6 février 1992)

★ 6 ★
UN CŒUR EN HIVER
Claude Sautet (France)

Avec Daniel Auteuil, André Dussollier, Emmanuelle Béart, Maurice Garrel.

...

L'amitié indéfectible qui lie deux luthiers est menacée quand l'un d'eux tombe amoureux d'une violoncelliste.

Il fallait remonter à Un mauvais fils *pour trouver un Sautet aussi beau, aussi grave, aussi bouleversant. Le vétéran réalisateur a épuré son style pour ne mettre en valeur que la délicatesse des sentiments. Et puis, la musique (celle de Ravel principalement) est partie prenante d'une partition modulée avec brio par un trio d'acteurs épatant. (CIBL-FM, 4 septembre 1992)*

★ 7 ★
LES MEILLEURES INTENTIONS (Den goda viljan)
Bille August (Suède)

Avec Pernilla August, Max Von Sydow, Samuel Fröler, Ghita Norby.

...

La vie des parents d'Ingmar Bergman, avant la naissance de ce dernier.

Bille August a obtenu sa deuxième Palme d'or cannoise grâce à ce film dans lequel il s'efface pourtant derrière le cadeau que lui a fait Ingmar Bergman. Avec talent et sobriété, August a mis en images le scénario que le maître lui a confié en s'attardant principalement à tirer la vérité des personnages, aidé en cela par des acteurs exceptionnels. (CIBL-FM, 6 novembre 1992)

★ 8 ★
INDOCHINE
Régis Wargnier (France)

Avec Catherine Deneuve, Vincent Perez, Linh Dan Pham, Jean Yanne.

...

Dans les années 30 en Indochine, la directrice d'une plantation et sa fille adoptive tombent amoureuses du même officier de marine.

Grande fresque romanesque dans laquelle la quête intime d'individus se mêle à la grande histoire. Régis Wargnier, dont le penchant pour le lyrisme est maintenant bien connu, offre ici un rôle somme à Catherine Deneuve, dont l'image convient à merveille dans ce contexte. Indochine *fait partie de ces films plus grands que nature qui s'inscrivent dans la part mythique du cinéma. (CIBL-FM, 28 mai 1992)*

★ 9 ★
URGA
Nikita Mikhalkov (Russie)

Avec Badema, Larissa Kouznetsova, Bayaertu, Vladimir Gostyukhin.

...

Du cinéma quasi contemplatif, tourné dans les steppes de la Mongolie inté-rieure. D'une telle beauté qu'on ne peut faire autrement que de se laisser gagner par la poésie qui en émane. Des paysans isolés. Leur existence sera perturbée par l'arrivée d'un camionneur russe. Le message est parfois un peu appuyé, la métaphore un peu grosse, mais l'ensemble reste quand même remarquable. (CIBL-FM, 9 avril 1992)

★ 10 ★
APRÈS L'AMOUR
Diane Kurys (France)

Avec Isabelle Huppert, Bernard Giraudeau, Hippolyte Girardot, Lio.

...

Une romancière aime deux hommes à la fois, tous deux mariés avec enfants...

Un triangle amoureux, traité de façon originale et sans complaisance. Cet auto-portrait avoué de l'auteure cinéaste, qui ne pouvait trouver meilleure interprète qu'Isabelle Huppert, évite les pièges du drame existentiel classique. Même si le ton qu'elle emprunte se fait parfois plus léger, Diane Kurys ne craint pas d'aller au fond des choses. (CIBL-FM, 10 octobre 1992)

RETOUR

LES ANNÉES SIDA

Les nuits fauves ne fut pas le premier film à évoquer directement une maladie qui, à cette époque, a fait d'immenses ravages. Aux États-Unis, des films comme *Parting Glances* (Bill Sherwood) et *Longtime Companion* (Norman René) avaient déjà tracé le chemin. Chez nous, la réalisatrice Esther Valiquette avait transposé son propre drame dans *Le singe bleu,* un magnifique court métrage dans lequel elle traçait aussi un parallèle avec l'engloutissement d'une civilisation ancienne.

Le film de Cyril Collard fut pourtant le plus poignant d'entre tous. Très ancré dans l'air du temps, *Les nuits fauves* fut très vite étiqueté «premier grand film d'amour des années sida». Collard, qui savait ses jours comptés (les apparitions des symptômes du virus étaient pratiquement une condamnation à mort à cette époque), a visiblement filmé son histoire en s'y jetant tête baissée, de toute sa chair et de tout son être. Deux mois après la sortie de son film en France, Cyril Collard devait venir au Québec pour en assurer le lancement chez nous. Trop mal en point, il a dû annuler le voyage. Il est mort à peine trois mois plus tard, à l'âge de 35 ans, trois jours seulement avant la cérémonie des César, où *Les nuits fauves* fut à la fois sacré meilleur premier film et meilleur film de l'année. Destin tragique pour un artiste qui avait encore tant à offrir.

Je n'ai pas revu *Les nuits fauves* depuis un bon moment. Je ne sais si, sorti du contexte de l'époque de laquelle il est issu, ce film garde aujourd'hui la même puissance. J'ai pourtant l'impression que l'histoire d'amour autour de laquelle le récit est construit reste toujours aussi vibrante, même plus de 20 ans plus tard.

Tous les autres titres retenus dans ce palmarès restent des choix très honorables à mon sens. *The Player* est un morceau de bravoure sur le plan de la réalisation. Robert Altman commence d'ailleurs son film avec un plan séquence de huit minutes pendant lequel sa caméra se promène d'un endroit à l'autre sur les lieux d'un grand studio hollywoodien. Le film — très critique envers l'industrie du cinéma — avait évidemment suscité bien des discussions à l'époque. Plusieurs supervedettes s'étaient prêtées au jeu, ne serait-ce que pour apparaître seulement dans un plan. Altman avait en outre réussi un très grand coup en s'assurant une participation de Julia Roberts. Révélée deux ans auparavant grâce à *Pretty Woman,* l'actrice était la grande coqueluche du moment. Et se faisait pratiquement offrir tous les projets que les bonzes hollywoodiens tentaient de mettre en chantier.

Je ne sais ce qui assure la pérennité d'un film. Des œuvres très appréciées à leur époque peuvent facilement tomber dans l'oubli. D'autres, plus discrètes, peuvent se révéler au grand jour plus tard. Pour ma part, l'envie de revoir un film à la simple lecture de son titre, même 20 ans plus tard, constitue un bon indice. Honnêtement, je reverrais sur le champ les 10 longs métrages que j'ai retenus en 1992.

LE BEAU MONSIEUR

• •

Roy Dupuis a la réputation d'être un peu «difficile» en entrevue. Pas qu'il soit désagréable, au contraire. Mais il est vrai qu'il faut mettre un petit plus d'efforts pour parvenir à soutirer des propos de cet «homme de peu de mots». Dupuis est un introverti. Cette facette de sa personnalité est d'ailleurs bien en phase avec celle de l'homme québécois moyen. Que ce grand acteur, tout en présence fiévreuse, soit devenu la figure emblématique du mâle québécois à l'écran tombe sous le sens. Au moment de la sortie de *Being at Home with Claude*, Roy Dupuis vivait sa nouvelle popularité depuis un an ou deux, soit depuis la diffusion de la série télévisée *Les filles de Caleb* (une réalisation du même Jean Beaudin). Le personnage d'Ovila a fait de lui un héros romantique, très apprécié du grand public. Et un grand sex symbol. L'acteur a dû apprendre à gérer cette image-là. Ce ne fut pas toujours évident.

«J'ai eu parfois du mal à composer avec la notoriété, particulièrement à l'époque des Filles de Caleb, *mais l'un des avantages est de pouvoir donner une voix à des personnes qui ne pourraient pas être entendues autrement. C'est une façon de me servir de ma popularité»,*[16] m'a-t-il dit au moment où la vie militante a commencé à prendre autant de place que la démarche de l'acteur. Roy Dupuis est en outre le président et porte-parole de la Fondation Rivières, une organisation vouée à la préservation des cours d'eau.

---

16. *La Presse,* 28 juillet 2010.

Trois ans après cette déclaration, alors que nous avons eu un peu plus de temps pour discuter de façon significative, il s'était enflammé quand nous avons commencé à évoquer les grands enjeux sociaux. Les questions d'environnement et de justice sociale font particulièrement vibrer cet homme dont le cœur est résolument placé à gauche. D'autant que nous sortions tout juste alors d'un climat d'ébullition comme le Québec n'en avait pas connu depuis longtemps.

« Le printemps érable est à mon sens beaucoup plus significatif que ce que certaines personnes, et certains médias, ont bien voulu le laisser croire. Il s'est passé chez nous quelque chose de très important. Et j'ai l'impression que c'est loin d'être fini. Je crois même que les gens sont encore tous sur le bord de leurs balcons ! » [17]

À l'aube de la cinquantaine, celui qui a représenté l'idéal masculin au cinéma (dans toute sa diversité), a aussi laissé entendre que l'action militante allait désormais influer ses choix de rôles.

« Avec la maturité vient la responsabilité du citoyen. Plus que le personnage que j'ai à jouer, c'est maintenant le projet dans son ensemble qui emportera mon adhésion ou pas. La pertinence du propos, le point de vue social, son utilité. Quand il s'agit seulement de jouer pour jouer, on dirait que ça vient moins me chercher, maintenant. » [18]

À cet égard, Roy Dupuis s'est toujours rangé du côté des créateurs quand surgissent les éternelles discussions à propos de notre cinématographique nationale.

« Il faudra toujours défendre le cinéma d'auteur, dit-il. C'est de ce côté-là qu'on prend des risques, qu'il y a de la nouveauté, que la créativité s'exprime, qu'on trouve plus de poésie et de profondeur.

---

17. *La Presse,* 9 mars 2013.
18. *Op.cit.*

C'est bien de se poser des questions et de rester alerte, mais il ne faut quand même pas virer fou parce que certains films ont connu moins de succès. Personnellement, je ne me pose jamais de questions à propos du potentiel commercial d'un film, ni même de sa qualité à l'arrivée. Ce n'est pas mon job. »

Invité à préciser sa pensée, Roy Dupuis explique qu'il est simplement à la recherche de « belles histoires ». Il souligne aussi sa capacité à détecter s'il peut trouver son compte ou pas dès qu'il commence à lire un scénario.

« Quand je suis entré à l'École nationale de théâtre, je ne connaissais rien de la culture. C'est là que j'ai fait la rencontre de bons auteurs et que j'ai découvert de très grands textes. Je suis sorti de là plus exigeant. Il faut que j'adhère à l'histoire qu'on raconte, même si le rôle est moins important. Et puis, il faut aussi que l'écriture appartienne vraiment au cinéma. Cela devient de plus en plus rare, car on la distingue de moins en moins de celle de la télé. »[19]

De l'action citoyenne à l'action politique, il n'y a parfois qu'un pas. Que franchissent parfois allègrement ceux que les partis politiques convoitent.

« On m'a déjà approché, c'est-à-dire qu'on a tâté le terrain, mais même si on ne peut jamais dire jamais, je suis très loin de ça. Je n'ai jamais été à l'aise avec les discours ! »[20]

Un beau monsieur. Intègre.

---

19. *La Presse*, 9 mars 2013.
20. *Ibid.*

1993

★ 1 ★
DAMAGE (Fatale)
Louis Malle (Royaume-Uni/France)

Avec Jeremy Irons, Juliette Binoche, Miranda Richardson, Rupert Graves.

...

Un parlementaire conservateur tombe amoureux de la fiancée de son fils.

La douleur d'un sentiment de désir. Voilà ce que décrit Louis Malle dans son nouveau film. Il fallait d'ailleurs un grand cinéaste pour creuser une histoire de passion amoureuse sans tomber dans les clichés habituels. Jeremy Irons et Juliette Binoche livrent d'évidence de grandes performances, mais Miranda Richardson, saisissante dans le rôle de l'épouse, mérite aussi une mention. (CIBL-FM, 21 janvier 1993)

★ 2 ★
LIBERA ME
Alain Cavalier (France)

Avec Annick Concha, Pierre Concha, Thierry Labelle, Christophe Turrier.

...

Réquisitoire muet contre toute forme d'oppression.

Un film sans paroles, pourtant plus éloquent que n'importe quel discours. Enfilant une suite de tableaux, le réalisateur de Thérèse s'attarde à décrire le parcours d'une famille dont les membres ont été faits prisonniers. La société n'est pas définie; l'époque non plus. Cela pourrait être la France occupée d'hier comme la Bosnie aujourd'hui. Ce film est d'une puissance peu commune. (CIBL-FM, 26 août 1993)

★ 3 ★
TROIS COULEURS – BLEU
Krzysztof Kieslowski (France/Pologne)
Avec Juliette Binoche, Benoît Régent, Florence Perne, Charlotte Véry.

...

Après la mort tragique de son mari, grand compositeur, et de leur fille, une femme tente de se refaire une nouvelle vie.

Dans ce film, lauréat du Lion d'or à Venise, Kieslowski explore la notion de liberté individuelle dans un contexte intime. Sans ne jamais forcer le trait, le grand cinéaste polonais propose un film vibrant à travers lequel il parvient à sonder les profondeurs de l'âme. Il a trouvé en Juliette Binoche une interprète idéale. (CIBL-FM, 6 septembre 1993)

★ 4 ★
THE PIANO (La leçon de piano)
Jane Campion (Australie/Nouvelle-Zélande)
Avec Holly Hunter, Harvey Keitel, Sam Neill, Anna Paquin.

...

Une femme rejoint son nouveau mari dans un coin reculé de la Nouvelle-Zélande mais doit abandonner son précieux piano.

Jane Campion a su filmer « l'infilmable » grâce à une histoire pourtant étonnante de simplicité. The Piano est d'un romantisme fou et traversé de part en part d'une passion fiévreuse. La cinéaste donne de surcroît à son film une texture bien particulière et affiche du même souffle une évidence de ton foudroyante. C'est pour des films comme ceux-là qu'on aime le cinéma.
(CIBL-FM, 15 novembre 1993)

★ 5 ★
LATCHO DROM
Tony Gatlif (France)

...

L'histoire et la longue route du peuple rom à travers ses chants, sa musique et ses danses.

Pari audacieux et magnifiquement relevé. Tony Gatlif, qui a du sang gitan, raconte l'histoire du peuple rom en parcourant la même route que lui à travers l'histoire, uniquement par sa culture musicale. Le spectateur est ainsi plongé dans ce monde sans aucun repère et pourtant, il émane de ces images toute l'âme d'un peuple opprimé. (CIBL-FM, 25 août 1993)

★ 6 ★
MA SAISON PRÉFÉRÉE
André Téchiné (France)

Avec Catherine Deneuve, Daniel Auteuil, Marthe Villalonga, Jean-Pierre Bouvier.

...

Autour de leur mère vieillissante, un frère et une sœur autrefois très liés font le point sur leur existence.

Le grand mérite de Téchiné aura été de s'attarder à retranscrire fidèlement les nuances — et les paradoxes — des liens familiaux, particulièrement entre frère et sœur. Par-dessus tout, il fait ici écho à l'histoire de deux orphelins qui ferment à jamais les portes de leur enfance. Un film tout en frémissements, à la fois fort et fragile. (CIBL-FM, 27 juin 1993)

★ 7 ★
THIRTY TWO SHORTS FILMS ABOUT GLENN GOULD
(Trente-deux films brefs sur Glenn Gould)
François Girard (Canada)

Avec Colm Feore, Derek Keurvorst, Katya Ladan, Devon Anderson.

...

Diverses étapes de la vie et de la carrière du pianiste Glenn Gould, évoquées en 32 tableaux.

Le personnage était hors normes ; ce film l'est tout autant. Plutôt que de s'attaquer à une biographie classique, François Girard a eu la brillante idée de proposer une suite de vignettes impressionnistes. Il en résulte un portrait fascinant de l'homme et de son génie musical. Colm Feore livre une composition magnifique. (CIBL-FM, 25 novembre 1993)

★ 8 ★
GARÇON D'HONNEUR (Xi yan)
Ang Lee (Taïwan)

Avec Winston Chao, May Chin, Mitchell Lichtenstein, Ah Lei Gua.

...

Vivant aux États-Unis avec un amoureux, un jeune Taïwanais s'organise un mariage de convenance pour faire plaisir à ses parents.

Lauréat de l'Ours d'or à Berlin cette année, The Wedding Banquet *est un film qui dynamite tous les tabous de l'intérieur. Ang Lee propose une comédie formidable, qui va bien au-delà de l'anecdote. En plus de la question de l'orientation sexuelle, Ang Lee orchestre aussi un choc culturel entre les traditions du pays d'origine et le mode de vie occidental sans tomber dans la facilité.*
(CIBL-FM, 14 novembre 1993)

★ 9 ★
SHORT CUTS (Les chassés-croisés)
Robert Altman (États-Unis)

Avec Andie MacDowell, Matthew Modine, Jack Lemmon, Julianne Moore.

...

Les destins croisés de 22 individus dans le Los Angeles des années 90.

Lauréat du Lion d'or à Venise (ex æquo avec Trois couleurs — Bleu*),* Short Cuts *pourrait être une radiographie parfaite de l'«Américain moyen». Adaptant de courtes nouvelles de Raymond Chandler, Robert Altman propose encore une fois une œuvre habilement construite, sans compromis. Vraiment remarquable.*
(CIBL-FM, 9 octobre 1993)

★ 10 ★
MAZEPPA
Bartabas (France)

Avec Miguel Bosé, Bakary Sangaré, Bartabas, Brigitte Marty.

...

Évocation de la rencontre de deux artistes partageant la même passion des chevaux. L'un est le peintre Géricault, l'autre est le chef d'une dynastie d'écuyers.

Un film excessif. Qu'on appréciera grandement à la condition de s'y abandonner. Ce voyage baroque est orchestré par le directeur du cirque Zingaro. D'une beauté sauvage, les images sont à la fois poétiques, fulgurantes et sensuelles. Avec des envolées lyriques parfois troublantes. Un film résolument à part.
(CIBL-FM, 25 août 1993)

RETOUR

OÙ SONT LES FEMMES ?

En 1993, un événement particulier devait marquer l'histoire du cinéma : une Palme d'or fut attribuée à une œuvre réalisée par une femme pour la toute première fois. Le sacre de Jane Campion (*The Piano*) au Festival de Cannes, qui a toutefois dû partager son laurier avec Chen Kaige (*Adieu ma concubine*), peut sembler banal ; il ne l'est pas. Parce qu'il symbolise la difficulté qu'ont les réalisatrices de se faire valoir dans un « monde d'hommes ». C'était vrai il y a 20 ans ; ça l'est tout autant aujourd'hui. La question est régulièrement posée, que ce soit à l'occasion de la tenue des grands festivals de cinéma internationaux ou de l'arrivée de la saison des récompenses : où sont les femmes ? Plutôt confinées à des œuvres intimistes pouvant être tournées avec de modestes budgets, les réalisatrices ont surtout du mal à s'imposer dans ce qu'on appelle « l'industrie » du cinéma. Même si, ironiquement, plusieurs grands studios hollywoodiens sont aujourd'hui dirigés par des femmes, il reste que l'état d'esprit de ce milieu — où l'on brasse de grosses affaires — reste très masculin. Bien sûr, Kathryn Bigelow (*The Hurt Locker*) est aussi passée à l'histoire en devenant, en 2009, la première lauréate de l'Oscar de la meilleure réalisation, mais d'aucuns vous diront que la réalisatrice de *Point Break* fait essentiellement du cinéma de mec.

Quoi qu'il en soit, je pourrais revendiquer encore aujourd'hui tous les titres retenus dans cette liste. À quelques exceptions près, la plupart de ces œuvres existent encore dans l'imaginaire collectif des cinéphiles. À mon sens, *Libera Me,* très rarement cité quand on évoque le cinéma d'Alain Cavalier (étrangement !), reste un grand film. Il est vrai qu'à l'instar des autres œuvres du réalisateur de *Thérèse, Libera Me* emprunte une forme très particulière, très dépouillée. De plus, ce titre reste très difficile à trouver. Il fut édité en vidéocassette à l'époque mais n'a encore jamais fait l'objet d'un transfert en DVD (pas même en France). J'ai eu l'honneur de discuter avec Alain Cavalier à l'occasion de la sortie de son plus récent film *Pater*. Cette rencontre est à jamais inscrite parmi mes plus beaux souvenirs professionnels.

Mazeppa, l'autre titre plus confidentiel de cette liste, m'avait séduit par ses fulgurances. L'écuyer Bartabas, directeur du théâtre équestre Zingaro, a signé trois ans plus tard un autre long métrage, *Chamane*, beaucoup moins réussi. Il n'a rien tourné pour le cinéma depuis. Tony Gatlif avait de son côté beaucoup séduit les cinéphiles grâce à son documentaire musical *Latcho Drom*, beau à s'en fendre l'âme.

Quant au regretté Louis Malle, dont *Damage* fut l'avant-dernier film, il avait marqué le coup avec cette histoire inspirée d'un roman de Josephine Hart, dont le scénario fut écrit par le grand dramaturge britannique David Hare. Juliette Binoche avait trouvé le tournage de ce film très difficile au début, notamment en raison de l'intensité que mettait Jeremy Irons dans les rapports physiques entre leurs deux personnages. Les scènes en question auraient finalement été tournées à la toute fin. Elles sont criantes de vérité, de trouble, de douleur.

Trois couleurs — Bleu, dont la tête d'affiche est aussi Juliette Binoche, est l'œuvre d'un grand maître du cinéma contemporain. Krzysztof Kieslowski est disparu trop tôt lui aussi. *Trente-deux films brefs sur Glenn Gould* reste, à mon sens, le meilleur film de François Girard à ce jour. Robert Altman, André Téchiné, et Ang Lee (dont le nom figure ici pour la première fois) font partie de mes cinéastes favoris.

L'ENFANT D'IMMIGRÉE

On dit souvent de Juliette Binoche qu'elle est la plus «internationale» des actrices françaises. Depuis une quinzaine d'années, j'ai souvent eu l'occasion de la rencontrer, dans toutes sortes de circonstances: conférences de presse, interviews individuelles, entretiens téléphoniques, etc. J'ai quelques fois assisté aussi à des rencontres de presse à l'occasion de sorties de films où elle était l'une des têtes d'affiche, organisées aux États-Unis par des distributeurs américains. Dans un tel contexte, où nous sommes plusieurs journalistes réunis autour d'une table, je me retrouve ainsi à devoir converser en anglais avec des vedettes françaises. Je conçois parfaitement l'utilisation d'une langue commune afin que tout le monde puisse avoir accès aux propos tenus, mais j'avoue qu'au début, je trouvais la situation pour le moins étrange.

Peu importe la langue qu'elle utilise, Juliette Binoche affiche toujours la même sensibilité, la même intelligence dans le propos. Son parcours est impeccable. On trouve évidemment des œuvres moins accomplies que d'autres dans sa filmographie — c'est normal — mais dans l'ensemble, on peut difficilement lui reprocher ses choix.

«Il faut que je le ressente dans mon corps, c'est aussi simple que cela. C'est complètement intégré dans ma façon de voir et d'être»,

me confiait-elle lors de son tout premier passage dans la métropole québécoise en 2006.[21]

Vu de l'extérieur, on sent en tout cas que la carrière n'est pas dissociable de la vie. Juliette Binoche donne toujours l'impression d'être une femme dont l'esprit reste bien rattaché à la réalité quotidienne. En même temps, l'actrice, lauréate d'un Oscar en 1997 grâce à sa performance dans *The English Patient* (*Le patient anglais*) a le privilège d'avoir accès à des univers artistiques singuliers, proposés par des cinéastes de renom venus du monde entier.

« Je ne sais pas si ces choix étaient les bons — je n'ai aucune notion de ce genre de choses —, mais il est clair qu'ils étaient alors le reflet de mon état d'esprit et de ma situation à cette étape de ma vie. Je ne pouvais pas faire d'autres choix que ceux-là. »[22]

L'une des plus belles conversations qu'il m'ait été donné d'avoir avec elle a pourtant eu lieu… au téléphone! Quelques mois après son lancement au Festival de Toronto, le film d'Anthony Minghella *Breaking and Entering* prenait enfin l'affiche à Montréal, non sans avoir d'abord fait chou blanc dans les marchés spécialisés américains. Cet échec était fort déplorable, non seulement parce qu'il s'agit d'un très beau film (du moins, à mon avis!), mais aussi parce que *Breaking and Entering* restera finalement le testament cinématographique d'un cinéaste qui, un an plus tard, disparaîtra prématurément. Dans ce drame campé à Londres, Juliette Binoche se glissait dans la peau d'une réfugiée bosniaque.

« Il y a probablement un aspect dérangeant dans le fait d'aborder des thèmes qui ont trait à l'immigration et aux différences sociales. Une histoire comme celle-là nous confronte inévitablement à notre

21. *La Presse,* 3 novembre 2006.
22. *La Presse,* 17 février 2007.

égoïsme, à notre propre lâcheté quotidienne. Non vraiment, je ne suis pas étonnée de cet accueil plus confidentiel. »

Pour Juliette Binoche, le cinéma n'a, de toute façon, jamais été une question de chiffres. Elle estime que l'art, par définition, a une fonction sociale dont l'impact relève de l'intime.

« L'art permet un ébranlement émotionnel qui nous donne l'occasion de changer nos perceptions. Ce n'est que dans la vulnérabilité qu'on devient plus grand. Si on ne passe pas par cet état, il est très difficile de grandir en tant qu'être humain. Je crois en tout cas plus à cela qu'aux grands discours. »[23]

Juliette Binoche reste aussi toujours particulièrement sensible aux enjeux sociaux.

« Je suis moi-même une enfant d'immigrée. Ma grand-mère a quitté la Pologne en 1939 avec deux enfants sous le bras, accompagnée d'un mari dont elle devait divorcer peu de temps après. Elle a pris soin de ses enfants toute seule. Elle a d'ailleurs gagné sa vie en étant couturière à Paris. Les thèmes qu'aborde ce film me sont, d'évidence, très familiers. J'ai beaucoup pensé à ma grand-mère pendant le tournage. J'avais un peu l'impression qu'à travers ce personnage, je lui rendais hommage. J'ai aussi beaucoup réfléchi sur le sort que nous réservons aux immigrés aujourd'hui. Il se brasse actuellement de grosses questions humaines et déontologiques à propos de l'immigration. Il ne faudrait pas que de vieux démons resurgissent. »[24]

---

23. *La Presse,* 17 février 2007.
24. *La Presse,* 17 février 2007.

1994

★ 1 ★
ARIZONA DREAM (Rêve d'Arizona)
Emir Kusturica (États-Unis/France)

Avec Johnny Depp, Faye Dunaway, Jerry Lewis, Lili Taylor.

...

À la demande de son vieil oncle, sur le point de se remarier, un New-yorkais se rend en Arizona afin de servir de témoin au mariage.

À sa façon, Kusturica présente sa vision de l'Amérique. C'est évidemment foison-nant et singulier. Il se permet toutes les audaces, toutes les libertés, et s'invente presque un genre à lui tout seul. Comme un essai poétique et lyrique qui vien-drait se fondre dans un drame social. On en sort avec des ailes...
(CIBL-FM, 11 janvier 1994)

★ 2 ★
SOLEIL TROMPEUR (Outomlionnye solntsem)
Nikita Mikhalkov (Russie)

Avec Nikita Mikhalkov, Vlatcheslav Tikhonov, Oleg Menchikov, Ingeborga Dapkunaite.

...

En 1936, un héros de la Révolution bolchévique fait partie de ceux que le régime accuse de trahison.

Une splendeur. Qui évoque une période à la fois exaltante et tragique de l'his-toire russe, avec un savant équilibre entre l'intime et le social. L'histoire poli-tique et humaine de tout un peuple est ici racontée à travers l'histoire d'une famille. C'est tendre et cruel, lumineux et sombre à la fois. Un film qui penche résolument du côté de la vie. (CIBL-FM, 5 septembre 1994)

★ 3 ★
ONCE WERE WARRIORS (Nous étions guerriers)
Lee Tamahori (Nouvelle-Zélande)
Avec Rena Owen, Temuera Morrison, Mamaengaroa Kerr-Bell.

...

Une famille maorie habitant une banlieue pauvre d'Auckland est bouleversée par les excès violents du père.

Pour une rare fois, un film fait l'unanimité au FFM. Lauréat du Grand Prix des Amériques, Once Were Warriors *est un drame urbain hyperréaliste. Tamahori s'est volontairement éloigné des clichés. Filmant ce drame violent sans jamais verser dans la complaisance, le cinéaste décrit aussi une situation qui n'est pas sans rappeler celle des Autochtones chez nous. (CIBL-FM, 30 août 1994)*

★ 4 ★
LETTRE POUR L...
Romain Goupil (France)
Avec Romain Goupil, Françoise Prenant, Régine Provvedi, Mathieu Amalric.

...

En réponse à une ancienne compagne gravement malade, un cinéaste tente de lui offrir un film « bien ».

*À mi-chemin entre le documentaire et la fiction, ce film de Romain Goupil (*Mourir à trente ans*) porte un regard introspectif sur le monde, tel que vu à travers les désillusions d'un cinéaste issu de la génération 68. Moscou, Gaza, Berlin, Belgrade. Et finalement Sarajevo, à feu et à sang. En contrepoint, une histoire d'amour de jeunesse avec une femme dont nous ne connaîtrons que la première lettre d'un prénom. C'est très beau. (CIBL-FM, 13 octobre 1994)*

★ 5 ★
LA REINE MARGOT
Patrice Chéreau (France)
Avec Isabelle Adjani, Daniel Auteuil, Jean-Hugues Anglade, Virna Lisi.

...

Pour réconcilier les Français, déchirés par les guerres de religion, Marguerite de Valois, sœur de François 1er, est forcée d'épouser un protestant.

Un film plein de fureur et de sang, d'envolées romanesques et d'emballements. Comme si les tourments de l'histoire dans lesquels Patrice Chéreau nous plonge ne pouvaient faire autrement que de trouver résonance dans notre propre actualité. Hier les guerres de religion, aujourd'hui l'Holocauste, la Bosnie, le Rwanda. Nous n'apprendrons jamais. (CIBL-FM, 16 juin 1994)

★ 6 ★
THE WAR ROOM
Chris Hegedus et D. A. Pennebaker (États-Unis)

Avec James Carville, George Stephanopoulos, Heather Beckel.

...

Regard de l'intérieur sur la campagne présidentielle de Bill Clinton en 1992.

Pour peu qu'on ait suivi de près la dernière campagne présidentielle américaine, The War Room est un film tout simplement captivant. Qui nous en apprend davantage sur les mœurs politiques américaines que tous les reportages éclairs qu'on peut voir à la télé. C'est filmé à l'arraché. Et extrêmement révélateur... (CIBL-FM, 11 mars 1994)

★ 7 ★
PULP FICTION (Fiction pulpeuse)
Quentin Tarantino (États-Unis)

Avec John Travolta, Samuel L. Jackson, Uma Thurman, Tim Roth.

...

À Los Angeles, trois histoires mêlant des gangsters à la petite semaine s'entre-croisent...

Deux heures trente de pure jubilation. Tarantino nous offre un film diaboliquement bien écrit, bien construit, dans lequel on sent avant tout son pur plaisir de faire du cinéma. C'est drôle et tragique à la fois. C'est aussi d'une intelligence redoutable. Bien qu'on ait ici droit à un film hyperviolent, ce sont les personnages qui priment avant l'action. Un coup de maître ! (CIBL FM, 14 octobre 1994)

★ 8 ★
OCTOBRE
Pierre Falardeau (Québec)

Avec Hugo Dubé, Luc Picard, Pierre Rivard, Denis Trudel, Serge Houde.

...

Le 10 octobre 1970, les membres d'une cellule du Front de libération du Québec kidnappent Pierre Laporte, ministre du Travail et de l'Immigration.

Personne n'avait osé aborder de front cette période charnière de l'histoire du Québec depuis Michel Brault et Les ordres. *C'était il y a 20 ans. Au-delà du brûlot politique attendu, Pierre Falardeau filme à hauteur d'homme et nous présente des êtres de chair et de sang. Personnages riches et complexes, tous défendus par des acteurs magnifiques. Un film affreusement nécessaire et parfaitement justifiable. (CIBL-FM, 24 septembre 1994)*

★ 9 ★
FORREST GUMP
Robert Zemeckis (États-Unis)

Avec Tom Hanks, Robin Wright, Gary Sinise, Sally Field.

...

L'histoire américaine de la deuxième moitié du 20e siècle vue par un homme un peu simple d'esprit.

Un film tout à fait étonnant, dans lequel on retrouve ce que le cinéma hollywoodien a de mieux à offrir. Utilisant les effets techniques pour les mettre au service d'une véritable histoire, Zemeckis accouche ici d'un film drôle, touchant, divertissant à l'extrême sans être futile ou bête. Grâce à sa performance, Tom Hanks s'en va tout droit à la soirée des Oscar pour un rappel l'an prochain. (CIBL-FM, 3 juillet 1994)

★ 10 ★
WHAT'S EATING GILBERT GRAPE (Qui est Gilbert Grape ?)
Lasse Hallström (États-Unis)

Avec Johnny Depp, Leonardo DiCaprio, Juliette Lewis, Mary Steenburgen.

...

Un jeune chef de famille, qui prend notamment soin d'un plus jeune frère handicapé, tombe amoureux...

*La grande réussite de ce film au titre peu accrocheur est largement due à la qualité du regard que Lasse Hallström (*My Life as a Dog*) pose sur ses personnages. À partir d'une histoire qu'il aurait pu camper dans un univers parfaitement noir et désespérant, le réalisateur propose plutôt un film tonique, léger et inspirant, sans jamais utiliser de grosses ficelles. (CIBL-FM, 9 mars 1994)*

RETOUR

LES BELLES ANNÉES DE JOHNNY

Deux films mettant Johnny Depp en vedette se retrouvent dans la liste de mes dix films favoris de 1994. À l'époque, l'acteur fétiche de Tim Burton était déjà très populaire, mais n'avait pas encore le statut d'une supervedette à qui l'on offre des cachets de 20 millions de dollars. Avant de se déguiser en pirate ayant trop pris d'acide, avant aussi de se barbouiller le visage pour faire croire à un personnage d'Amérindien dans la résurrection d'une série qui n'a intéressé personne, Johnny Depp était un acteur curieux. Il prêtait en outre son talent à des projets singuliers, menés par des cinéastes dotés d'une forte personnalité. Sa rencontre avec Emir Kusturica, qui n'avait alors qu'une seule de ses deux Palmes d'or cannoises à son actif (*Papa est en voyages d'affaires* en 1985), a eu lieu au moment où le cinéaste bosniaque d'origine serbe était au zénith de son génie créatif. Devant la caméra de Lasse Hallström, qui poursuivait alors une carrière américaine amorcée avec *Once Around,* Depp avait aussi su composer un personnage magnifique, d'autant qu'il donnait alors la réplique à un Leonardo DiCaprio adolescent, tout simplement saisissant dans le rôle d'un handicapé mental. Depp retrouvera son réalisateur de *What's Eating Gilbert Grape* quelques années plus tard pour *Chocolat,* un film qui aura aussi contribué à installer son image de leader romantique singulier.

Quand *La reine Margot* fut présenté en compétition officielle au Festival de Cannes, Isabelle Adjani était absente des écrans depuis cinq ans. Soit depuis *Camille Claudel.* Retour grandiose dans un film de Patrice Chéreau violent et romanesque, dans lequel l'actrice livre une performance fébrile. Le jury, présidé par Clint Eastwood cette année-là, allait toutefois réserver au monde une surprise qui a fait jaser à l'époque : plutôt que d'attribuer le Prix d'interprétation à Isabelle Adjani, établie favorite, le laurier fut remis à Virna Lisi. Qui n'a qu'un rôle secondaire dans le film. Neuf ans plus tard, le jury, présidé cette fois par Patrice Chéreau (tiens ?), fera la même chose en octroyant le prix à Marie-Josée Croze pour un rôle secondaire dans *Les invasions barbares* de Denys Arcand.

Beaucoup d'émotions fortes dans cette liste : *Once Were Warriors, Pulp Fiction* (lauréat de la Palme d'or à Cannes), *Octobre* surtout. Le film de Falardeau avait suscité bien des débats, bien des discussions. Il en est toujours ainsi des œuvres qui abordent des chapitres de l'histoire récente. À cet égard, le documentaire *The War Room*, réalisé par les as du domaine Hedegus et Pennebaker, ne pouvait être plus collé sur l'actualité. L'approche y étant résolument journalistique, leur document passe ainsi l'épreuve du temps. Ce n'est malheureusement pas le cas de *Lettre pour L...* dont la manière et le propos semblent aujourd'hui très datés.

Et puis, il y a eu *Forrest Gump* aussi. Qui s'est réinventé toute l'histoire du 20ᵉ siècle à sa façon. *Soleil trompeur*, qui revisite aussi la grande histoire, fait assurément partie de la période — courte mais bénie — pendant laquelle Nikita Mikhalkov nous a offert de grands films.

UN STATUT HORS NORMES

• •

Isabelle Adjani est une actrice d'exception. Qui, à mon humble avis, ne mène pas vraiment une carrière à la hauteur de son talent. Bien sûr, sa filmographie est jalonnée de grandes performances, mais ses absences, ses choix de rôles, parfois plus douteux, donnent par moments une impression de manque. Quand elle fut honorée par le Festival des films du monde de Montréal en 2004, elle avait d'ailleurs déclaré avoir raté plusieurs belles occasions.

« On pourrait faire un festival avec tous les films que j'aurais dû faire et que je n'ai pas faits ! J'aurais dû accepter Fatal Attraction, *cela aurait été amusant ! »*[25]

C'est aussi ce jour-là qu'elle avait déclaré que si c'était à refaire, elle aurait probablement choisi autre chose.

« Si je devais commencer ce métier aujourd'hui, je ne crois pas que je le ferais. De nos jours, il n'est plus possible de rester seulement artiste. Il faut aussi être une personnalité médiatique et gérer son image. C'est très difficile. J'ai toutefois la chance de faire partie de ceux qui sont entendus. »

---

25. *La Presse,* 29 août 2004.

En 2010, Isabelle Adjani a obtenu le cinquième César de sa carrière grâce à sa performance dans *La Journée de la jupe* (Jean-Paul Lilenfeld). Le moment fut bouleversant. Et m'avait inspiré cette réflexion :

« *Il t'arrivait d'avoir de brusques angoisses éruptives, cette maladie profonde de l'âme qui consume le corps, qui est le propre des grandes actrices.* » *Cette phrase a été écrite par Gérard Depardieu, il y a 22 ans. Dans* Lettres volées, *l'acteur avait regroupé des missives envoyées aussi bien à ses proches qu'à des collègues acteurs et cinéastes. Celle-là était destinée à Isabelle Adjani. Forts de leurs retrouvailles sur le plateau de* Camille Claudel, *Depardieu évoquait alors leur premier film commun :* Barocco *d'André Téchiné.*

Ces souvenirs sont remontés à la surface la semaine dernière quand Gégé a investi la scène du Théâtre du Châtelet pour remettre le César de la meilleure actrice. Quand elle a entendu son nom de la bouche de son vieux complice, quand elle a réalisé qu'elle était la lauréate, Isabelle Adjani a longuement recouvert son visage avec ses mains en restant clouée sur son siège. Elle s'est ensuite levée, s'est avancée vers la scène en silence (la musique s'était tue depuis longtemps) et a étreint Depardieu très fort. Elle a ensuite tenté péniblement de s'adresser à la foule. L'exercice était difficile tellement les sanglots l'étranglaient.

Même si elle recevait samedi le cinquième César de sa carrière, soit plus que n'importe quel autre acteur ou actrice, Isabelle Adjani voyait en cette récompense une signification particulière. Elle a d'abord imputé sa vive émotion au fait d'obtenir un trophée pour un « *petit film auquel personne ne croyait* ». *Elle a aussi voulu parler de résistance et des difficultés que rencontre sur son parcours une actrice* « *en quête d'engagement* ». *Pour elle, sa participation à un film comme* La journée de la jupe, *dans lequel elle incarne une enseignante qui pète les plombs dans un lycée de banlieue, est clairement un acte social et politique.*

Or, il y avait bien plus que cela dans les sanglots de l'actrice. Même si ses talents de tragédienne ont été mis à profit dans son discours, on y dénotait une vraie souffrance, à la frange du malaise. Un peu le même genre d'instant suspendu que nous a offert Annie Girardot quand, sacrée meilleure actrice second rôle pour La pianiste *en 2002, elle avait déclaré « ne pas être tout à fait morte ».*

On le sait: ce métier est dur pour les actrices. Beaucoup plus que pour les acteurs. Il y avait d'ailleurs un contraste évident dans cette image que nous renvoyaient les deux monstres sacrés sur scène. Depardieu, soixantaine bien entamée, peut bien se permettre de se foutre de tout; son statut reste intact. On l'aime pour ça. Il arrive nonchalamment, lourd de ses expériences rabelaisiennes, saluant l'auditoire sans micro et s'avançant d'un pas de pachyderme. Il est hors normes. Et parvient à trouver régulièrement des rôles qui cadrent avec sa nature d'acteur d'exception. Dans le cas d'Adjani, tout aussi hors normes que son comparse, ce statut est devenu plus encombrant qu'autre chose avec les années. D'où la difficulté de trouver des personnages à sa (dé)mesure. Et, probablement aussi, la tristesse de constater que le temps passant, il y a pour elle des deuils à faire. C'est épouvantablement injuste.[26]

---

26. *La Presse*, 5 mars 2010.

1995

★ 1 ★
LE CONFESSIONNAL
Robert Lepage (Québec)
Avec Lothaire Bluteau, Patrick Goyette, Jean-Louis Millette, Kristin Scott Thomas.

...

En faisant enquête sur leurs origines, deux frères découvrent que leur histoire remonte à l'époque où Alfred Hitchcock a tourné *I confess* à Québec.

D'entrée de jeu, Robert Lepage installe une atmosphère particulière. D'une manière très sûre, il imbrique des fragments d'époque les uns aux autres (parfois dans une même scène) et construit minutieusement une gigantesque toile dans laquelle ses personnages se retrouvent pris au piège. Remarquable.
(CIBL-FM, 8 septembre 1995)

★ 2 ★
LA HAINE
Mathieu Kassovitz (France)
Avec Vincent Cassel, Hubert Koundé, Saïd Taghmaoui, Karim Belkhadra.

...

Après une nuit d'émeutes, trois copains d'une banlieue ordinaire s'apprêtent à vivre une journée très importante.

Ce film percutant a déjà fait sensation à Cannes et on comprend pourquoi. Avec ce deuxième long métrage, Mathieu Kassovitz nous fait pénétrer dans l'univers des banlieues françaises à travers l'histoire de trois copains en révolte. C'est filmé de façon très crue, avec beaucoup de style, dans l'urgence. Et ça révèle Vincent Cassel, un jeune acteur qui a une présence stupéfiante à l'écran.
(CIBL-FM, 28 août 1995)

★ 3 ★
THE LAST SEDUCTION (Séduction fatale)
John Dahl (États-Unis)

Avec Linda Fiorentino, Bill Pullman, Peter Berg, Michael Raysses.

...

Dérobant de l'argent à son mari, une femme s'enfuit dans un bled perdu et jette son dévolu sur un homme qu'elle pourra manipuler à sa guise.

Un film noir, cynique, parfaitement amoral et ô combien réjouissant. S'appuyant sur un scénario très solide, John Dahl (Red Rock West) livre ici un thriller aux dialogues incisifs qui comporte un réel suspense. Linda Fiorentino alimentera à la fois vos cauchemars et vos fantasmes. (CIBL-FM, 2 février 1995)

★ 4 ★
TO DIE FOR (Prête à tout)
Gus Van Sant (États-Unis)

Avec Nicole Kidman, Matt Dillon, Joaquin Phoenix, Casey Affleck.

...

Une femme est prête à tout pour devenir une vedette de la télévision, même à faire disparaître son mari...

Gus Van Sant pose un regard caustique sur la notion de célébrité. Cela donne un film formidable, qui amène une réflexion collective à propos d'une société qui n'existe plus qu'à travers la lorgnette télévisuelle. Grâce à ce personnage qui confond tout et qui n'a plus aucun sens de la mesure, Nicole Kidman trouve ici le premier grand rôle de sa carrière. (CIBL-FM, 3 octobre 1995)

★ 5 ★
SMOKE
Wayne Wang et Paul Auster (États-Unis)

Avec Harvey Keitel, William Hurt, Stockard Channing, Forest Whitaker.

...

Une petite tabagie de Brooklyn sert de point de rencontre à des gens dont les destins s'entrecroisent.

Ou comment inventer tout un univers à partir de presque rien. La somme de petites anecdotes tirées du quotidien finit par construire une histoire dans laquelle des gens venus de tous horizons vivent des choses importantes. Smoke n'a rien de spectaculaire, mais que voilà un film sincère. (CIBL-FM, 3 juillet 1995)

★ 6 ★
LE HUSSARD SUR LE TOIT
Jean-Paul Rappeneau (France)

Avec Juliette Binoche, Olivier Martinez, François Cluzet, Jean Yanne.

...

De retour des guerres d'Italie, un jeune officier rencontre l'amour de sa vie dans une Provence ravagée par le choléra.

Rappeneau n'a pas craint d'exploiter à fond la dimension romanesque du chef-d'œuvre de Jean Giono, réputé «inadaptable» au cinéma. Le réalisateur de Cyrano de Bergerac *évite aussi l'enflure et propose plutôt un film tout en finesse, en subtilité et en élégance. Les décors naturels sont somptueux et la langue de Giono est très belle il va sans dire. (CIBL-FM, 5 octobre 1995)*

★ 7 ★
THE BRIDGES OF MADISON COUNTY
(Sur la route de Madison)
Clint Eastwood (États-Unis)

Avec Meryl Streep, Clint Eastwood, Annie Corley, Jim Haynie.

...

En réglant la succession de leur mère, un homme et une femme découvrent une histoire jusque-là ignorée de tous.

Un modèle de sensibilité, de maturité, d'intelligence et de délicatesse. Même si Eastwood signe la réalisation et tient le premier rôle masculin, The Bridges of Madison County *reste le film de Meryl Streep. Elle y est éblouissante de bout en bout. Dommage que le dénouement soit un peut trop explicatif. (CIBL-FM, 26 mai 1995)*

★ 8 ★
LA SÉPARATION
Christian Vincent (France)

Avec Isabelle Huppert, Daniel Auteuil, Karin Viard, Jérôme Deschamps.

...

Un soir au cinéma, une femme refuse de prendre la main de son compagnon. C'est le début de la fin...

D'un sujet horriblement banal, Christian Vincent, qui adapte ici un roman de Dan Franck, tire un film criant de vérité. Son regard, dénué de tout jugement, est tellement juste qu'on ne peut que souscrire, à un moment ou à un autre, à ce qu'il fait dire et ressentir à ses personnages. (CIBL-FM, 26 janvier 1995)

★ 9 ★
THE USUAL SUSPECTS (Suspects de convenance)
Bryan Singer (États-Unis)

Avec Gabriel Byrne, Kevin Spacey, Benicio Del Toro, Stephen Baldwin.

...

Une légende du crime confie à cinq malfrats une mission périlleuse en échange d'un butin de 91 millions de dollars.

Un film qui, plein scope, prend un plaisir pervers à brouiller les pistes. Le spectateur trouvera toutefois des indices qui, dans l'euphorie du moment, lui feront croire qu'il a trouvé la clé de l'énigme alors qu'en fait, il n'en est rien. Magnifiquement mis en scène, ce thriller horriblement bien ficelé impose un ton dès le départ. Et le maintient sans coup férir. (La Presse, 23 septembre 1995)

★ 10 ★
LE PÉRIL JEUNE
Cédric Klapisch (France)

Avec Romain Duris, Vincent Elbaz, Zinedine Soualem, Nicolas Koretzky.

...

Dix ans après le lycée, des jeunes hommes se retrouvent pour assister pendant son accouchement la compagne de leur meilleur ami, mort d'une surdose.

*Un film indispensable pour quiconque a vécu son adolescence dans les années 70. Cédric Klapisch (*Riens du tout*) est à mon sens le premier cinéaste à poser un regard aussi juste et sans complaisance sur cette époque. À la fois très drôle et très vrai, le film se distingue grâce aussi à ses jeunes acteurs. Sympathique. (CIBL-FM, 12 novembre 1995)*

RETOUR

• •

LE MYSTÈRE

Encore aujourd'hui, je m'explique mal comment *Le confessionnal* n'ait pas eu plus d'écho à l'époque. Ce n'est pourtant pas la visibilité qui manquait. Le premier long métrage de Robert Lepage avait en effet été choisi comme film d'ouverture de la Quinzaine des réalisateurs à Cannes. Certains films québécois, bien accueillis par la critique locale, passent aussi bien la rampe sur la scène internationale et obtiennent ailleurs le même soutien critique. D'autres pas. À part les films de Denys Arcand, peu de films d'ici sont parvenus à obtenir de « vraies » carrières en salle à l'étranger pendant les années 80 et 90. *Le confessionnal* était pourtant une coproduction entre le Québec, la France et la Grande-Bretagne. Ce genre d'alliance est plutôt rare. Robert Lepage, que la productrice Denise Robert avait convaincu de passer derrière la caméra, était alors déjà un metteur en scène célébré partout dans le monde. Le fait que cette production ait été tournée en langue française était très méritoire dans les circonstances. D'autant que le partenaire britannique n'était nul autre que David Puttnam, un producteur qui compte notamment à son palmarès des films comme *Chariots of Fire, The Killing Fields* et *The Mission...*

Je me souviens par ailleurs m'être réjoui d'avoir eu l'occasion de voir *La haine* avec des sous-titres... anglais. Vraiment, je n'y aurais compris que dalle sans le support du texte écrit. Kassovitz fut le premier à faire écho à la réalité des banlieues parisiennes dans un film destiné au grand public. Avec ses codes, sa culture, son langage. Ce fut tout un choc.

C'est aussi cette année-là que fut révélée vraiment une autre voix qui allait devenir importante dans le cinéma français : celle de Cédric Klapisch. Dans *Le péril jeune,* un dénommé Romain Duris a fait ses débuts au cinéma. *Le hussard sur le toit* fut par ailleurs la grande production française de l'année. Attendu au tournant (il s'agissait du film de «l'après *Cyrano*»), Jean-Paul Rappeneau ne s'était pas donné la tâche facile en choisissant d'adapter le célèbre roman de Jean Giono, évidemment réputé «inadaptable». Il a relevé le défi avec brio, même si le film est aujourd'hui un peu tombé dans l'oubli. Avec *La séparation,* Christian Vincent a de son côté proposé un drame intimiste remarquable, le meilleur de sa filmographie (avec *La discrète*).

Malgré ses grandes qualités, notamment sur le plan de l'interprétation, *The Last Seduction* n'avait pu concourir aux Oscar à cause d'une présentation unique à la télévision, sur une chaîne spécialisée. On avait fait un cas de cette affaire, surtout parce que plusieurs observateurs (j'étais d'accord avec eux) estimaient que Linda Fiorentino proposait une composition digne d'une nomination.

Gus Van Sant devait par ailleurs obtenir le premier succès «grand public» de sa carrière grâce à *To Die For.* La carrière de Nicole Kidman a pris son véritable envol grâce à ce film.

Si *Smoke* n'est finalement pas passé à l'histoire, *The Bridges of Madison County* reste encore, en revanche, l'un des grands et beaux films romantiques des années 90.

En plus d'être un excellent thriller, *The Usual Suspects* a permis à un certain Kevin Spacey d'entrer dans la cour des grands.

★ Portrait ★
MERYL STREEP

UNE CLASSE À PART

• •

Meryl Streep a obtenu sa première nomination aux Oscar en 1979. Sa composition dans *The Deer Hunter* (Michael Cimino), dans lequel elle tenait un rôle de soutien, lui avait valu cet honneur. L'année suivante, elle mettait la main sur la statuette — toujours dans la catégorie de soutien — grâce à sa vibrante performance dans *Kramer vs. Kramer* (Robert Benton). À une exception près (*Adaptation* en 2003), les 15 autres nominations qu'elle décrochera aux Oscar (*The Bridges of Madison County* fut la dixième) seront toutes dans la catégorie de la meilleure actrice. À cet égard, elle détient le record absolu. Entre le sacre que lui a valu *Sophie's Choice* (Alan J. Pakula) et son triomphe dans *The Iron Lady* (Phyllida Lloyd) en 2012, 29 années se seront quand même écoulées…

Lors d'une rencontre de presse organisée en marge de la sortie d'*Adaptation*, un film de Spike Jonze dont le scénario était écrit par Charlie Kaufman, la grande Meryl, à qui tout semble venir naturellement, exprimait pourtant ses doutes. Autour de la table, les journalistes étaient médusés d'entendre de tels propos de sa part.

« Quand on me propose un rôle, j'ai toujours l'impression que je ne suis pas apte à le jouer! Je commence d'ailleurs toujours par dire que le personnage n'est pas pour moi!»

*« Mais comme, poursuit-elle, le scénario d'*Adaptation *n'est rien de moins que brillant, j'ai accepté d'aller rencontrer Spike et Charlie. Quand j'ai compris la manière avec laquelle ils comptaient aborder*

cette histoire, quand j'ai vu l'espace de liberté dans lequel nous pourrions évoluer, je n'ai plus hésité. » [27]

Quand même étonnant, non ? L'humilité dont fait preuve cette femme n'est toutefois pas feinte du tout. Même si, avec tous les honneurs, la hauteur du talent, les accomplissements remarquables étalés maintenant sur plus de trois décennies, elle pourrait facilement se la jouer, Meryl Streep garde les pieds bien sur terre. Aucune trace de diva chez elle. J'avais d'ailleurs évoqué dans un article publié sur le blogue une anecdote qui m'avait beaucoup frappé. Et qui montre à quel point cette actrice de génie est une grande professionnelle.

Tout à fait par hasard, je suis tombé sur la rediffusion d'une émission de David Letterman que je n'avais pas vue. Meryl Streep était l'invitée. Visiblement atteinte par une très vilaine bronchite, l'actrice s'est quand même présentée au rendez-vous, drôle et impériale malgré la maladie. « Dans votre état, n'auriez-vous pas dû plutôt rester à la maison ? » lui a demandé l'animateur. « J'avais peur d'annuler ! » a-t-elle répondu en empruntant un air un peu dubitatif.

Précisons que cet épisode est survenu peu de temps après que John McCain, candidat défait à la présidentielle, eut fait faux bond à Letterman pour aller « sauver » l'économie à Washington. L'humoriste a fait du kilométrage là-dessus pendant des semaines...

Meryl Streep trône au sommet de sa profession depuis 30 ans. Elle est celle devant qui se prosternent toutes les autres actrices. Je n'ai pas eu l'occasion de la rencontrer très souvent, mais les quelques fois où j'ai eu cet honneur, j'ai été soufflé par la simplicité avec laquelle elle aborde la vie. Et son métier. Récemment, un collègue torontois prenait plaisir à me raconter comment l'actrice pose un regard franc et lucide sur l'industrie du cinéma. Appelée à commenter le succès

---

27. *La Presse,* 14 décembre 2002.

«*surprise*» *de* Mamma Mia!, *la grande Meryl a rectifié le tir dès le départ en disant qu'à son avis, il ne s'agissait pas d'une surprise du tout. Quand mon collègue lui a rappelé que les bonzes du studio Universal ne s'attendaient quand même pas à un succès de cette envergure, l'actrice s'est penchée vers lui en chuchotant: «Bien sûr qu'ils ne s'y attendaient pas, ce sont tous des hommes!*»[28]

Tout le monde s'accorde pour dire que Meryl Streep est la plus grande actrice vivante. Le miracle est qu'elle trouve, encore aujourd'hui, des rôles intéressants dans des films qui engendrent un bon succès au box-office. Dans une industrie axée essentiellement sur la jeunesse, que voilà un beau pied de nez.

---

28. Blogue *Lapresse.ca*, 3 janvier 2009.

1996

DEAD MAN WALKING (La dernière marche)

Tim Robbins (États-Unis)

Avec Susan Sarandon, Sean Penn, Robert Prosky.

...

Une religieuse accompagne jusqu'à sa mort un détenu condamné à la peine capitale.

Écrit et réalisé par Tim Robbins d'après le récit de sœur Helen Prejean, ce film redoutable aborde un sujet complexe de façon intelligente, avec une justesse de tous les instants. La scène finale − qui prend des allures de crucifixion − nous restera longtemps en mémoire. Comme le film. Il ne s'est rien fait de plus fort au cinéma américain cette année. (La Presse, 21 décembre 1996)

★ 2 ★

UNDERGROUND

Emir Kusturica (Yougoslavie/France)

Avec Slavko Stimac, Lazar Rivstovki, Mirjana Jokovic.

...

Entre deux guerres, 50 ans d'histoire d'un pays impossible : la Yougoslavie.

Le sujet est grave, le propos tragique. Et pourtant, Underground *relève presque de la comédie musicale dans la mesure où le rock tzigane du fidèle complice musical de toujours, Goran Bregovic, insuffle au délire visuel de Kusturica de stupéfiants accents d'énergie, d'émotion, de lyrisme et de vie.*
(La Presse, 23 mars 1996)

★ 3 ★
LONE STAR
John Sayles (États-Unis)

Avec Kris Kristofferson, Elizabeth Peña, Joe Morton, Chris Cooper.

...

Dans une ville frontalière du Texas, un shérif fait enquête sur un meurtre survenu 37 ans plus tôt.

Lone Star est presque un détournement de western. Un western qui aurait de l'étoffe et une dimension psychologique, et dont l'inspiration serait en prise directe sur le contexte social actuel. En utilisant la technique du retour en arrière avec une remarquable fluidité. John Sayles démontre de façon éblouissante comment l'histoire est une question d'individus et d'interprétations.
(La Presse, 20 juillet 1996)

★ 4 ★
FARGO
Joel Coen (États-Unis)

Avec William H. Macy, Frances McDormand, Steve Buscemi, Pete Stormare.

...

Un vendeur de voitures d'occasion, endetté jusqu'au cou, organise un stratagème avec deux malfrats.

Cette farce jouissive aux relents macabres nous renvoie directement à Blood Simple, *le premier film des frères Coen. La grande qualité de leur nouveau long métrage est de respecter les lois du genre dans sa progression dramatique tout en y injectant une vision quasi surréaliste. L'ensemble est diaboliquement drôle.*
(La Presse, 23 mars 1996)

★ 5 ★
UN HÉROS TRÈS DISCRET
Jacques Audiard (France)

Avec Mathieu Kassovitz, Anouk Grinberg, Sandrine Kiberlain, Albert Dupontel.

...

Alors que la guerre s'achève, un homme impliqué d'aucune façon dans le conflit se fait passer pour un héros.

Regarde les hommes tomber nous avait déjà grandement séduits. Avec ce deuxième long métrage, Jacques Audiard s'inscrit déjà parmi les auteurs les plus importants du cinéma français. À la fois comédie grinçante et film historique, Un héros très discret *se distingue aussi grâce à ses interprètes, tous excellents. (4 novembre 1996)*

★ 6 ★
CRASH
David Cronenberg (Canada)

Avec James Spader, Holly Hunter, Rosanna Arquette, Deborah Kara Unger.

...

Un couple découvre une nouvelle façon de pimenter sa vie sexuelle grâce à des accidents de voiture.

La force d'un film comme Crash, *qui a fait scandale à Cannes auprès de certains festivaliers, est d'évoquer des images mentales dans la tête du spectateur au point où ce dernier croira les avoir vues vraiment ! Étude fascinante d'un monde où le symbole même de la grande ère industrielle est lié au sexe et à la religion. Très fort. (4 octobre 1996)*

★ 7 ★
SECRETS AND LIES (Secrets et mensonges)
Mike Leigh (Royaume-Uni)

Avec Brenda Blethyn, Marianne Jean-Baptiste, Timothy Spall.

...

À la mort de sa mère adoptive, une jeune femme noire décide de partir à la recherche de sa mère biologique.

Après Life is Sweet *et* Naked, *Mike Leigh semble atteindre le sommet de son art avec* Secrets and Lies, *lauréat de la Palme d'or cette année. Une merveille d'écriture. Et une direction d'acteurs incomparable. Il ressort de cette histoire un portrait authentique, duquel émane un profond humanisme. Film très émouvant. (11 octobre 1996)*

★ 8 ★
LAMERICA
Gianni Amelio (Italie)

Avec Enrico Lo Verso, Michele Placido, Piro Milkani.

...

Deux magouilleurs italiens tentent de brasser des affaires en Albanie, tout juste après la chute du régime communiste.

Le plus récent film de l'auteur du Voleur d'enfants *arrive chez nous avec 10 métros de retard après avoir pourtant reçu le Prix de la mise en scène au Festival de Venise en 1994. De manière très émouvante, Amelio mène son récit avec force et respect, à l'image de la toute dernière scène du film. Qui est à la fois cruelle et porteuse d'espoir. Et aussi d'une infinie tendresse.*
(La Presse, 20 avril 1996)

★ 9 ★
CHACUN CHERCHE SON CHAT
Cédric Klapisch (France)

Avec Garance Clavel, Zinedine Soualem, Olivier Py, Romain Duris.

...

Un quartier parisien est en alerte quand s'enfuit le chat d'une jeune femme, confié à une voisine...

Un quartier urbain filmé à échelle humaine. Voilà le plus bel accomplissement de Cédric Klaspisch. À travers cette fable touchante et sympathique, le réalisateur du Péril jeune *compose un hymne à la solidarité et à la tolérance. Il en émane un portrait d'autant plus authentique qu'acteurs professionnels et résidents du quartier s'y mélangent. (20 septembre 1996)*

★ 10 ★
LILIES (Les feluettes)
John Greyson (Canada)

Avec Brent Carver, Marcel Sabourin, Aubert Pallascio, Jason Cadieux.

...

Dans les années 50, un évêque se rend dans une prison pour entendre la confession d'un homme à propos d'un meurtre survenu 40 ans plus tôt.

John Greyson a réussi à donner à ces Feluettes *un souffle intrinsèquement cinématographique tout en respectant de manière très fidèle la pièce à succès de Michel-Marc Bouchard. Il enveloppe les amours tourmentées de ses protagonistes d'un aspect lyrique tout en évitant les pièges du mélodrame.*
(La Presse, 30 août 1996)

RETOUR

. . . .

LE MEILLEUR DES COEN

Mis à part *Lamerica*, plus marginalisé, tous ces titres existent encore dans l'imaginaire des cinéphiles. Certains d'entre eux sont même devenus de grands classiques. Je pense à *Fargo* en particulier. Voilà le film référence des frères Ethan et Joel Coen, celui par rapport auquel toutes leurs productions subséquentes ont été comparées par la suite. À leur plus récent passage au Festival de Cannes, où les Coen sont chez eux, plusieurs festivaliers se demandaient même si *Inside Llewyn Davis,* vraiment excellent, pourrait enfin aller rejoindre *Fargo* au sommet de leur filmographie. L'avenir le dira. À l'époque, soit cinq ans après la Palme d'or attribuée pour *Barton Fink,* Joel Coen a obtenu le Prix de la mise en scène mais le jury, présidé alors par Francis Coppola, a quand même remis le plus grand laurier à *Secrets and Lies,* l'un des plus beaux fleurons du drame intimiste «à la britannique». À l'instar de ses collègues, Ken Loach notamment, Leigh tire toujours des performances remarquables de ses acteurs, souvent encore peu connus sur la scène internationale.

David Cronenberg, le cinéaste canadien le plus renommé sur la planète, avait de son côté beaucoup fait jaser grâce à *Crash.* Trois ans après *M. Butterfly,* plus ou mois bien accueilli, le réalisateur de *The Naked Lunch* ne devait certainement pas s'attendre à créer une telle polémique. Chahuté au Festival de Cannes (où il a néanmoins reçu un prix du jury «pour son audace et son originalité»), le film fut un temps interdit à Londres et a eu du mal à trouver son chemin vers les salles américaines. En fait, *Crash* a plus dérangé par la perversité de son propos que par sa démonstration, même si certains observateurs ont taxé le film de tous les noms, y compris celui de «pornographique»…

Emir Kusturica, qui, 10 ans après *Papa est en voyage d'affaires* (1985), a obtenu sa deuxième Palme d'or l'année précédente (*Underground* n'est sorti qu'en 1996 au Québec), a suscité sa bonne part de controverses lui aussi. Le rebelle aux allures de rocker s'est violemment fait prendre à partie par quelques intellectuels — notamment Alain Finkielkraut dans *Le Monde* — qui l'ont accusé d'avoir ni plus ni moins réalisé un film de propagande proserbe.

« *Underground* est un film qui prend férocement position contre toutes les propagandes et qui vise à ouvrir une discussion sur l'humanité », m'avait-il déclaré, avant d'annoncer qu'il arrêtait de faire du cinéma. Heureusement, il n'en fut rien.

Par ailleurs, Tim Robbins, qui n'a rien réalisé pour le grand écran depuis *Cradle Will Rock* (1999), a signé un film important à propos d'un sujet ô combien sensible : la peine de mort. Et dire que la magnifique chanson de Bruce Springsteen (*Dead Man Walkin'*) s'est fait damer le pion aux Oscar cette année-là par *Pocahontas* (*Colors of the Wind*) ! Les membres de l'Académie sont bien difficiles à suivre parfois...

À leur façon, John Sayles, Jacques Audiard et Cédric Klapisch restent des auteurs importants qui font entendre leur voix de façon singulière. Quant à John Greyson, qui avait fait un travail remarquable en portant à l'écran la pièce de Michel-Marc Bouchard, son travail s'est essentiellement cantonné à la télévision au cours de la dernière décennie.

Si je devais toutefois garder une image de 1996, je retiendrais celle d'Annie Girardot recevant son César de meilleure actrice dans un second rôle grâce aux *Misérables* de Claude Lelouch :

Paris, 2 mars, vers 21 h 30. L'actrice s'avance sur scène, complètement défaite. Dans la salle, on retient son souffle. « Je ne sais pas si j'ai manqué au cinéma français, arrive-t-elle à arracher aux sanglots qui l'étranglent, mais à moi il m'a manqué. Follement, éperdument, douloureusement... »

« Votre amour, poursuit-elle péniblement, me fait penser que peut-être, je dis bien peut-être, je ne suis pas encore tout à fait morte... »

Les mines bouleversées des actrices plus jeunes — les Juliette Binoche, Sophie Marceau, Marie Gillain et compagnie — faisaient vite comprendre, même au plus cynique des observateurs, que les difficultés que rencontrent les actrices moins jeunes prenaient ce soir-là un aspect implacablement concret. Au-delà du talent notoire de tragédienne de la lauréate et des conséquences de ses mauvais choix, c'est la fragilité d'un métier, plus impitoyable encore pour les femmes, qui s'est révélée.[29]

---

29. *La Presse,* 21 décembre 1996.

★ Portrait ★
ISABELLE HUPPERT

UNE QUESTION D'IMAGE

• •

Avec Meryl Streep, Isabelle Huppert est probablement l'actrice la plus primée au monde. Deux lauriers d'interprétation au Festival de Cannes (*Violette Nozière* en 1978 ; *La pianiste* en 2001), 14 nominations aux César du cinéma français (une seule victoire — *La cérémonie* en 1996) et d'innombrables autres récompenses un peu partout dans le monde. Je me souviens qu'à l'occasion d'une rencontre de presse pour un film auquel elle croyait plus ou moins (*Little Black Book,* je crois), Holly Hunter avait passé de longues minutes à raconter son admiration pour Isabelle Huppert. « Je veux sa carrière ! » avait-elle déclaré en faisant écho à la réalité des actrices américaines pour qui les rôles plus consistants se font généralement plus rares qu'en Europe.

Isabelle Huppert n'a toutefois pas la réputation d'être facile en entrevue. Pourtant, peut-être ai-je été chanceux, les quelques rencontres auxquelles j'ai eu droit avec elle se sont bien déroulées dans l'ensemble. À cet égard, les journalistes de la presse écrite bénéficient d'un net avantage. Les interviews ont habituellement lieu seul à seul, sans micro ou caméra. La personne interviewée sait très bien que ses déclarations relèvent de l'ordre public mais le contexte plus privé favorisera quand même une conversation plus authentique. Encore là, plusieurs autres facteurs jouent : la plage horaire qui vous est allouée, le rang qui vous est attribué (il vaut mieux ne pas être le 20ᵉ intervieweur inscrit au programme de la journée) et, si cette rencontre se déroule dans le cadre d'un festival, la fatigue (celle de l'invité ou la vôtre).

Alors qu'Isabelle Huppert était de passage à Montréal en 2010 pour ouvrir le Festival Cinémania avec *Copacabana,* un film plutôt mineur, j'ai eu l'occasion de parler à l'actrice trois fois. Presse écrite, pas de problème. À la radio (à l'émission de Christiane Charette), aucun souci non plus. Quelques heures plus tard, à l'occasion de l'enregistrement d'une capsule « Cinéma vérité » pour le réseau ARTV, alors là, rien n'allait plus.

Nous étions dans la salle de conférence d'un hôtel. L'endroit avait été réservé afin que s'installent les équipes télé. L'éclairage, le rideau, la position de la caméra, rien n'était du goût de l'actrice, rien ne convenait. Pendant au moins 20 minutes, de dures négociations — ponctuées de menaces d'annulation pure et simple — ont eu lieu avec l'équipe de réalisation pendant que moi, assis en face d'elle comme un beau « codinde », je restai impassible, histoire de ne pas jeter de l'huile sur le feu. Professionnelle jusqu'au bout des ongles, l'actrice s'est allumée en même temps que le moteur de la caméra. Comme si de rien n'était.

Je comprends parfaitement le souci que peut avoir une actrice (ou un acteur) pour son image. D'autant que la télévision en haute définition est particulièrement cruelle à cet égard. Même si une comédienne peut accepter de se laisser filmer dans toutes sortes d'états au bénéfice d'un personnage au cinéma, il est compréhensible qu'elle soit plus pointilleuse quand elle ne représente plus qu'elle-même sur la place publique. Cette préoccupation est tout à fait légitime.

N'empêche que mademoiselle Huppert nous en a fait voir un peu de toutes les couleurs cette journée-là. Cela dit, c'était quand même très divertissant.

1997

★ 1 ★
THE PILLOW BOOK
Peter Greenaway (Royaume-Uni)

Avec Ewan McGregor, Ken Ogata, Vivian Wu.

...

La fille d'un calligraphe célèbre écrit des poèmes sur le corps de son amant.

Cette œuvre brillante évoque magnifiquement le rôle de l'art dans nos vies. Ce faisant, Peter Greenaway (Le cuisinier, le voleur, sa femme et son amant) nous offre son film le plus accessible en portant à l'écran un ouvrage pourtant vieux de 1000 ans (Notes de chevet, écrit par Sei Shonagon) Un pur ravissement. (27 juin 1997)

★ 2 ★
BREAKING THE WAVES (L'amour est un pouvoir sacré)
Lars Von Trier (Danemark)

Avec Emily Watson, Stellan Skarsgård, Katrin Cartlidge.

...

Le bonheur d'un couple formé d'une jeune femme et d'un homme plus mûr sera brisé par un accident.

Ce mélodrame bouleversant se distingue non seulement par l'extraordinaire force qui se dégage du récit, mais aussi par la mise en scène (le film est entièrement tourné caméra à l'épaule), de même que par quelques « interventions divines ». Emily Watson est une révélation. Un vrai miracle de film ! (21 mars 1997)

★ 3 ★
THE FULL MONTY (Le grand jeu)
Peter Cattaneo (Royaume-Uni)

Avec Robert Carlyle, Mark Addy, Tom Wilkinson.

...

Dans une ville sinistrée, des hommes désœuvrés ont l'idée de se transformer en danseurs nus pour un spectacle.

Ce film allie intelligemment le portrait social à l'humour anglais. Un peu comme si Ken Loach s'était mis à la comédie. Bien entendu, le point de départ est accrocheur mais au-delà de l'anecdote, il y a un vrai propos, une vraie (triste) réalité. Cet excellent film choral bénéficie aussi du talent de ses acteurs. (19 septembre 1997)

★ 4 ★
PONETTE
Jacques Doillon (France)

Avec Victoire Thivisol, Xavier Beauvois, Marie Trintignant.

...

Confiée à sa tante, une fillette de quatre ans ne supporte pas la disparition de sa mère, morte dans un accident.

Quelle puissance ! Et quelle délicatesse à la fois ! Jacques Doillon propose sans contredit ici le film le plus marquant de sa carrière. Le concept de la mort dans la tête d'une petite fille de quatre ans. Lui résister. La contester. Doillon est parvenu à filmer de façon très juste la logique avec laquelle une enfant (miraculeuse Victoire Thivisol) conçoit le monde. C'est bouleversant. (2 mars 1997)

★ 5 ★
TITANIC
James Cameron (États-Unis)

Avec Leonardo DiCaprio, Kate Winslet, Billy Zane, Gloria Stuart.

...

Le 10 avril 1912, le plus grand et le plus moderne paquebot du monde quitte le port de Southampton pour son premier voyage.

Explorant un registre qu'on ne lui soupçonnait pas, James Cameron, le réalisateur de Terminator et de True Lies, s'aventure avec succès sur le terrain de l'émotion et du romantisme. Titanic, le film, est la quintessence même de la superproduction hollywoodienne : des effets saisissants, des émotions plus grandes que nature, une magnificence des images. (La Presse, 20 décembre 1997)

★ 6 ★

MARIUS ET JEANNETTE

Robert Guédiguian (France)

Avec Gérard Maylan, Ariane Ascaride, Pascale Roberts.

...

À Marseille, une histoire d'amour naît entre deux blessés de la vie.

Dans la parfaite lignée de tous les films que Robert Guédiguian a réalisés jusqu'ici, avec ce supplément d'âme qui fait de Marius et Jeannette un succès partout où il passe. De savoureux dialogues, une vérité, une simplicité, un humour formidable. Cette lettre d'amour à Marseille est touchante, chaleureuse, sincère et attachante. (Le Réveille Matin, 6 décembre 1997)

★ 7 ★

L.A. CONFIDENTIAL (Los Angeles interdite)

Curtis Hanson (États-Unis)

Avec Kevin Spacey, Russell Crowe, Guy Pearce, Kim Basinger.

...

À Los Angeles dans les années 50, la police criminelle se mobilise après une série de règlements de comptes.

Comme dans les plus belles années du film noir, la narration prend ici le pas sur l'action, donnant d'autant plus d'impact à celle-ci lorsqu'elle s'avère nécessaire. Saluons aussi l'audace dont Hanson a fait preuve en confiant deux rôles principaux à des acteurs d'origine australienne encore mal connus du public : Russell Crowe (The Sum of Us, Virtuosity) et Guy Pearce (Priscilla Queen of the Desert) Il faudra désormais compter très sérieusement avec ces deux-là. (La Presse, 20 décembre 1997)

★ 8 ★

THE PEOPLE VS. LARRY FLINT (Larry Flint)

Milos Forman (États-Unis)

Avec Woody Harrelson, Courtney Love, Edward Norton.

...

Le combat du fondateur du magazine *Hustler* pour faire appliquer le premier amendement de la Constitution américaine.

Milos Forman nous a habitués à des œuvres de style bien différent. Son nouvel opus, le premier depuis Valmont, se distingue surtout grâce à son propos, de même que par le débat qu'il suscite. En cette époque de rectitude politique, il fait quand même bon voir un personnage renvoyer à la société américaine (et la nôtre) sa propre hypocrisie. (10 janvier 1997)

★ 9 ★
THE ICE STORM (Tempête de glace)
Ang Lee (États-Unis)

Avec Kevin Kline, Joan Allen, Sigourney Weaver, Tobey Maguire.

...

En 1973, lors du jour de l'Action de grâce, un drame frappe une famille d'une petite ville du Connecticut.

Il est vraiment étonnant de constater l'exactitude avec laquelle Ang Lee, un cinéaste qui, à l'époque où se situe l'intrigue du film, devait pourtant se trouver bien loin des préoccupations de la classe moyenne américaine des années 70, a pu retranscrire l'esprit de ce temps. Il y apporte de surcroît sa très belle sensibilité, de même qu'une vision d'une formidable acuité.
(La Presse, 1ᵉʳ novembre 1997)

★ 10 ★
NETTOYAGE À SEC
Anne Fontaine (France)

Avec Miou-Miou, Charles Berling, Mathilde Seigner, Stanislas Mehrar.

...

Après 15 ans de mariage, la vie d'un couple est troublée par l'arrivée d'un jeune homme ambigu.

À travers ce récit, Anne Fontaine fait éclater les cadres précis avec lesquels on définit l'identité sexuelle en général. Ou plutôt, l'idée qu'on s'en fait. Elle raconte l'histoire d'un glissement progressif du désir qui s'opère dans un couple. Et l'exploration de territoires dont les protagonistes ignoraient l'existence jusque-là. Troublant. (Le Réveille Matin, 13 décembre 1997)

RETOUR

LE FABULEUX NAUFRAGE

L'année 1997 fut sans contredit celle du *Titanic*. On peut évidemment regarder tout cela d'un œil plus sceptique aujourd'hui, mais personne ne peut nier le phénomène extraordinaire engendré par la transposition cinématographique du plus célèbre naufrage de l'histoire maritime. Grâce à son film, James Cameron a même réussi à faire revenir dans les salles de cinéma des gens qui n'y avaient pas mis les pieds depuis 15 ou 20 ans.

Je n'ai pas revu *Titanic* depuis sa sortie. Peut-être est-il affreusement daté, notamment au chapitre des effets visuels. N'empêche qu'à l'époque, critique et public louangeaient à l'unisson cette formidable fresque romantique qui, en principe, aurait pourtant dû couler à pic. Les rumeurs entourant le tournage n'étaient pas favorables du tout. Le studio Paramount a même dû en repousser la sortie de quelques mois. Quand la toute première projection a eu lieu — c'était lors d'une rencontre de presse organisée à Toronto —, la plupart des journalistes attendaient le film avec une brique et un fanal. Trois heures quatorze minutes plus tard, les scribes étaient pratiquement tous conquis. Même la chanson de Céline était douce à entendre (c'était avant ses trois milliards de passages à la radio).

Le paquebot attirant toute l'attention, sans oublier le fameux « *King of the World* » de Leonardo DiCaprio (repris par Cameron lui même aux Oscar), les autres productions américaines ont bien souvent été contraintes de faire de la figuration. Or, *L.A. Confidential* et *The Ice Storm* s'en sont finalement plutôt bien tirés. Le premier film américain d'Ang Lee (*Sense & Sensibility* fut tourné en Angleterre) reste même l'un de ses meilleurs à mon avis.

The People vs. Larry Flint ne s'est pas inscrit dans l'histoire de la même manière que les films précédents de Milos Forman mais il se révèle encore pertinent aujourd'hui.

Les Britanniques ont marqué le coup aussi. *The Full Monty* fut un véritable succès (une comédie musicale et une pièce en furent inspirées), et le film sublime de Peter Greenaway, *The Pillow Book,* reste l'un des plus beaux accomplissements artistiques des dernières décennies.

Du côté des Français, *Ponette* reste, encore aujourd'hui, le plus beau film de Jacques Doillon. Une merveille de sensibilité, de justesse, d'audace. *Marius et Jeannette* a fait de Robert Guédiguian un cinéaste réellement populaire, dans le plus beau sens du terme. Grâce à *Nettoyage à sec,* Anne Fontaine a su imposer un style, un ton, une vision qui n'appartiennent qu'à elle.

★ Portrait ★
KATE WINSLET

À FLEUR DE PEAU

• •

Dès qu'on l'a vue, à peine sortie de l'adolescence dans *Heavenly Creatures,* le premier film dramatique du Néo-Zélandais Peter Jackson, on pouvait se douter à quel point le cinéma s'enticherait d'elle rapidement. De fait, le *Titanic* de James Cameron aura fait de Kate Winslet une icône à peine trois ans plus tard. Même si j'ai parfois eu l'occasion de la voir lors de différentes conférences de presse, je n'ai jusqu'à maintenant pu la rencontrer qu'une seule fois, à vrai dire. Et encore, même pas dans le contexte d'une entrevue individuelle.

Plutôt celui d'une table ronde au cours de laquelle sept ou huit journalistes sont réunis dans une même pièce. Pourtant, cette rencontre-là fut marquante. J'y avais fait écho sur mon blogue :

Je crois que tout le monde reconnaît le talent exceptionnel de Kate Winslet. Elle fait partie de ces interprètes qui se mettent entièrement au service d'un personnage et qui ne craignent pas de s'attaquer à des thèmes parfois plus délicats. Elle travaille, elle fouille, elle fera tout ce qu'elle pourra pour que le personnage atteigne sa propre vérité. En compagnie de quelques autres journalistes, j'ai rencontré Kate Winslet ce matin à l'occasion d'une rencontre de presse organisée à New York en vue de la sortie prochaine de The Reader *(Le liseur), le nouveau film de Stephen Daldry (*The Hours*).*

Habituellement, ce genre d'exercice est assez prévisible. Pas ce matin. Il est même survenu quelque chose d'assez rare. D'abord, précisons que The Reader *est l'adaptation d'un roman de Bernhard Schlink, extrêmement connu et apprécié en Allemagne. Mademoiselle Winslet y interprète le rôle d'Hannah Schmitz, une femme qui, au tournant des années 60, s'engage dans une liaison sentimentale avec Michael Berg, un jeune homme âgé de 15 ans (campé par l'excellent jeune acteur allemand David Kross). Or, il appert que le passé de cette femme, qui fut le premier — et très marquant — premier amour de l'adolescent, est pour le moins trouble. Après une rupture qu'il ne s'est jamais expliquée, Michael — qui étudie le droit — revoit Hannah huit ans plus tard dans une cour de justice. Elle est accusée de crimes nazis. À travers cette relation, qui hantera l'homme toute sa vie (Ralph Fiennes prête ses traits à Berg devenu adulte), le récit explore la complexité des rapports intergénérationnels entre les Allemands nés après la guerre qui, un jour, ont découvert les monstruosités commises par leurs parents.*

Mais revenons à Kate.

Avant aujourd'hui, l'actrice n'avait pas encore eu l'occasion de parler de The Reader. *Radieuse, elle a répondu aux inévitables questions,* notamment sur son rapport à la nudité et à la représentation de scènes plus intimes à l'écran. Puis est venu le sujet de la vulnérabilité émotionnelle. « Et ça, c'est beaucoup plus difficile que les scènes de nudité physique, croyez-moi. »

Et elle a fondu en larmes.

En tentant de reprendre ses esprits, elle a raconté comment, en tournant à Berlin la scène de procès devant tous ces acteurs allemands — dont certains ont été impliqués dans les vrais procès de nazis — elle s'était sentie mourir un peu. « Je n'avais rien de commun avec la femme que j'interprétais, rien en moi que j'aurais pu utiliser pour la nourrir. Elle avait des répliques terribles à livrer. En même temps, je lui devais ma compréhension, il fallait que je la défende... » Elle a pris une pause, s'est levée quelques secondes en évoquant un urgent besoin de fumer, s'est rassise et s'est roulée une cigarette avec une expertise étonnante.

« Je ne sais pas ce qui m'arrive, a-t-elle dit en s'excusant. Tout est revenu dans mon esprit de façon tellement concrète et subite que j'ai ressenti cette émotion comme si on venait tout juste de tourner la scène. C'est la première fois que ce genre de truc m'arrive dans une rencontre de presse. Putain ce ne sera pas facile de parler de ce film ! » Stephen Daldry, qui se tient toujours très près des acteurs qu'il choisit, fait valoir de son côté que Kate Winslet dispose d'un incroyable registre émotionnel, auquel elle peut avoir accès très facilement.

« En tant que cinéaste, il faut être très conscient de sa responsabilité quand on travaille avec une actrice (ou un acteur) de cette trempe. Parce que le revers de cet accès "facile" à l'émotion s'accompagne forcément de moments de grande vulnérabilité. Il faut être prêt à bien soutenir ces êtres extraordinairement sensibles. »[30]

Quelques mois plus tard, Kate Winslet était élue meilleure actrice aux Oscar.

---

30. *Lapresse.ca*, 4 décembre 2008.

1998

★ 1 ★
THE TRUMAN SHOW (Le show Truman)
Peter Weir (États-Unis)

Avec Jim Carrey, Laura Linney, Noah Emmerich, Ed Harris.

...

Un agent d'assurances découvre que sa vie est en réalité une émission de télévision.

Peter Weir a su aborder le thème de la téléréalité avec sensibilité et intelligence. Jim Carrey, excellent, colore évidemment son personnage de sa personnalité d'humoriste, sans toutefois jamais dépasser la mesure. Un peu comme Robin Williams dans Dead Poets Society *(du même réalisateur) Une allégorie terrifiante qui pousse la logique de la téléréalité dans ses derniers retranchements.*
(C'est bien meilleur le matin, 12 juin 1998)

★ 2 ★
LA VIE EST BELLE (La vita è bella)
Roberto Benigni (Italie)

Avec Roberto Benigni, Nicoletta Braschi, Horst Bucholz.

...

Déporté avec son fils vers les camps de la mort, un homme tente de tout faire pour éviter que le jeune garçon soit témoin d'horreurs.

La manière qu'emprunte Benigni pour raconter ces « mensonges d'un père à son fils » est bouleversante. Tout comme l'est la complicité qu'il va réussir à obtenir de la part des compagnons d'infortune, qui accepteront d'entrer dans la fantaisie pour épargner des souffrances au petit garçon. Une façon magnifique de célébrer la vie, de faire un pied de nez au destin aussi.
(C'est bien meilleur le matin, 3 septembre 1998)

★ 3 ★
LE VIOLON ROUGE
François Girard (Canada)

Avec Samuel L. Jackson, Greta Scacchi, Colm Feore, Jean-Luc Bideau.

...

Un violon exceptionnel, fabriqué il y a quatre siècles, est mis à l'encan à Montréal après avoir voyagé sur trois continents.

Un film de facture classique, où chaque époque de vie du fameux violon fait l'objet d'un épisode distinct. François Girard affiche ici un beau sens du récit, un sens du bon goût également. La musique — remarquable — de John Corigliano fait corps avec les images (superbes) d'Alain Dostie. Production de très grande qualité, Le violon rouge est aussi une œuvre qui a une âme.
(C'est bien meilleur le matin, 4 novembre 1998)

★ 4 ★
GADJO DILO (L'étranger fou)
Tony Gatlif (France)

Avec Romain Duris, Rona Hartner, Izidor Serban.

...

Une jeune Française débarque dans un village tzigane en Roumanie afin de retracer une chanteuse à la voix déchirante.

Tony Gatlif a un cœur de gitan et ça paraît. Il aime ce peuple, il aime ces gens. Ils sont beaux, touchants et surtout, d'une criante vérité à l'écran. Dernier volet d'une trilogie gitane amorcée avec Les princes, *et poursuivie avec* Latcho Drom, Gadjo Dilo *nous offre l'occasion d'entrer dans le quotidien de gens qui, malgré les drames et les malheurs, célèbrent la vie de façon extraordinaire.*
(Le Réveille Matin, 30 août 1997)

★ 5 ★
DIS-MOI QUE JE RÊVE
Claude Mouriéras (France)

Avec Vincent Deneriaz, Frédéric Pierrot, Muriel Mayette.

...

À la suite d'un événement, une famille de paysans doit décider si un jeune homme de 20 ans, légèrement déficient, doit être placé en institution.

Un pur enchantement! Du début à la fin! Claude Mouriéras emprunte une approche naturaliste qu'il pimente toutefois d'une grosse pincée d'humour, de poésie aussi parfois. Le ton est absolument jouissif et tous les personnages − la grand-mère, les parents, les frères, les sœurs − sont bien vivants. Un film vraiment étonnant. (C'est bien meilleur le matin, 3 septembre 1998)

★ 6 ★
HIGH ART (L'art interdit)
Lisa Cholodenko (États-Unis)

Avec Rhada Mitchell, Ally Sheedy, Gabriel Mann.

...

Une assistante éditrice d'un magazine consacré à la photographie fait la rencontre de sa voisine, une photographe...

Dans ce très beau film conjugué au féminin, Lisa Cholodenko nous livre un portrait foncièrement honnête en guise de premier film. Sa façon de dépeindre des personnages complexes est très personnelle. Elle les suit avec attention et délicatesse, sans ne jamais rien bousculer. Elle évite aussi les clichés pseudo-branchés qu'un tel environnement appelle souvent.
(C'est bien meilleur le matin, 10 juillet 1998)

★ 7 ★
MA VIE EN ROSE
Alain Berliner (Belgique)

Avec Jean-Philippe Ecoffey, Hélène Vincent, Michèle Larocque, Georges du Fresne.

...

Un garçonnet est persuadé d'être une petite fille.

Avec un sujet des plus délicats, le cinéaste belge Alain Berliner a réalisé un film aussi charmant que provocant. Ma vie en rose respire l'intelligence et la sensibilité. Le malaise que provoque chez la famille Fabre, mais surtout dans la communauté, la condition de cet enfant différent, est exposé avec une justesse stupéfiante. (La Presse, 5 février 1998)

★ 8 ★
QUICONQUE MEURT, MEURT À DOULEUR
Robert Morin (Québec)

Avec Claude, Alain, Patrick, Jennifer.

...

Lors d'une descente dans une « piquerie », deux policiers et un caméraman sont pris en otage.

Une véritable descente aux enfers dans le monde de la dope. Une fiction totale, écrite et jouée par des gens qui sont visiblement revenus de très loin. Ces accents de vérité ne pourraient s'inventer. Et comme le caméraman, pris en otage, a ordre de tout filmer, rien n'est épargné au spectateur. Le constat est virulent mais combien nécessaire. (C'est bien meilleur le matin, 25 février 1998)

★ 9 ★
LE COUSIN
Alain Corneau (France)

Avec Alain Chabat, Patrick Timsit, Agnès Jaoui, Marie Trintignant.
...

Après le suicide de son partenaire, un policier s'interroge sur la nature des rapports qu'il doit entretenir avec l'informateur du policier disparu.

En faisant équipe avec Michel Alexandre, un ancien flic devenu scénariste, Alain Corneau propose un excellent film policier dont la dimension humaine prend toujours le pas sur l'action. Le cinéaste, toujours bien servi par le genre (Série noire, Le choix des armes), module aussi dans son film des ambiances magnifiques. (C'est bien meilleur le matin, 16 septembre 1998)

★ 10 ★
WAG THE DOG (Des hommes d'influence)
Barry Levinson (États-Unis)

Avec Robert De Niro, Dustin Hoffman, Ann Heche, Denis Leary.
...

Pour étouffer un scandale à caractère sexuel dans lequel le président des États-Unis est impliqué, un conseiller appelle Hollywood à la rescousse.

Cette excellente satire politique, coécrite par David Mamet, est une charge féroce sur la manipulation des médias. Elle illustre aussi à quel point l'imaginaire collectif est parfois fabriqué de toutes pièces par l'usine à rêve hollywoodienne. Ici, un producteur (Hoffman qu'on n'a pas vu si bon depuis longtemps) est recruté pour s'immiscer dans le jeu politique. C'est presque aussi cynique que la réalité... (10 janvier 1998)

RETOUR

LE SHOW ROBERTO

Ce fut l'année où Roberto Benigni est devenu une vedette populaire à travers le monde. Grâce à son film bien sûr. *La vita è bella* restera d'ailleurs sans doute l'œuvre la plus marquante de sa carrière. Mais aussi grâce à sa personnalité. Grand favori pour la Palme d'or au Festival de Cannes, il avait néanmoins dû céder le plus beau laurier à Theo Angelopoulos (*L'éternité et un jour*). Cela ne l'a pas empêché, en recevant son grand prix, d'aller embrasser un à un les membres du jury sur la grande scène du Théâtre Lumière pour ensuite aller carrément se prosterner devant le président du jury Martin Scorsese.

Ceux qui étaient devant leur poste de télé le 21 mars 1999 se souviennent aussi de ce qui s'est passé à la cérémonie des Oscar. Sur le coup de 22 heures, Sophia Loren, radieuse et émue, ouvre une enveloppe. Elle lance un retentissant « Roberto ! » Auquel répond l'enfant chéri du cinéma italien en grimpant carrément sur les fauteuils du Dorothy Chandler Pavilion. Roberto est allé chercher l'Oscar du meilleur film en langue étrangère en sautant de joie et en remerciant la terre entière dans un anglais, disons, aussi charmant qu'approximatif. Plus tard dans la soirée, il décrochait l'Oscar du meilleur acteur, le premier depuis 40 ans pour une performance dans une autre langue que l'anglais.

Benigni n'a réalisé que deux films depuis : *Pinocchio* (2002) et *Le tigre et la neige* (2005). Le succès est parfois bien difficile à gérer.

Quand on voit aujourd'hui l'orientation qu'empruntent certaines téléréalités, *The Truman Show* reste à mon sens le film le plus pertinent à avoir été réalisé à propos de ce phénomène. D'une certaine façon, *Wag the Dog* abordait aussi le même thème, sous un autre angle. Sortie dans la foulée du « scandale » Monica Lewinsky, une stagiaire avec qui le président Bill Clinton a eu des rapports sexuels, cette comédie satirique saute à pieds joints dans le monde de la politique spectacle. L'autre production américaine de cette liste, *High Art,* qui raconte l'histoire d'un triangle amoureux féminin, fut l'un des films emblématiques de ce que nos amis anglophones appellent le *queer cinema.* On doit aussi à Lisa Cholodenko *The Kids Are All Right* (2010).

Du côté français, les titres retenus dans cette liste ne sont pas vraiment passés à l'histoire. Je m'étonne d'ailleurs de l'absence de *Ceux qui m'aiment prendront le train,* un film de Patrice Chéreau qu'il me fait toujours bon de revoir. D'autant que je n'ai pratiquement plus aucun souvenir de *Dis-moi que je rêve* ! Son réalisateur, Claude Mouriéras, n'a rien tourné pour le cinéma depuis l'an 2000. *Le cousin* reste un excellent film, même s'il est rarement cité quand on évoque les plus grandes réussites du regretté Alain Corneau. À cause de son sujet troublant, *Ma vie en rose* avait beaucoup fait jaser à l'époque. Quant à *Gadjo Dilo,* je retiens surtout l'allocution de Rona Hartner au Festival des films du monde. La jeune Roumaine, enthousiaste à l'idée d'effectuer un voyage à l'étranger, avait appris quelques mots de français. « *Je suis tellement heureuse ! Merci, merci, merci tabarnac !* »

Deux films québécois au tableau d'honneur : *Le violon rouge* a tout raflé aux prix Génie, tout autant qu'à la toute première Soirée des Jutra. Avec *Quiconque meurt, meurt à douleur,* Robert Morin, cinéaste essentiel au Québec, a de son côté dénoncé aussi le voyeurisme des médias, de façon beaucoup plus *trash* que Peter Weir.

UNE JEUNE FILLE D'EXCEPTION

· ·

En 1998, Karine Vanasse était en plein tournage. Léa Pool lui avait confié le rôle principal d'*Emporte-moi,* un film qu'elle ira présenter en compétition officielle au Festival de Berlin l'année suivante. La toute première fois où elle a rencontré les journalistes, Karine avait 15 ans à peine. Nous étions tous soufflés par sa maturité, l'intelligence de ses propos, sa sensibilité. La vocation était là, tangible. « Actrice d'exception » est le titre qui a coiffé mon article à l'époque :

Un peu comme Hanna, le personnage qu'elle interprète avec tant de sensibilité dans Emporte-moi, *Karine Vanasse est à peine sortie de l'enfance. En parlant avec elle, en l'entendant exprimer des propos aussi réfléchis, aussi pertinents, il faut presque se pincer pour croire que cette radieuse jeune femme célébrait son quinzième anniversaire de naissance il y a quelques semaines à peine…*

En fait, tout s'est mis en place très vite pour la demoiselle de Drummondville. Remarquez qu'il était facile de prévoir chez les Vanasse que l'aînée de cette famille de quatre enfants allait un jour exercer une discipline artistique.

Cela dit, on était quand même loin de penser que la petite fille qui, il y a quelques années, gagnait des concours de lip synch *au* Club des 100 watts *en chantant* Illégal *ou* Des mots qui sonnent *avec les voix de Marjo ou de Céline Dion en avant-plan, allait un jour* porter sur ses épaules un long métrage présenté en compétition au Festival de Berlin !

Lorsqu'elle s'est présentée, en compagnie d'une trentaine d'autres jeunes filles, à une audition convoquée par Léa Pool, Karine n'avait pourtant pas encore beaucoup d'expérience face à une caméra.

Elle se souvient très bien des trois scènes qu'on lui avait demandé de préparer. Dont l'une, assez difficile, où Hanna tente d'établir un contact avec sa mère qui vient de s'enfermer dans la salle de bains...

En plein le genre de scènes que n'importe quel acteur aborderait avec appréhension. Mais Karine n'a pas eu peur. Dans le film, l'actrice est d'ailleurs d'une justesse stupéfiante. « J'adore les films où on prend la peine de creuser la psychologie des personnages. Ce genre d'histoires m'attire », dit-elle simplement.

On ne s'étonnera pas qu'elle ait accueilli la nouvelle avec beaucoup d'émotion lorsqu'elle a appris que Léa Pool l'avait choisie. D'autant que le paternel avait prévu toute une mise en scène pour la circonstance.

C'est ainsi qu'en rentrant un soir, alors qu'elle était toujours anxieuse de savoir si elle allait décrocher le rôle ou pas, Karine glisse machinalement une vidéocassette dans le magnétoscope. Surprise, c'est papa Conrad qui apparaît à l'écran ! Simulant un bulletin de nouvelles, le faux présentateur laisse la parole à un non moins faux journaliste, accoutré d'une manière un peu bizarre (interprété par Conrad aussi !) qui, lors de son reportage, apprend à Karine — et au monde entier — qu'elle a obtenu le rôle !

De là, Karine est allée de découverte en découverte. L'univers de Léa Pool d'abord, celui du cinéma ensuite. Elle a vu Vivre sa vie de Godard, œuvre phare dans la vie personnelle de Hanna qui, en cette année 1963, se comporte en émule d'Anna Karina. Karine découvrait ainsi l'esprit de l'époque au cours de laquelle la cinéaste a vécu sa propre adolescence.

« *Vous savez, dit l'actrice avec une pointe de regret, on n'a pas beaucoup accès à ce genre de films dans une ville comme Drummondville. J'essaie de me reprendre en les regardant à Télé-Québec !* »

Puis, le travail. Sur le scénario. Avec les collègues aussi, dont Pascale Bussières qu'elle admire. Deux mois entourée d'adultes, à donner corps aux intenses émotions que vit Hanna. Heureusement, Karine a la capacité de s'en extirper assez facilement. « Hanna est tellement différente de moi que je pouvais très bien faire la différence entre ses émotions et les miennes. »

Il n'y aura eu, en fait, qu'un épisode un peu plus difficile. Qu'une scène un peu plus délicate à tourner.

« *Les scènes qui se déroulent dans le milieu de la prostitution ont été assez dures, reconnaît-elle. Surtout que nous avons tourné l'une d'entre elles dans un vrai* tourist room *duquel émanaient de mauvaises vibrations. Les larmes de Hanna se mêlaient alors à mes propres larmes.* »

Elle avoue d'ailleurs avoir carrément découvert certains aspects de la vie adulte en même temps que son personnage...[31]

---

31. *La Presse*, 25 février 1999.

1999

★ 1 ★
EYES WIDE SHUT (Les yeux grands fermés)
Stanley Kubrick (États-Unis)

Avec Tom Cruise, Nicole Kidman, Madison Eginton, Sydney Pollack.

...

L'existence tranquille d'un médecin est perturbée par les révélations intimes que lui fait sa femme.

Un film diablement fascinant, ça oui. Et troublant. Qui vous pénètre de l'intérieur pour occuper votre esprit bien après que les projecteurs se sont éteints. Une œuvre magistrale dans laquelle les thèmes de prédilection du cinéaste se retrouvent sous un jour nouveau, Kubrick laissant même entrevoir, sans verser dans l'optimisme, une foi en l'être humain... (La Presse, 17 juillet 1999)

★ 2 ★
TOUT SUR MA MÈRE (Todo Sobre Mi Madre)
Pedro Almodóvar (Espagne)

Avec Cecilia Roth, Marisa Paredes, Candela Peña, Antonia San Juan.

...

Dévastée par la mort de son fils de 18 ans, une femme part à la recherche du père de ce dernier, un homme qu'elle avait fui.

Mélo sublime, ce film constitue un hommage vibrant aux femmes, à leur force, à leur capacité de résilience aussi. À travers une histoire aux ressorts dramatiques éclatés que lui seul peut maîtriser de cette façon sans sombrer dans le ridicule, Almodóvar parle de la vie, du théâtre, de la marginalité. Et c'est bouleversant. (29 octobre 1999)

★ 3 ★
BESIEGED (Shanduraï)
Bernardo Bertolucci (Italie)

Avec Thandie Newton, David Thewlis, Claudio Santamaria.

...

À Rome, un pianiste anglais excentrique et solitaire tombe sous le charme d'une réfugiée africaine.

Avec modestie, délicatesse et retenue, Bertolucci, ici en mode minimaliste, décrit plein écran l'éveil d'un sentiment amoureux. Tout se passe pratiquement en silence, au gré de regards furtifs ou d'envolées musicales. Filmée avec beaucoup de pudeur, cette histoire au souffle discret nous entraîne dans une superbe randonnée sentimentale. (La Presse, 19 juin 1999)

★ 4 ★
AMERICAN BEAUTY (Beauté américaine)
Sam Mendes (États-Unis)

Avec Kevin Spacey, Annette Bening, Thora Birch, Wes Bentley.

...

Saisi d'un coup de foudre pour une camarade de classe de sa fille, un banlieusard change sa vie pour retrouver sa jeunesse et sa liberté.

Cette comédie satirique aux accents profondément humains se distingue par son style singulier, ses dialogues brillants, de même que par l'excellente qualité d'ensemble d'une distribution dominée par Kevin Spacey et Annette Bening. Drôle, grinçant à souhait et surprenant, ce film vous laissera, à n'en pas douter, une forte impression... (La Presse, 30 septembre 1999)

★ 5 ★
BEING JOHN MALKOVICH
(Dans la peau de John Malkovich)
Spike Jonze (États-Unis)

Avec John Cusack, Cameron Diaz, Catherine Keener, John Malkovich.

...

Un artiste incompris trouve un jour par hasard un tunnel qui mène à l'intérieur de la tête de l'acteur John Malkovich...

Il est de ces films — rares — qui, d'entrée de jeu, vous subjuguent en vous entraînant dans un univers inédit, halluciné, complètement original. Le réalisateur Spike Jonze et le scénariste Charlie Kaufman nous offrent une fable sur la quête d'identité, la transgression des genres, la sexualité, l'attrait de la célébrité. Et s'aventurent en des territoires intimes d'une façon tout à fait singulière. (La Presse, 6 novembre 1999)

★ 6 ★
THE TALENTED MR. RIPLEY (L'énigmatique M. Ripley)
Anthony Minghella (États-Unis)

Avec Matt Damon, Jude Law, Gwyneth Paltrow, Cate Blanchett.

...

Mandaté pour ramener un riche héritier en Amérique, Tom Ripley découvre une vie de rêve en Italie et fera tout pour la conserver.

En adaptant le roman de Patricia Highsmith (dont René Clément avait déjà tiré son Plein soleil), Anthony Minghella propose un thriller fascinant avec, en son centre, un personnage peu « aimable ». À cet égard, il faut saluer l'audace. La reconstitution d'époque (l'Italie des années 50) est magnifique, et Matt Damon trouve ici son meilleur rôle. (26 décembre 1999)

★ 7 ★
THE LIMEY (L'Anglais)
Steven Soderbergh (États-Unis)

Avec Terence Stamp, Peter Fonda, Lesley Ann Warren, Luis Guzman.

...

Après neuf ans de prison, un homme débarque à Los Angeles pour venger sa fille, morte dans des circonstances suspectes.

Fleurant bon les préceptes de la nouvelle vague et du free cinéma, The Limey est un véritable bijou de mise en scène. Soderbergh s'organise en effet pour attirer l'attention du spectateur sur les émotions des personnages plutôt que sur leurs actions. Un exercice de style jouissif dans lequel on célèbre le pur plaisir du cinéma. (La Presse, 30 octobre 1999)

★ 8 ★
THE STRAIGHT STORY (Une histoire vraie)
David Lynch (États-Unis)

Avec Richard Farnsworth, Sissy Spacek, Harry Dean Stanton.

...

Un homme de 73 ans parcourt par ses propres moyens la route qui sépare l'Iowa du Wisconsin afin de retrouver un frère malade avec qui il est brouillé depuis 10 ans.

*Ce road movie au mode ralenti (le monsieur met des semaines à franchir les quelques centaines de kilomètres) permet à David Lynch (*Wild At Heart, Twin Peaks*), qui effectue ici un saut retourné avec quatre vrilles et trois tire-bouchons, d'aborder les thèmes essentiels de la vie avec beaucoup de pudeur et d'émotion tranquille. (La Presse, 16 décembre 1999)*

★ 9 ★
EST-OUEST
Régis Wargnier (France)

Avec Sandrine Bonnaire, Oleg Menchikov, Catherine Deneuve.

...

En juin 1946, un Russe émigré en France accepte l'offre d'amnistie de Staline et s'installe à Odessa avec sa petite famille.

Ce film nous propose une page méconnue de l'histoire de l'après-guerre. La solidité du récit, l'émotion tangible qui en découle, la remarquable qualité d'interprétation d'ensemble, la maîtrise de la mise en scène et la trame musicale de Patrick Doyle (lyrique sans être trop appuyée) font très certainement de Est-Ouest *l'un des films incontournables de la rentrée. (La Presse, 25 septembre 1999)*

★ 10 ★
CHAT NOIR, CHAT BLANC
Emir Kusturica (Yougoslavie)

Avec Bajram Severdzan, Srdan Todorovic, Branka Katic.

...

Pour honorer une dette, un petit escroc est contraint de promettre son fils en mariage à la fille du gangster à qui il doit de l'argent.

Une tragi-comédie baroque, pleine de folie et de fureur, campée dans le monde des gitans. Bien qu'il n'atteigne pas ici la force poétique du Temps des Gitans *ni*

le désespoir halluciné de Underground, *Kusturica nous offre tout de même, fidèle à son habitude, un film flamboyant, débordant d'imagination.*
(La Presse, 17 juin 1999)

RETOUR

· ·

LE TESTAMENT DE KUBRICK

En 1999, nous étions pratiquement obsédés par le nouveau film de Stanley Kubrick, son premier depuis *Full Metal Jacket,* sorti en 1987. Pendant très longtemps, *Eyes Wide Shut* a alimenté les rumeurs les plus folles. Quelques semaines à peine avant la sortie du film, les journalistes devaient encore s'accrocher à un communiqué officiel diffusé en… 1995! On y annonçait alors simplement que Kubrick se lançait dans une «histoire d'obsession sexuelle et de jalousie» mettant en vedette Tom Cruise et Nicole Kidman.

Il n'en fallait pas plus pour faire fantasmer les observateurs du monde entier.

Comme le réalisateur d'*Orange mécanique* n'accordait plus d'entrevues depuis des années, que le (long) tournage s'est effectué dans le plus grand secret et que rien n'a filtré du projet, les nouvelles sont sorties au compte-gouttes.

Le tournage, prévu pour une durée de 18 semaines au départ, en aura finalement requis 52, réparties sur une période de 15 mois. *Eyes Wide Shut,* rappelons-le, est l'adaptation cinématographique de *Traumnovelle* (*La Nouvelle rêvée*) d'Arthur Schnitzler, un roman publié en 1926 auquel Kubrick pensait depuis très longtemps.

Il avait même évoqué cette œuvre au moment où il espérait trouver matière à un film qui pourrait succéder à *2001 l'Odyssée de l'espace*. Pour ajouter au caractère mythique du film, Kubrick est mort quelques mois avant la sortie de son film :

Un concours de circonstances, comme seul le destin peut en orchestrer, a fait entrer le film dans la légende avant même d'avoir été montré au public. Quand Stanley Kubrick est mort en mars dernier, Eyes Wide Shut *devenait du coup le testament cinématographique d'un cinéaste qui compte déjà quelques chefs-d'œuvre à son actif. Lourde responsabilité. Qui est ici assumée avec éclat.*[32]

Outre le testament de Kubrick, la dernière année du 20ᵉ siècle fut marquée par l'arrivée de nouveaux auteurs remarquables. Venu du théâtre, Sam Mendes a frappé un grand coup dès sa première incursion dans le monde du cinéma grâce à *American Beauty*. En plus de lui valoir l'Oscar de la meilleure réalisation, sa comédie satirique a également obtenu l'Oscar du meilleur film de l'année.

Spike Jonze a aussi fait sa marque avec *Being John Malkovich*. En transportant l'univers de Charlie Kaufman au grand écran, Jonze a imposé un nouveau ton, une nouvelle forme, quelque chose d'unique. Après quelques films, disons, plus « flottants », Steven Soderbergh a retrouvé la forme en proposant coup sur coup deux excellents thrillers : *Out of Sight* et *The Limey*.

Des vétérans sont par ailleurs arrivés là où l'on ne les attendait pas. La démarche plus minimaliste de Bernardo Bertolucci n'a visiblement pas accroché grand monde. *Besieged* est aujourd'hui considéré comme un film très mineur dans l'œuvre du réalisateur de *1900*. David Lynch a proposé de son côté *The Straight Story*, un film très classique, tant dans sa facture que dans sa narration, et Almodóvar a fait l'unanimité en plongeant dans le plus flamboyant

---

32. *La Presse,* 17 juillet 1999.

des mélodrames. *Tout sur ma mère* fut d'ailleurs gratifié de l'Oscar du meilleur film en langue étrangère. Quant à Anthony Minghella, son film *The Talented Mr. Ripley* n'aurait pu être plus différent de *The English Patient*. Régis Wargnier et Emir Kusturica, dont les menaces de retraite du cinéma n'ont finalement pas été mises à exécution, ont été les seuls à creuser le même sillon.

★ Portrait ★
PEDRO ALMODÓVAR

UNE HEURE EN TÊTE À TÊTE

• •

C'est bien connu, les carrières nord-américaines des grands films internationaux commencent au Festival international du film de Toronto (TIFF). À Cannes, il est pratiquement impossible pour nous de décrocher une interview individuelle avec l'un des ténors du cinéma mondial, à moins que les droits de distribution du film soient déjà acquis pour le territoire québécois. Ce qui, sauf rares exceptions, n'est pas encore le cas au moment de la présentation cannoise. Sur la Croisette, on peut ainsi consacrer ses énergies à voir les films et rendre compte des conférences de presse auxquelles participent les équipes.

En revanche, le programme des journalistes des quotidiens québécois au TIFF est pratiquement composé uniquement de rendez-vous pour des entrevues. Comme, toutes proportions gardées, les films signés Haneke, Almodóvar, Audiard ou par d'autres grands auteurs attirent beaucoup plus de spectateurs au Québec qu'ailleurs en Amérique du Nord, les journalistes québécois sont en général bien servis au TIFF.

En 2006, j'ai même eu droit à un tête-à-tête d'une durée d'une heure — chose impensable dans le contexte d'un festival — avec Pedro Almodóvar! Je me souviens encore de la mine ahurie des collègues torontois quand nous sommes sortis ensemble de la pièce. Ces malheureux attendaient piteusement depuis 30 minutes l'arrivée du cinéaste pour une interview de 20 minutes en table ronde…

Ne maîtrisant pas l'espagnol, j'ai dû faire appel à une traductrice pour mener à bien cette interview, organisée à l'occasion de la présentation de *Volver*. Mon intention était de faire commenter brièvement le cinéaste sur tous ses films antérieurs après avoir évoqué le plus récent. Je trouvais intéressante l'idée de voir le cinéaste jeter un regard rétrospectif sur son œuvre. Or, Pedro s'est mis à parler d'abondance de chaque titre, ne ménageant aucun détail. De sorte que l'heure est passée à la vitesse de l'éclair, sans que nous puissions aller jusqu'au bout de l'exercice. On s'est promis de le refaire un jour. Voici un extrait du reportage de l'époque :

Ayant d'abord établi sa réputation avec des films flamboyants joyeusement provocateurs, Pedro Almodóvar estime que le cinéma est un art dans lequel toutes les extravagances sont permises.

« Les situations les plus outrancières peuvent être imaginées, du moment que le contexte demeure réaliste, explique-t-il. Il faut que les gestes faits par les personnages soient cohérents avec leur nature. Sinon, on peut tomber tout simplement dans le grotesque. »

Du statut d'artiste d'avant-garde qui faisait la joie des milieux marginaux jusqu'à celui de cinéaste consensuel célébré par tous les publics, Almodóvar aura gravi les échelons de la notoriété pour se hisser aux plus hauts sommets de la hiérarchie cinématographique mondiale.

« La plus belle chose qui vient avec la popularité, c'est le fait que vos films sont vus par un très grand nombre d'individus. Cela correspond d'ailleurs à la nature même de ce que l'on souhaite en tant que cinéaste : communiquer. Cela dit, j'essaie de ne pas trop rationaliser cet aspect du métier car je tiens à ne faire que des choses dont j'ai envie. »

Pour l'instant, ces « choses dont il a envie » sont chez lui, en Espagne. Malgré les ponts d'or que lui a offerts Hollywood, le cinéaste affirme ne pas se sentir à l'aise à l'idée de tourner ailleurs.

« Je ne dis pas que je ne le ferai jamais. Je me suis d'ailleurs fait offrir des projets fort alléchants. Mais j'estime qu'en tant que cinéaste, je ne pourrais bien raconter que ce que je connais intimement. J'aurais peur d'y perdre en authenticité en travaillant dans une autre langue. Et puis, je ne suis pas certain qu'on m'accorderait aux États-Unis l'indépendance créatrice dont j'ai besoin. J'ai eu l'avantage de connaître le succès à un âge où j'étais déjà assez mûr pour savoir ce que je voulais. »[33]

Je suis pratiquement un inconditionnel d'Almodóvar. Aussi ai-je vécu en 2013 *Les amants passagers* (complètement raté à mon avis) comme une vraie peine d'amour.

33. *La Presse*, 2 décembre 2006.

2000

★ 1 ★

DANCER IN THE DARK (Danser dans le noir)
Lars Von Trier (Danemark)

Avec Björk, Catherine Deneuve, Peter Stormare.

...

Une femme atteinte de cécité progressive projette parfois sa vie sous forme de comédie musicale.

Von Trier explore de nouveau la veine mélodramatique qui lui avait si bien réussi avec Breaking the Waves, *en y ajoutant cette fois des accents de comédie musicale sombre. Miraculeusement, le cinéaste danois parvient toujours à trouver le parfait dosage. Et la frontière séparant l'émotion du ridicule. La trame musicale de Björk est remarquable. (13 octobre 2000)*

★ 2 ★

LE GOÛT DES AUTRES
Agnès Jaoui (France)

Avec Jean-Pierre Bacri, Anne Alvaro, Gérard Lanvin.

...

Un chef d'entreprise peu porté sur la culture tombe amoureux d'une actrice.

Dans cette magnifique comédie douce-amère, Jean-Pierre Bacri est remarquable dans la peau d'un rustre industriel et Anne Alvaro est stupéfiante dans le rôle de l'actrice. Gérard Lanvin, Alain Chabat, et, bien sûr, Agnès Jaoui ont aussi de beaux personnages à défendre dans un film qui se distingue avant tout par sa qualité d'écriture, mais aussi par la délicatesse de sa mise en scène.
(La Presse, 14 septembre 2000)

★ 3 ★
THE YARDS (Trahison)
James Gray (États-Unis)

Avec Mark Wahlberg, Joaquin Phoenix, Charlize Theron.

...

Un jeune homme récemment sorti de prison devient l'ennemi à abattre au sein de sa propre famille.

Une tragédie familiale prenante, défendue par quelques-uns des meilleurs acteurs du cinéma américain. Avec ce contexte particulier, Gray nous offre un drame cru et bouleversant, dans lequel les liens familiaux et la façon dont ceux-ci s'expriment façonnent tous les aspects de la vie des protagonistes. (La Presse, 1er septembre 2000)

★ 4 ★
CHICKEN RUN (Poulets en fuite)
Peter Lord et Nick Park (Royaume-Uni)

Voix de Mel Gibson, Phil Daniels, Miranda Richardson.

...

Des poules maltraitées sur une ferme espèrent trouver la liberté en compagnie d'un coq qui s'est enfui d'un cirque.

Le premier long métrage d'animation des concepteurs de la série Wallace & Gromit *ne déçoit pas. Lord et Park concoctent ici une hilarante comédie, caractérisée notamment par cet humour britannique si fin, si subtil, si délicieux. Le travail de moine auquel se sont astreints les réalisateurs amène de formidables résultats. Dans le genre,* Chicken Run *est un chef-d'œuvre ! (22 juin 2000)*

★ 5 ★
GOYA (Goya en Burdeos)
Carlos Saura (Espagne)

Avec Francisco Rabal, Jose Coronado, Dafne Fernandez.

...

Goya s'inscrit sans aucun doute parmi les œuvres les plus achevées de son auteur. Et constitue, autant pour le cinéphile que pour l'amateur d'art, un véritable régal pour l'œil et l'esprit. À la fois pure et inventive, d'une beauté formelle à couper le souffle, la mise en scène de Saura est magnifiée par l'extraordinaire mise en image de Vittorio Storaro. (La Presse, 11 novembre 2000)

★ 6 ★
TIGRE ET DRAGON (Wo Hu Zang Long)
Ang Lee (Taïwan)
Avec Chow Yun-fat, Michelle Yeoh, Zhang Ziyi.
...

Dans la Chine ancienne, un champion d'arts martiaux à la retraite doit reprendre du service.

Ang Lee réinvente le film d'arts martiaux à sa manière, insufflant à sa mécanique très précise une poésie, une émotion, une magie extraordinaires. Il faut beaucoup de talent, une vision précise et rigoureuse, de même qu'un sens aigu de la mise en scène pour aboutir à Crouching Tiger, Hidden Dragon, *une œuvre dont la puissance visuelle est sidérante. (La Presse, 15 décembre 2000)*

★ 7 ★
THE END OF THE AFFAIR (La fin d'une liaison)
Neil Jordan (Royaume-Uni)
Avec Ralph Fiennes, Julianne Moore, Stephen Rea.
...

Pendant la guerre à Londres, un homme cherche à comprendre pourquoi son amante a abruptement mis fin à leur liaison.

En adaptant le roman à caractère autobiographique de l'écrivain britannique Graham Greene, Neil Jordan nous offre l'un de ses films les plus accomplis. D'une beauté renversante, The End of the Affair *vaut non seulement pour ses qualités d'écriture et de mise en scène, mais aussi pour les prestations exceptionnelles des acteurs, Ralph Fiennes et Julianne Moore en tête.*
(La Presse, 8 janvier 2000)

★ 8 ★
UNE LIAISON PORNOGRAPHIQUE
Frédéric Fonteyne (France)
Avec Nathalie Baye, Sergi López, Jacques Viala.
...

D'abord réunis pour réaliser un fantasme sexuel, deux inconnus en viennent à développer une liaison imprévue.

Dans cette production originale, d'une simplicité désarmante, le cinéaste belge Frédéric Fonteyne traque la mouvance des émotions des deux protagonistes, lesquels sont d'ailleurs magnifiquement incarnés par Nathalie Baye et Sergi

López. Le film se distingue aussi par de superbes dialogues, mis en relief par une mise en scène astucieuse et attentive. (La Presse, 18 mars 2000)

★ 9 ★
BEAU TRAVAIL
Claire Denis (France)

Avec Denis Lavant, Michel Subor, Grégoire Colin.

...

Un adjudant ramène à son souvenir une mission de son peloton de la Légion étrangère dans le golfe de Djibouti.

Un film atypique dont la force poétique et la richesse visuelle envoûtent. Au-delà des ressorts dramatiques du récit, Beau Travail s'impose avant tout par ses atmosphères troublantes. Claire Denis se tient au plus près de ses personnages, de leurs visages, de leurs corps. L'œuvre distille d'ailleurs un franc climat de sensualité. (La Presse, 29 janvier 2000)

★ 10 ★
FULL BLAST
Rodrigue Jean (Québec)

Avec David La Haye, Louise Portal, Patrice Godin.

...

Dans un petit village côtier du Nouveau-Brunswick, deux jeunes désœuvrés tentent de combler leur manque d'amour.

Chargée d'atmosphères (celles-ci sont créées en partie par les très belles images de Stefan Ivanov et le superbe climat musical de Robert M. Lepage), cette «fiction aux confins de l'Amérique» est parsemée de moments intenses, lesquels permettent aux acteurs de s'abandonner avec talent. Musique, sexe, quêtes affectives et familiales figurent au programme d'un film écorché, imparfait, mais prenant. (La Presse, 24 février 2000)

RETOUR

DE NOUVEAUX NOMS ÉMERGENT

Ils n'en étaient pas tous à leur premier long métrage, mais on remarque néanmoins l'émergence de plusieurs cinéastes en ce début de millénaire. Agnès Jaoui, déjà bien connue en tant que scénariste avec son partenaire Jean-Pierre Bacri, a proposé *Le goût des autres*, un long métrage qui, encore aujourd'hui, reste son meilleur à titre de réalisatrice. Son film a attiré plus de quatre millions de spectateurs en France et fut aussi gratifié du César du meilleur film de l'année.

« Je vous avouerai que le succès est une notion virtuelle pour moi. Lorsqu'on s'attaque à la réalisation de son premier film, on ne pense pas nécessairement à la notion de "succès", mais plutôt aux angoisses liées à l'idée de ne pas être à la hauteur ! Et ce dont les gens me parlent le plus à propos du Goût des autres, *c'est du texte !* », m'a-t-elle dit à l'époque.[34]

Déjà remarqué grâce à *Little Odessa*, James Gray s'est aussi démarqué en 2000 avec *The Yards*. Âgé de 30 ans à peine, le cinéaste américain se tient résolument loin des standards hollywoodiens et n'a que faire des effets de mode qu'empruntent souvent les cinéastes de sa génération. Pour rendre hommage au grand cinéma américain des années 70, Gray a en outre fait appel à trois vétérans : Ellen Burstyn, Faye Dunaway et James Caan.

« Dans The Yards, *j'ai tenté de transposer la sensibilité des années 70 dans une réalité contemporaine. J'ai voulu jeter un pont entre le*

---

34. *La Presse,* 25 août 2000.

film d'art et d'essai (qui se résume trop souvent aujourd'hui à une entreprise purement formelle, généralement dénuée d'émotion) et le cinéma plus populaire. Aux États-Unis, il est difficile d'imposer une production qui ne s'insère dans aucun de ces deux grands courants parce qu'elle peut être rejetée d'emblée sur la base même de sa différence. Heureusement, un succès comme celui qu'a obtenu American Beauty *indique qu'il y a encore de l'espoir.* »[35]

Sur le flanc « local », Rodrigue Jean. Je n'ai jamais eu la chance de rencontrer l'énigmatique cinéaste acadien. Qui, tel Réjean Ducharme, refuse que son image apparaisse dans les médias. Il s'est distingué avec *Full Blast,* son premier long métrage, en jetant les bases d'un univers singulier, caractérisé par une authenticité de tous les instants. Comme en témoignera plus tard *Hommes à louer,* Jean est aussi un brillant documentariste.

Selon Ang Lee, tout cinéaste d'origine asiatique doit se frotter un jour ou l'autre au film d'arts martiaux. C'est ainsi qu'il justifiait *Tigre et Dragon* auprès de ceux qui lui faisaient remarquer que cette production tranchait nettement sur ses précédentes. « *Quand est venu le moment d'expliquer le projet, j'ai simplement dit qu'il s'agissait de* Raison et Sentiments *avec du kung-fu!* » m'avait-il dit lors d'un entretien téléphonique.[36]

Bien lui en prit. Son film — magnifique — a non seulement obtenu l'Oscar du meilleur film en langue étrangère, mais il fut cité aux Oscar 10 fois, un record pour une production tournée dans une autre langue que l'anglais.

La réputation de Peter Lord et Nick Park était déjà bien établie dans le domaine du cinéma d'animation (irrésistible série *Wallace & Gromit*) et leur incursion dans le domaine du long métrage fut

---

35. *La Presse,* 3 février 2001.
36. *La Presse,* 2 décembre 2000.

évidemment couronnée de succès. À mon sens, *Chicken Run* reste, encore aujourd'hui, l'une des plus belles réussites du genre.

Beau travail reste sans contredit le plus beau film de Claire Denis à ce jour. Quant à Frédéric Fonteyne, son excellent coup d'envoi, *Une liaison pornographique,* n'a malheureusement pas été suivi de productions marquantes.

Les vétérans Carlos Saura, Neil Jordan et Lars Von Trier ont aussi livré l'un de leurs meilleurs films cette année-là.

★ Portrait ★
LARS VON TRIER

LE TRUBLION DANOIS

· ·

On le dit «enfant terrible», «provocateur», «iconoclaste». En 2011, Lars Von Trier a été déclaré *persona non grata* au Festival de Cannes à cause d'une blague de mauvais goût, lancée au beau milieu d'une conférence de presse. En gros, le réalisateur d'*Antichrist* a avoué une «petite» sympathie à Adolf Hitler. Il s'est aussi déclaré nazi…

Incontestablement l'une des plus grandes vedettes du monde du cinéma des trois dernières décennies, Von Trier est pourtant une créature du Festival de Cannes. Qui l'a sélectionné en compétition officielle dès *Element of Crime,* son tout premier long métrage en

1984 (*Images d'une libération*, présenté à Berlin en 1982, était un moyen métrage). En 2011, il en était à sa dixième sélection là-bas.

En 2006, j'ai eu le plaisir de me rendre à Copenhague, où était présenté là-bas, en primeur mondiale, *The Boss of it All*, une comédie plutôt mineure qu'il avait choisi de lancer chez lui plutôt qu'ailleurs. J'ai alors eu droit à une visite guidée des studios Zentropa. Et à un entretien d'une durée d'une heure seul à seul avec lui. Il ne faut pas plus d'une minute seul en sa compagnie pour se rendre compte qu'en public, son sens de la provocation notoire masque une timidité quasi maladive.

Depuis très longtemps, Lars Von Trier est agoraphobe. Il ne sort pratiquement plus du Danemark, sauf en de rares exceptions. Quand un film est sélectionné au Festival de Cannes, il parcourt les quelques milliers de kilomètres qui séparent le Royaume de la Croisette en caravane.

Aux studios Zentropa, entreprise qu'il a fondée en 1992 avec son partenaire d'affaires Peter Aalbaek Jensen, il se déplace entre les unités dans une voiturette de golf dans laquelle ne peut s'installer la moindre impression d'enfermement. Ses installations personnelles sont situées tout au bout du terrain, dans une petite maison qui lui tient lieu de bureau. Il travaille là, au milieu des livres, des objets, des équipements audio-visuels, des divers documents relatifs aux nombreux projets dans lesquels Zentropa est impliquée. C'est là que l'on a reconduit le journaliste de La Presse (en kart!) pour laisser ensuite le maître des lieux accueillir seul son invité.

Rayon ironie, on notera les nains de jardin qui montrent leur cul; les drapeaux danois accrochés à l'envers; le bâtiment réservé aux monteurs, dont les murs sont peints du même vert que celui que l'on retrouve dans les prisons américaines où attendent les condamnés à mort. «Les monteurs travaillent pratiquement jour et nuit. C'est un peu comme une sentence!» nous a expliqué Füsun Eriksen, la directrice des communications qui, pour l'occasion, a servi de guide à l'envoyé de La Presse. *On remarquera aussi les citations de Mao inscrites sur ces mêmes murs, histoire de bien faire son plein de doctrine...*[37]

Depuis cette époque, Von Trier a subi les affres de la dépression. Dont il s'est remis en tournant des films : *Antichrist, Melancholia.* Il y a aussi eu l'épisode malheureux à Cannes. Le délégué général Thierry Frémaux a toutefois déclaré que la sentence était applicable en 2011 seulement et que Von Trier pourrait fort bien être réinvité sur la Croisette. Le prochain opus du cinéaste hyperdoué, *Nymphomaniac,* fait depuis des mois l'objet d'une campagne promotionnelle originale et savamment orchestrée. Pratiquant toujours l'humour de façon acerbe, le cinéaste a notamment fait circuler une photo dans laquelle on le voit avec un sparadrap sur la bouche.

« La cinquantaine t'amène forcément à réfléchir sur le sens de la vie, dit-il dans un très bon anglais aux accents germaniques. Je me suis rendu compte que j'étais fatigué d'angoisser à propos de toutes sortes de choses. Si je devais, aujourd'hui, choisir entre faire de bons films, en me torturant l'esprit, ou mener une belle vie sans angoisses, je choisirais sans hésiter la belle vie. Il n'est toutefois pas dit que j'aurais fait le même choix il y a 20 ans. »[38]

---

37. *La Presse,* 21 octobre 2006.
38. *Ibid.*

2001

★ 1 ★
LE FABULEUX DESTIN D'AMÉLIE POULAIN
Jean-Pierre Jeunet (France)

Avec Audrey Tautou, Mathieu Kassovitz, Rufus.

...

Une jeune serveuse dans un bar de Montmartre se donne la mission de faire le bien autour d'elle.

Un bijou. Un concentré de bonheur sur pellicule. Parsemé de bouffées de tendresse, marqué par des traits de mise en scène aussi inventifs qu'étonnants, peuplé de personnages tous plus savoureux les uns que les autres, Le Fabuleux Destin d'Amélie Poulain *vous accrochera le sourire au cœur pour un bon bout de temps. (La Presse, 18 août 2001)*

★ 2 ★
IN THE MOOD FOR LOVE (Les silences du désir)
Wong Kar-wai (Hong Kong)

Avec Maggie Cheung, Tony Leung Chiu-Wai, Rebecca Pan.

...

Découvrant que leurs époux respectifs ont une liaison, un journaliste et une secrétaire se sentent attirés l'un par l'autre.

Le réalisateur de Chungking Express *est parti d'une histoire des plus banales pour accoucher d'un film somptueux dans lequel la mise en scène n'est rien de moins qu'éblouissante. Mettant en vedette les excellents Maggie Cheung et Tony Leung Chiu-Wai (ce dernier a obtenu le Prix d'interprétation du Festival de Cannes), ce drame romantique campé dans le Hong Kong des années 60 frôle parfois le sublime. (La Presse, 25 octobre 2003)*

★ 3 ★
INTIMACY (Intimité)
Patrice Chéreau (France)
Avec Mark Rylance, Kerry Fox, Timothy Spall.

...

La nature d'une relation entre deux amants inconnus change le jour où l'homme essaie d'en savoir un peu plus sur sa partenaire sexuelle.

À travers ce parcours intime, celui de l'esprit mais aussi beaucoup celui du corps, le cinéaste trouve un écho à ses préoccupations habituelles. Sans chercher à plaire, encore moins à séduire, en y allant au plus cru sans tomber dans la provocation, Chéreau accouche ici de son plus beau film. (La Presse, 18 août 2001)

★ 4 ★
AMORES PERROS (Amours chiennes)
Alejandro González Iñárritu (Mexique)
Avec Emilio Echevarría, Gael García Bernal, Goya Toledo.

...

À la suite d'un accident de voiture, trois histoires différentes s'entremêlent.

Voilà le film qui fait basculer le cinéma latino-américain dans la modernité. Le cinéaste mexicain Alejandro González Iñárritu propose ici un drame urbain fébrile et nerveux, duquel émane, sous ses apparences violentes, une bonne dose d'humanité. La réalisation, très maîtrisée, est à l'avenant. On en reste soufflé. (13 avril 2001)

★ 5 ★
LA PIANISTE
Michael Haneke (France)
Avec Isabelle Huppert, Benoît Magimel, Annie Girardot.

...

Au Conservatoire de Vienne, un élève tombe amoureux d'une honorable professeure de piano à la sexualité morbide.

Haneke s'est attaqué à un roman d'Elfriede Jelinek, une auteure autrichienne. À travers cet ouvrage, la romancière a voulu raconter le dérapage d'une de ces femmes portant le poids d'une haute culture musicale dont elles sont à la fois les héritières et les esclaves. Ce film dérangeant fascine et captive de bout en bout. (La Presse, 15 mai 2001)

★ 6 ★
15 FÉVRIER 1839
Pierre Falardeau (Québec)

Avec Luc Picard, Frédéric Gilles, Sylvie Drapeau.

...

En 1839, des Patriotes condamnés à la pendaison vivent leurs dernières heures.

Pierre Falardeau n'avait pas le droit à l'erreur avec ce film. Par bonheur, le sien et le nôtre, il est carrément ici touché par l'état de grâce. Bien construit, magnifiquement écrit, le scénario évite tous les excès redoutés pour plutôt offrir une vision prenante de notre histoire. Sylvie Drapeau et Luc Picard sont émouvants au point où l'on a du mal à s'en remettre... (26 janvier 2001)

★ 7 ★
VA SAVOIR
Jacques Rivette (France)

Avec Jeanne Balibar, Sergio Castellitto, Jacques Bonnaffé.

...

À l'occasion d'une tournée, une actrice française habitant l'Italie revient à Paris et confronte une ancienne histoire sentimentale.

Le vétéran Rivette offre ici une comédie inspirée, jeune d'esprit, campée dans le milieu théâtral. Fortement marqué par la personnalité des interprètes (fidèle à son habitude, Rivette part d'une ébauche afin de construire ensuite son récit avec les acteurs), Va savoir *figurait parmi les grands favoris à Cannes. D'où il est pourtant rentré bredouille. Magnifique composition de Jeanne Balibar. (La Presse, 13 octobre 2001)*

★ 8 ★
ALI
Michael Mann (États-Unis)

Avec Will Smith, Jamie Foxx, Jon Voight.

...

Le parcours de Muhammad Ali, devenu une légende vivante de la boxe.

*Le cinéaste Michael Mann (*The Insider*) aura ici réussi un magnifique portrait impressionniste, évitant par le fait même les pièges du drame biographique traditionnel. Un peu comme des envolées qui s'harmoniseraient au quotidien comme autant de tableaux vivants. Plus qu'un film sur la boxe,* Ali *est le concentré d'une décennie en ébullition. (La Presse, 22 décembre 2001)*

★ 9 ★
LA CHAMBRE DU FILS (La stanza del figlio)
Nanni Moretti (Italie)

Avec Nanni Moretti, Laura Morante, Jasmine Trinca.

...

La vie d'une famille est profondément transformée après la mort accidentelle du fils adolescent.

Délicat, pudique, admirablement construit et magnifiquement interprété, ce drame psychologique se révèle même carrément poignant par moments. Atteignant une nouvelle maturité, saisi de nouvelles préoccupations, Moretti propose ici une réflexion troublante qui, dans un autre contexte, aurait facilement pu verser dans le mélo de bas étage. (La Presse, 4 août 2001)

★ 10 ★
LA CONFUSION DES GENRES
Ilan Duran Cohen (France)

Avec Pascal Greggory, Nathalie Richard, Vincent Martinez.

...

Un avocat volage de 40 ans tente d'atteindre un peu plus stabilité dans sa vie personnelle.

Ilan Duran Cohen pose ici les jalons d'un chassé-croisé amoureux et sexuel au cours duquel quelques belles questions existentielles sont lancées. Avec des dialogues incisifs, parfois brillants (on ne se surprend guère d'apprendre la participation de Jacques Audiard à l'écriture), l'auteur cinéaste sait se faire à la fois grave et léger, touchant et drôle. (La Presse, 11 août 2001)

RETOUR

. . . .

LE MIROIR DU MONDE

Il est 8 h 30. Le matin est radieux. Parmi les projections programmées à la même heure au Festival de Toronto ce matin-là : *Monsoon Wedding* de Mira Nair, film lauréat du Lion d'or de la Mostra de Venise trois jours plus tôt. À la sortie de la salle du Varsity, vers 10 h 15, je traverse Bloor Street pour me rendre au bureau qu'occupe au 20e étage d'un immeuble le service publicitaire de *La Presse* à Toronto. Je dois récupérer là une enveloppe. La rue est anormalement agitée. Voitures de police et camions de pompiers défilent à toute allure vers je ne sais où. Un gros incendie, j'imagine. En me remettant la correspondance qui m'était destinée, la réceptionniste, Carmen, qui a bien dû voir à mon attitude que je ne savais rien encore, me raconte en gros ce qui se passe. Je crois à une mauvaise blague. Dans l'ascenseur qui me ramène à la sortie, un petit écran fige les images des deux tours fumantes du World Trade Center.

Voici comment j'avais décrit de quelle manière le TIFF avait vécu le 11 septembre :

En sortant rue Bloor, la tension était palpable. Dans Bay Street, le cœur financier du pays, des camions de pompiers filaient à toute allure avec force sirènes, suivis d'un cortège de voitures de police. Personne ne l'a dit clairement, mais Toronto s'est vraiment sentie menacée pendant un moment. On craignait pour la Bourse, pour la Tour CN, des banques ont été fermées, quantité d'employés furent retournés chez eux.

À 12 h 30, soit après la deuxième projection, tous les événements du festival (conférences de presse, hommages, réceptions, etc.) ont été annulés pour la journée. À 14 heures, tous les projecteurs se sont éteints.

Après avoir appris l'annulation ou le report de quantité de grands événements publics (sports professionnels, Latin Grammy Awards, Emmy Awards), nombreux sont ceux qui croyaient que le festival cesserait tout simplement le reste de ses activités.

À 16 h 30, le directeur Piers Handling, flanqué de Michèle Maheux, directrice des opérations, est venu annoncer qu'après consultation avec les différents partenaires, la décision avait été prise de poursuivre quand même les activités du festival dès aujourd'hui.

« Nous n'avons jamais rien vécu de comparable », a expliqué Handling d'une voix sombre au beau milieu de la salle des conférences du Park Hyatt Hotel, bondée au point où de nombreux journalistes ont dû être refoulés à la salle de presse.

« Nous sommes bien entendu sensibles à l'aspect sécuritaire de notre événement et nous tentons d'adopter la bonne attitude dans les circonstances. Par respect pour ceux directement touchés par la tragédie, nous avons cessé toutes nos activités aujourd'hui (hier).

« Nous sommes tous en état de choc, a-t-il ajouté. Pour l'instant, nous comptons quand même poursuivre les activités du festival mais cette décision peut évoluer au fil de nouveaux développements. Une chose est sûre, c'est qu'on ne peut adopter l'attitude du business as usual. *Toronto est en état d'urgence. »*[39]

Le destin a fait en sorte que Jeanne Moreau soit la première personnalité à prendre la parole publiquement au lendemain des attentats. Elle a su trouver les mots, le ton. Et elle a déclaré que le cinéma était le miroir du monde. Il le reste toujours. Même si, certains jours, il se brise en mille morceaux.

---

39. *La Presse,* 12 septembre 2001.

AVEC MOI. OU MANGE DE LA MARDE.

• •

J'aimais beaucoup Pierre Falardeau. J'aimais moins son personnage public. Variation du docteur Jekyll et Mister Hyde. Hypersensible, ouvert d'esprit, attentif aux autres en privé; tonitruant, radical, intolérant et parfois goujat en public. Il ne me l'a jamais dit clairement, mais je crois que mon parcours l'a un peu étonné. «Toé Lussier, osti, je t'ai connu t'étais à CIBL câlisse, pis là te v'là rendu à' grosse *Presse* tabarnak. L'envoyé de Power sacrament!» J'ai toujours su qu'il m'aimait bien…

J'avais écrit ce texte à sa mort:

J'ai déjà dit à Pierre Falardeau qu'il était schizo. Dans son cinéma comme dans la vie. Je ne pouvais pas expliquer autrement l'approche d'un cinéaste capable d'offrir à son peuple un grand film comme 15 février 1839 *et de se vautrer en même temps dans le populisme et la vulgarité des «séquelles» d'*Elvis Gratton *(2 et 3). J'avais aussi du mal à comprendre comment un être aussi modeste, aussi sensible, aussi affable dans sa vie privée pouvait se transformer en bête féroce et sanguinaire dès qu'il mettait son grain de sel dans le débat public.*

Il était parti à rire. De toutes ses dents. Avec sa voix de stentor, entre deux quintes de toux, il m'avait répondu : « Osti Lussier, t'es comme les autres, tabarnak ! T'as rien compris ! »

Falardeau n'aimait pas qu'on lui dise que le personnage de Gratton lui avait échappé. Ni que l'aspect hautement satirique de cet archétype du colonisé, né dans le spleen postréférendaire de 1980, passait complètement par-dessus la tête d'une certaine partie de son public. « C'est pas grave, m'avait-il dit. Il y a des trucs qui m'ont fait rire alors que j'étais jeune, et dont j'ai compris la signification beaucoup plus tard. Même s'il y en a qui prennent Gratton au premier degré, je me dis que l'idée fait quand même son chemin. »

Quelques heures après l'annonce de la mort du réalisateur du Party*, j'ai entendu le grand Michel Brault dire à la télé que Falardeau était un « patriote flamboyant et impatient ».*

Peut-être les enflures verbales du polémiste en colère étaient-elles dues à cette impatience justement. Publiquement, Falardeau était sans nuances. Aucune zone grise. Tout noir, tout blanc. T'es avec moi. Ou ben mange de la marde.

Cette colère se retrouvait aussi dans ses films, bien entendu. Il était particulièrement fier de celle qu'il exprimait dans la narration du Temps des bouffons*, un film culte, tourné lors d'un banquet du Beaver Club, produit de façon totalement indépendante. « Au Ghana, les pauvres mangent du chien. Ici, ce sont les chiens qui mangent du pauvre. Et ils prennent un air surpris quand on en met un dans une valise de char ! » pouvait-on l'entendre dire, entre autres choses. Il voulait que son commentaire soit le plus violent possible afin d'évoquer le profond dégoût que lui inspirait cette célébration du vieux système colonial britannique. « Pourquoi l'art devrait-il être neutre ? » demandait-il.*

Le personnage public étant sur la ligne de front, il n'est pas dit que son cinéma en ait bénéficié pour autant. Si, par exemple, les sympathisants habituels ont évidemment beaucoup apprécié 15 février 1839*, d'autres,* *en revanche, n'ont pu faire abstraction de la personnalité du cinéaste en voyant le même film.*

Il serait pourtant dommage de passer à côté d'une œuvre cinématographique aussi conséquente, même si elle fut produite par un pamphlétaire à grande gueule, dont on ne compte plus les déclarations intempestive et démesurées.

J'ose espérer que les générations futures, qui n'entretiendront pas avec le personnage des rapports aussi passionnés que nous, auront l'occasion de redécouvrir certains films. Ils pourront alors les apprécier à leur juste valeur, sans y accoler leurs propres idées préconçues. Aux trois longs métrages phares Le Party, Octobre *et* 15 février 1839, *j'ajouterais des documentaires, dont plusieurs furent conjointement réalisés avec Julien Poulin, le vieux compagnon d'armes (pour qui nous avons d'ailleurs aujourd'hui une pensée).*

Je pense à Speak White, *une sublime mise en images du célèbre poème de Michèle Lalonde. Je pense au tout premier court métrage d'*Elvis Gratton *aussi. De même qu'à l'incontournable* Temps des bouffons. *À cet égard, le coffret* Falardeau Poulin : À force de courage, *anthologie* 1971-1995 *regorge de productions dont Gilles Groulx, la grande idole du cinéaste disparu, n'aurait pas à rougir.*

La voix de Falardeau éteinte, son œuvre lui survivra. Et pourrait même s'épanouir différemment. C'est en tout cas la grâce qu'on lui souhaite.[40]

---

40. *Le Droit, Le Quotidien,* 28 septembre 2009.

2002

★ 1 ★
PARLE AVEC ELLE (Hable con ella)
Pedro Almodóvar (Espagne)

Avec Javier Cámara, Darío Grandinetti, Leonor Watling.
...

Deux hommes se lient d'amitié en veillant deux femmes dans le coma, soignées à la même clinique.

Un film aussi beau, aussi fort, aussi poignant que Tout sur ma mère. *Fidèle à son habitude, le chantre de la Movida propose dans son récit des situations tragico-miques pour ensuite entraîner le spectateur dans un tourbillon d'émotions dont il ne peut sortir indemne. À moins d'un revirement, vous ne verrez pas de plus beau film cette année. (La Presse, 28 octobre 2002)*

★ 2 ★
THE PIANIST (Le pianiste)
Roman Polanski (France)

Avec Adrien Brody, Thomas Kretschmann, Frank Finlay.
...

Durant la Seconde Guerre mondiale, un célèbre pianiste juif polonais parvient à survivre en restant caché près du ghetto de Varsovie.

De facture classique, The Pianist *fait indéniablement partie des œuvres les plus fortes de Roman Polanski. Des scènes saisissantes de réalisme — en même temps très pudiques — ponctuent un récit dans lequel on trouve aussi quelques moments empreints de poésie. Dommage que les contraintes économiques aient forcé le cinéaste à tourner cette histoire dans la langue de Shakespeare. Cela dit, Polanski n'a quand même pas volé sa Palme d'or.*
(La Presse, 17 octobre 2002)

★ 3 ★

FAR FROM HEAVEN (Loin du paradis)

Todd Haynes (États-Unis)

Avec Julianne Moore, Dennis Quaid, Dennis Haysbert, Patricia Clarkson.

...

À la fin des années 50, la vie d'une parfaite « reine du foyer » s'écroule quand celle-ci découvre la vraie nature de son mari...

On peut pratiquement tracer ici un parallèle entre la démarche de Todd Haynes et celle de François Ozon. Dans la mesure où les deux cinéastes revendiquent l'esthétisme outrageant propre au cinéma américain des années 50 pour ensuite mieux dynamiter le propos en y insérant des préoccupations modernes. Cela dit, Haynes propose un dosage plus fidèle à l'esprit de l'époque. (La Presse, 18 octobre 2002)

★ 4 ★

L'EMPLOI DU TEMPS

Laurent Cantet (France)

Avec Aurélien Recoing, Karin Viard, Serge Livrozet.

...

Un père de famille cache à son entourage la perte récente de son emploi et s'enferme dans un cercle vicieux de mensonges.

Laurent Cantet installe une atmosphère aussi inquiétante que fascinante. Grâce à une mise en scène précise, bien maîtrisée (les images sont magnifiquement composées, les cadrages extrêmement soignés), le réalisateur de Ressources humaines *nous entraîne au cœur d'un trouble. Qu'il maintient pendant plus de deux heures. (La Presse, 16 février 2002)*

★ 5 ★

BOWLING FOR COLUMBINE (Bowling à Columbine)

Michael Moore (États-Unis)

Le documentariste Michael Moore explore la fascination qu'ont ses compatriotes pour les armes à feu.

Une démonstration par l'absurde où Moore explique comment, dans le royaume de George « Dubya » Bush, on entretient une culture de la violence en instaurant un climat de paranoïa perpétuel. Partant de la tuerie de l'école Columbine, le

cinéaste brosse un portrait implacable de la société américaine, de la logique terrifiante qui l'anime, de ses modes de fonctionnement.
(La Presse, 12 octobre 2002)

★ 6 ★
COMMENT J'AI TUÉ MON PÈRE
Anne Fontaine (France)

Avec Michel Bouquet, Charles Berling, Natacha Régnier.

...

Un réputé gérontologue voit réapparaître son père dont il n'avait pas eu de nouvelles depuis son enfance.

La « manière » Anne Fontaine s'affine encore ici. Elle pose une situation, soit les retrouvailles inattendues entre un vieil homme et son fils, et s'incruste subrepticement pour en révéler les ramifications complexes. Charles Berling et Michel Bouquet modulent cette partition avec finesse et subtilité. (1er novembre 2002)

★ 7 ★
GANGS OF NEW YORK (Les gangs de New York)
Martin Scorsese (États-Unis)

Avec Leonardo DiCaprio, Daniel Day-Lewis, Cameron Diaz, Jim Broadbent.

...

Au 19e siècle, le fils d'un pasteur irlandais revient à New York après 16 ans d'exil pour venger l'assassinat de son père.

Il en rêvait depuis longtemps et il n'a pas raté son coup. Martin Scorsese propose ici un film somme en forme de fresque historique, laquelle évoque les mythes fondateurs de la société américaine. Il pose en outre un regard grinçant en confrontant les idéaux démocratiques à la réalité. (20 décembre 2002)

★ 8 ★
LANTANA
Ray Lawrence (Australie)

Avec Anthony LaPaglia, Geoffrey Rush, Barbara Hershey.

...

La disparition d'une personne provoque des remises en question chez une dizaine d'individus.

Bien qu'il fonctionne aussi sur la base du suspense, Lantana *propose surtout une formidable étude psychologique. Ray Lawrence, qui, après* Bliss, *signe ici son deuxième long métrage en 15 ans, met de l'avant une histoire habilement construite (on pense parfois à* Short Cuts *d'Altman), pertinente, riche en ce qu'elle explore sans faux-fuyants la complexité des rapports humains.*
(La Presse, 20 avril 2002)

★ 9 ★
Y TU MAMÁ TAMBIÉN (Et... ta mère aussi!)
Alfonso Cuarón (Mexique)

Avec Gael García Bernal, Diego Luna, Maribel Verdu.

...

L'amitié indéfectible entre deux jeunes hommes de 17 ans est compromise par l'arrivée d'une femme d'au moins 10 ans leur aînée.

Le renouveau du cinéma mexicain est bien réel. Alfonso Cuarón emprunte au cinéma américain les préceptes du film initiatique pour mieux les revisiter à sa manière. Du coup, une image beaucoup moins traditionnelle du Mexique se dessine. Son portrait se révèle moderne, plein d'énergie et tendre à la fois. À suivre. (22 mars 2002)

★ 10 ★
8 FEMMES
François Ozon (France)

Avec Catherine Deneuve, Isabelle Huppert, Danielle Darrieux, Fanny Ardant.

...

Le maître d'une maison étant trouvé mort dans sa chambre, huit femmes de son entourage sont suspectées de meurtre.

Le réalisateur de Sous le sable *a concocté ici un emballant thriller glamour dans lequel s'affrontent quelques-unes des plus grandes actrices du cinéma français. Cocktail explosif et féroce dans lequel l'humour noir n'entrave en rien les élans d'émotion,* 8 Femmes *se révèle à la hauteur de nos (très) grandes attentes. Et se déguste comme un bonbon acidulé. (La Presse, 1er septembre 2002)*

RETOUR

• •

UNE PERSONNALITÉ MÉDIATIQUE EST NÉE

Une sélection vraiment solide, dominée par *Parle avec elle,* l'un des plus beaux films de Pedro Almodóvar. Mais cela n'est pas vraiment une surprise. Comme ne l'est pas non plus la présence de *The Pianist,* lauréat de la Palme d'or du Festival de Cannes. Quant à Martin Scorsese, il n'a pas déçu avec *Gangs of New York,* un film somme dont la (longue) fabrication fut pourtant difficile.

En revanche, des cinéastes qui s'étaient déjà fait remarquer grâce à des films ayant obtenu des succès critiques se démarquent enfin : Todd Haynes (*Velvet Goldmine*) s'est imposé grâce à *Far From Heaven.* Il en est ainsi de Laurent Cantet et d'Alfonso Cuarón. Ce dernier, qui avait déjà réalisé quelques longs métrages avant *Y Tu Mamá También,* a vu s'ouvrir devant lui toutes les portes grâce à son excellent « petit » film mexicain. Lequel devait aussi confirmer l'arrivée de Gael García Bernal parmi les jeunes acteurs les plus intéressants du moment.

Le trublion Michael Moore, qui n'en était quand même pas à son premier long métrage (*Roger & Me* avait déjà fait sensation) est devenu une personnalité médiatique incontournable grâce, d'une part, à *Bowling for Columbine,* mais aussi, d'autre part, en raison de ses dénonciations virulentes des politiques du gouvernement américain, que dirigeait alors le tandem George W. Bush — Dick Cheney. À la cérémonie des Oscar en 2003, il fut pratiquement le seul artisan américain à profiter de la tribune pour critiquer l'opération militaire en Irak, vieille alors de quelques jours à peine. Il faut rappeler qu'à cette époque, il fallait un certain courage pour s'en prendre aux politiques du gouvernement américain, d'autant que là-bas, les médias étaient pratiquement tous à la traîne et n'osaient les remettre en question. À part Michael Moore, Sean Penn, Spike Lee et quelques autres, les artisans du cinéma américain on préféré s'emmurer dans le silence. Quelle déception.

Ray Lawrence n'a par ailleurs tourné qu'un seul film depuis *Lantana* (*Jyndabyne,* inconnu au bataillon). Anne Fontaine s'enlignait vraiment pour offrir une œuvre singulière avec, coup sur coup, *Nettoyage à sec* et *Comment j'ai tué mon père*. Elle s'est malheureusement un peu éparpillée depuis. Quant à François Ozon, sa proposition était pour le moins gonflée : *8 Femmes* n'a évidemment pas fait l'unanimité. Personnellement, je le revois aujourd'hui avec toujours autant de plaisir.

★ Portrait ★
ROMAN POLANSKI

ALLONS PLUTÔT BOUFFER !

• •

C'était un dimanche après-midi. Le téléphone sonne. Roman Polanski vient de se faire arrêter en Suisse. Pour un crime sexuel commis 31 ans plus tôt aux États-Unis, où l'affaire demeure toujours pendante aux yeux de la justice. Le cinéaste fut cueilli par les limiers dès sa descente d'avion à Zurich, où le soir même, il devait recevoir un prix d'honneur pour l'ensemble de sa carrière. Le rédacteur en chef me demande d'écrire un billet pour commenter l'affaire. La façon dont les autorités s'y sont prises pour mettre le grappin sur le cinéaste — un guet-apens en vérité — me semblait inacceptable. Plusieurs dirigeants de grands festivals de cinéma ont immédiatement dénoncé la façon dont ce nouveau chapitre dans la vie de Polanski était en train de s'écrire.

Au-delà de toutes les ramifications morales liées à cette affaire, les circonstances de cette arrestation restent quand même troublantes. Les festivals de cinéma permettent en effet la libre circulation des œuvres et des idées. Les cinéastes y trouvent habituellement un espace où, même interdites dans leur propre pays ou ailleurs, leurs œuvres sont célébrées. Parlez-en aux cinéastes chinois ou iraniens. Pensons aussi à tous ces réalisateurs qui, souvent au péril de leur propre sécurité, tournent des films sous le manteau. Dans le cadre des festivals, les artistes bénéficient habituellement d'une certaine «immunité diplomatique». On me dira que la dissidence politique n'a évidemment rien à voir avec une affaire de mœurs. C'est vrai. N'empêche qu'un lien de confiance vient d'être brisé en Suisse.

Polanski, un citoyen français, a reçu une invitation du Festival de Zurich. Il l'a acceptée. Il s'y est présenté. On le garde maintenant en «détention provisoire en attente d'extradition», en vertu d'une entente avec un pays étranger. Il y a là quelque chose de choquant.[41]

Courriels et messages haineux ont suivi. «Je ne sais pas si vous êtes père d'une fille de 13 ans mais si vous l'êtes, je souhaite qu'elle se fasse violer par un pédophile!» et autres messages du même acabit ont déferlé pendant des semaines. Encore aujourd'hui, la mention du nom «Polanski» dans un texte entraîne inévitablement de pareils dérapages. Aux yeux de certaines personnes, le simple fait de parler d'un film réalisé par Polanski vous rend d'office complice de viol et de pédophilie. Comme une forme de tribunal populaire dans ce qu'il a de plus répréhensible, de plus vil, de plus sanglant. Aucune discussion possible dans ces circonstances.

---

41. *La Presse,* 28 septembre 2009.

À quelques exceptions près, personne n'avait pourtant poussé de hauts cris sept ans plus tôt, alors que Polanski, qui ne s'était évidemment pas rendu à Los Angeles pour l'occasion, était célébré par tout le gratin hollywoodien. En 2002, on lui a même attribué l'Oscar de la meilleure réalisation pour *The Pianist*.

L'animateur Steve Martin avait d'ailleurs bien fait rire l'auditoire en laissant croire que Roman Polanski était assis dans la salle. « *Get him !* » avait-il lancé.

Mis à part cet épisode vraiment désagréable, je retiens aussi un autre grand moment « polanskien » survenu celui-là en 2007, à l'occasion du 60e anniversaire du Festival de Cannes.

L'une des conférences de presse les plus courues fut celle organisée à l'occasion de la présentation officielle de Chacun son cinéma. *Trente-trois des 35 cinéastes ayant participé à ce film collectif, mis sur pied à l'occasion du 60e anniversaire du festival, étaient pour l'occasion réunis sur la scène de la salle Buñuel, au cinquième étage du Palais des Festivals, devant quelques centaines de journalistes. Ils y étaient tous : Atom Egoyan, Manoel de Oliveira, Wong Kar-wai, Cronenberg, Iñàrritu, Wenders, Moretti, les Coen, les Dardenne, bref, le gratin du cinéma international s'offrait à nous.*

Puis, quelques distingués représentants de la faune journalistique commencent à poser des questions. Toutes plus insipides les unes que les autres. Certaines d'entre elles sont carrément insultantes tellement elles reflètent une profonde ignorance des créateurs à qui elles sont adressées, et du septième art en général. On se demande par quel miracle les gens qui posent ce genre de questions parviennent à se faire accréditer dans le plus grand festival de cinéma du monde. C'est un peu comme si on dépêchait à la ronde finale du Tournoi des Maîtres quelqu'un qui confond Tiger Woods et Mike Tyson. Ou, au sommet du G8, un scribouillard qui ne pourrait pas distinguer Nicolas Sarkozy de Stephen Harper. Quand Polanski s'est fait demander par une « journaliste » s'il préférait tourner aux

États-Unis plutôt qu'en Europe, ce fut la goutte qui a fait déborder le vase.

Sidéré, le réalisateur du Pianiste, qui n'a pas tourné en Amérique depuis 34 ans, a alors suggéré qu'on coupe court à la conférence.

«C'est une occasion unique, vraiment rare, d'avoir une telle assemblée de metteurs en scène importants pour discuter face à un public de critiques, a-t-il dit. Je n'en reviens pas que vos questions soient aussi pauvres! Je crois que l'emploi de l'ordinateur vous a abaissés à ce niveau. C'est pour ça que vous en savez vraiment si peu sur nous. Alors, franchement, allons plutôt bouffer!» Sur ce, le cinéaste, assis au beau milieu de la scène, s'est levé. Et il est sorti. En voyant Polanski se rebiffer de la sorte, les 32 autres réalisateurs ont hésité un moment en se demandant s'ils ne devaient pas le suivre. Aucun n'a osé. Ils auraient pourtant eu mille fois raison de le faire.[42]

---

42. *La Presse,* 2 mai 2008.

2003

★ 1 ★
LES INVASIONS BARBARES
Denys Arcand (Québec)

Avec Rémy Girard, Stéphane Rousseau, Marie-Josée Croze.

...

Hospitalisé pour un cancer, Rémy voit rappliquer son fils, de même que ses amis universitaires.

Un film extraordinairement émouvant. Non seulement par son propos, mais aussi par cette manière habile avec laquelle le réalisateur du Déclin *apostrophe la réalité sociale contemporaine. L'histoire retiendra en outre les qualités d'auteur d'un cinéaste d'exception. En ce sens, le Prix du meilleur scénario obtenu au Festival de Cannes cette année ne pouvait être plus mérité.*
(La Presse, 1ᵉʳ novembre 2003)

★ 2 ★
SON FRÈRE
Patrice Chéreau (France)

Avec Bruno Todeschini, Éric Caravaca, Nathalie Boutefeu.

...

Deux frères n'ayant pas beaucoup d'affinités se rapprochent quand l'un d'eux se meurt d'une maladie incurable.

Tout autant que dans cette façon de filmer les corps, même meurtris, avec une infinie sensualité, c'est aussi dans cette manière de «dénuder» l'intimité intellectuelle de ses personnages que Chéreau puise la force de son cinéma. Il n'y a ici aucun artifice, aucun faux-fuyant. Les personnages sont condamnés à évoluer dans une réalité qui, dans les circonstances, est parfois dure à voir tout autant que difficile à entendre. (La Presse, 12 février 2003)

★ 3 ★
KILL BILL – Vol. 1 (Tuer Bill – vol. 1)
Quentin Tarantino (États-Unis)

Avec Uma Thurman, Lucy Liu, Sonny Chiba.

...

Victime d'un attentat orchestré par l'organisation dont elle faisait partie, une ancienne tueuse professionnelle prépare sa vengeance.

En abordant différents styles, qui vont du kung-fu au western spaghetti en passant par le drame yakuza et les combats de samouraïs, Tarantino offre un étonnant cocktail de bruit et de fureur, soutenu bien entendu par une trame musicale d'enfer. Un conte sanglant, ponctué d'une extraordinaire séquence animée. La scène de combat dans un jardin japonais vaut à elle seule le prix d'entrée. (La Presse, 9 octobre 2003)

★ 4 ★
CITÉ DE DIEU (Cidade de Deus)
Fernando Meirelles (Brésil)

Avec Alexandre Rodrigues, Leandro Firmino da Hora, Matheus Nachtergaele.

...

L'ascension d'un futur chef de gang dans un quartier de Rio où sont isolés les pauvres.

Empruntant un style des plus fébriles, Meirelles accouche d'une mise en scène aussi dynamique que brillante. Devant sa caméra, tous les non-professionnels (dont plusieurs proviennent du milieu décrit dans le film) charrient bien entendu avec eux de saisissants accents de vérité. Il faut d'ailleurs probablement y voir là les raisons du trouble profond que suscite la vision de ce film puissant. (La Presse, 1er février 2003)

★ 5 ★
GAZ BAR BLUES
Louis Bélanger (Québec)

Avec Serge Thériault, Gilles Renaud, Sébastien Delorme, Danny Gilmore.

...

En 1989, à cause de la concurrence et du désintérêt de ses fils aînés, un homme songe à fermer la station-service qu'il gère depuis si longtemps...

Il émane une grande humanité de cette chronique familiale conjuguée au masculin, dans laquelle les sentiments sont davantage évoqués qu'exprimés. Louis Bélanger a instauré le bon climat (aidé en cela par une superbe trame musicale) pour brosser le tableau d'un monde intime en pleine mutation, en phase aussi avec celui qui est en train de s'opérer en Europe. Magnifique composition de Serge Thériault. (27 août 2003)

★ 6 ★
21 GRAMS (21 grammes)
Alejandro González Iñárritu (États-Unis)

Avec Sean Penn, Benicio Del Toro, Naomi Watts, Charlotte Gainsbourg.

...

Les destins de trois couples sont affectés par un accident aux conséquences tragiques.

Contrairement à Amores Perros, où les histoires étaient distinctes, 21 Grams entremêle trois histoires dont les dénouements sont intimement liés. Le procédé est habile. Alejandro González Iñárritu, qui signe ici son premier film américain, anticipe même le fil du récit en devançant certaines séquences dans l'espace-temps. Très fort. (29 novembre 2003)

★ 7 ★
LOST IN TRANSLATION (Traduction infidèle)
Sofia Coppola (États-Unis)

Avec Bill Murray, Scarlett Johansson, Giovanni Ribisi.

...

Un acteur américain de passage à Tokyo fait la rencontre d'une jeune femme américaine sur qui pèse la solitude.

Au moment où le cinéma américain est souvent défini par l'expertise de ses effets spéciaux, Sofia Coppola nous arrive avec un film tout simple, empreint d'une infinie délicatesse. Se tenant loin des clichés, tant sur les plans romantique, géographique et générationnel, la jeune cinéaste filme cette rencontre en affichant une belle profondeur. (19 septembre 2003)

★ 8 ★
LES TRIPLETTES DE BELLEVILLE
Sylvain Chomet (France)

Avec les voix de Béatrice Bonifassi, Lina Boudreau, Michèle Caucheteux.

...

Son futur champion cycliste de neveu ayant été kidnappé, une vieille dame fait appel à ses amies pour retrouver le garçon.

Le charme irrésistible de ces Triplettes *vient d'abord de l'imagination débordante de Sylvain Chomet. De plus, les techniques d'animation utilisées conservent l'aspect artisanal des dessins, même si certaines séquences ont été conçues à l'aide des nouvelles technologies. Sans dialogues, le film se distingue par son ingéniosité et son formidable humour. Sans oublier la musique !
(19 décembre 2003)*

★ 9 ★
UN COUPLE ÉPATANT / CAVALE / APRÈS LA VIE
Lucas Belvaux (France)

Avec Ornella Muti, Catherine Frot, Lucas Belvaux, Dominique Blanc.

...

Une même histoire. Racontée de trois points de vue différents.

Un couple épatant *emprunte des accents de comédie ;* Cavale, *ceux du thriller ;* Après la vie, *ceux du mélodrame intimiste. Et si on enchaîne les films dans l'ordre privilégié par le cinéaste, nous avons droit à un long film dont le titre est* Un couple épatant cavale après la vie. *Cette trilogie n'est rien de moins que fascinante. (La Presse, 5 juillet 2003)*

★ 10 ★
LORD OF THE RINGS : THE RETURN OF THE KING
(Le Seigneur des Anneaux : Le retour du roi)
Peter Jackson (Nouvelle-Zélande)

Avec Viggo Mortensen, Elijah Wood, Ian Mckellen, Sean Astin.

...

Jamais le royaume de Gondor n'a eu autant besoin de son roi. Mais Aragorn trouvera-t-il en lui la volonté d'accomplir sa destinée ?

Le dernier volet de la trilogie du Seigneur des Anneaux *est, indéniablement, un accomplissement digne de mention. Étant naturellement très peu attiré vers ce genre d'univers, on me permettra d'apprécier les qualités artistiques de ce film. Même si je sais que l'envie de revoir cette trilogie ne reviendra jamais de ma vie. (18 décembre 2003)*

RETOUR

LE GRAND CHELEM

Indéniablement, l'année des *Invasions barbares*. La marche triomphale a commencé au Festival de Cannes où plusieurs observateurs voyaient en outre le film de Denys Arcand favori pour la Palme d'or. Le jury, présidé par Patrice Chéreau, a plutôt choisi de l'honorer avec deux autres prix. Celui du meilleur scénario et celui de la meilleure interprétation féminine, ce dernier — à la grande surprise de tous — décerné à Marie-Josée Croze. L'effet surprenant n'est évidemment pas relatif à la qualité — remarquable — du jeu de l'actrice québécoise, mais plutôt à l'importance du rôle. Les jurys ont habituellement tendance à récompenser les interprètes de rôles principaux ; rarement ceux de personnages secondaires. Marie-Josée Croze, qui a appris la nouvelle 10 minutes après tout le monde en direct sur le plateau de télévision de Christiane Charette, était d'ailleurs rentrée au pays, ignorant même la possibilité qu'un tel honneur puisse lui échoir.

Dans un élan typiquement « québéco-québécois », un sentiment d'injustice a quand même frappé la collectivité quand il fut annoncé que le laurier suprême « échappait » (autre trait typique de chez nous) à Denys Arcand. J'ai écrit un texte pour « remettre les pendules à l'heure » (comme on dit dans le métier).

Quant à ce fameux « public », à qui plusieurs intervenants faisaient allusion en affirmant — sans avoir vu un seul autre film de la compétition — que si ce fameux « public » avait eu droit de vote, Les Invasions barbares *auraient enlevé la Palme d'or haut la main, rappelons-nous que, contrairement au gala Metrostar, le « public » n'existe pas sur la Croisette.*

Le Festival de Cannes est en effet strictement ouvert aux profession-
nels de l'industrie et aux journalistes. Les seules séances auxquelles
les « simples cinéphiles » peuvent se présenter sont consacrées à des
films programmés dans des sections parallèles.

C'est dire que les œuvres sélectionnées en compétition officielle ont
généralement droit à une projection de presse (réservée prioritaire-
ment aux journalistes accrédités), de même qu'à une ou deux projec-
tions officielles auxquelles assistent habituellement les professionnels
de l'industrie. S'y joignent alors aussi les plus dignes représentants
— et leurs époux/épouses — de la France d'en haut.

Bien entendu, il était de bonne guerre d'espérer les plus grands hon-
neurs pour Les Invasions barbares. *D'autant plus que la rumeur*
était très favorable. Cela dit, on ne doit pas faire ici la fine bouche.
Un jury possède le privilège de pouvoir défendre une certaine
conception du cinéma, de faire des choix subjectifs. Avant de crier à
l'injustice, tenons compte du fait qu'un palmarès fait très rarement
l'unanimité.[43]

Bien entendu, « l'injustice » fut oubliée quelques mois plus tard
quand Arcand a réussi son grand chelem : Oscar du meilleur film
en langue étrangère à Hollywood, César du meilleur film « français » de l'année à Paris (grâce à une participation minoritaire de la
France dans la production), Génie du meilleur film canadien, Jutra
du meilleur film québécois.

Il se trouve que plusieurs autres artisans québécois se sont aussi
démarqués cette année-là. Louis Bélanger a offert *Gaz Bar Blues,*
son plus beau film à ce jour. Benoît Charest a aussi eu l'occasion de
se rendre jusqu'aux Oscar grâce à la trame musicale qu'il a composée
pour *Les triplettes de Belleville.*

---

43. *La Presse,* 27 mai 2003.

Tous les autres titres retenus sur cette liste restent encore frais à la mémoire des cinéphiles. J'attirerais toutefois l'attention sur la trilogie de Lucas Belvaux, une œuvre accomplie, dont la notoriété est peut-être moins grande que les autres productions mentionnées ici. L'auteur cinéaste d'origine belge s'est en effet lancé dans l'un des projets les plus fascinants de la dernière décennie. À redécouvrir.

★ Portrait ★
PATRICE CHÉREAU

LES PROFONDEURS DE L'ÂME

Vous l'avez sans doute remarqué, Patrice Chéreau est l'un des créateurs pour qui je voue une très grande admiration. Ses longs métrages se retrouvent quasi systématiquement dans mes listes des films favoris de l'année (hormis *Ceux qui m'aiment prendront le train,* dont je m'explique encore mal l'absence dans ma liste de 1998!). Au milieu des années 90, je me suis rendu à New York en compagnie d'une amie férue de théâtre pour assister à une représentation au BAM (Brooklyn Academy of Music) de la pièce de Bernard-Marie Koltès *Dans la solitude des champs de coton.* Chéreau et Pascal Greggory, son acteur fétiche, s'y donnaient la réplique. Diane et moi étions pratiquement en larmes à la sortie. Ce moment théâtral était fort. Il était beau aussi.

Je n'ai pas eu l'occasion de rencontrer Patrice Chéreau « en personne » très souvent. Bien que nous nous soyons parlé au téléphone à quelques reprises, je crois que notre première «vraie» rencontre a eu lieu au Festival de Toronto en 2005. Il y était pour présenter *Gabrielle*, un huis clos adapté de la nouvelle de Joseph Conrad *Le retour*. Face à Pascal Greggory, Isabelle Huppert faisait alors son entrée dans l'univers de Chéreau. L'actrice et lui se sont auparavant tournés autour pendant des années...

« Il fallait le bon moment, le bon sujet. Je n'ai jamais monté un projet en fonction d'un acteur ou d'une actrice ; j'en suis incapable. »

Comme l'envie chez Chéreau naît toujours d'un désir de voir un acteur donner autre chose que ce qu'il donne habituellement, il aura fallu « déstabiliser » Huppert un peu.

« Pendant un moment, elle a résisté, explique le cinéaste. Puis, brusquement, elle a commencé à bien travailler. Isabelle a d'ailleurs déclaré dans une interview que je l'ai fait vaciller sur son socle. Ce qui veut dire qu'elle sait qu'elle est sur un socle ! »

Très exigeant, Patrice Chéreau est beaucoup apprécié des acteurs. Celui qui accepte de tourner sous sa direction — peu importe son statut — sait pourtant qu'il sera poussé dans ses tout derniers retranchements. « Il n'y a aucun intérêt à demander à un acteur de refaire ce qu'il a déjà fait ailleurs », fait remarquer le metteur en scène.

Sur ce qu'on appelle la « direction d'acteurs », Chéreau est d'ailleurs intarissable. Le cinéaste dit être particulièrement fier de pouvoir gagner la confiance de ceux avec qui il travaille. Il s'insurge en outre contre cette notion — présente dans l'esprit de plusieurs réalisateurs — selon laquelle la direction d'acteurs se limite au choix des comédiens.

« C'est absolument faux, tranche-t-il. On ne peut évidemment pas donner à un acteur ce qu'il n'a pas, ni le fabriquer, encore moins lui

apprendre son métier. Par contre, on se doit de le pousser, de l'amener un peu plus loin, de l'entraîner au-delà de ce qu'il sait déjà faire. »

Aussi estime-t-il que les cinéastes français ont parfois tendance à ne pas courirtrop de risques avec eux, histoire de ne pas altérer l'élan de spontanéité propre à la première prise. « Or, c'est justement après la première prise que le travail commence! » précise-t-il.[44]

À l'occasion du passage de cet artiste d'exception à Montréal en 2012, j'ai eu l'honneur d'animer une discussion publique avec Patrice Chéreau au Cinéma Excentris. Venu pour offrir quelques lectures du récit autobiographique de Pierre Guyotat *Coma* au Théâtre du Nouveau Monde, le cinéaste était aussi allé à la rencontre des cinéphiles qui, pendant quelques jours, avaient eu l'occasion de revoir quelques-uns de ses films. Pendant plus d'une heure, après la projection de *Gabrielle* justement, il s'est prêté avec beaucoup de générosité au jeu de l'interview et de la séance «questions-réponses». J'en garde un immense souvenir. Inutile de dire que sa disparition inattendue, survenue quelques jours avant l'impression de ce bouquin, m'a profondément ému et attristé.

---

44. *La Presse*, 7 janvier 2006

2004

★ 1 ★
HÉROS (Yingxiong)
Zhang Yimou (Chine)

Avec Jet Li, Tony Leung, Magie Chung, Zhang Ziyi.

...

Cible de nombreux tueurs, un roi de la Chine ancienne reçoit en audience un guerrier prétendant avoir éliminé les ennemis les plus redoutables.

En réunissant quelques-unes des plus grandes vedettes du cinéma oriental, Zhang Yimou, qui voulait ici faire écho à l'aspect poétique du kung-fu, propose un film éblouissant, d'une beauté formelle à couper le souffle. De remarquables traits de mise en scène viennent de surcroît ponctuer un récit dont l'intrigue nous transporte 2000 ans en arrière. (La Presse, 26 août 2004)

★ 2 ★
LA MAUVAISE ÉDUCATION (La mala educación)
Pedro Almodóvar (Espagne)

Avec Gael García Bernal, Fele Martínez, Daniel Giménez Cacho.

...

En lisant un scénario que lui a remis un acteur, un cinéaste replonge dans ses propres souvenirs.

Almodóvar propose cette fois une histoire beaucoup plus sombre (et moins « aimable » que dans ses deux films précédents) où s'entremêlent les thèmes de la religion et de la pédophilie. À travers un récit jouant habilement sur de multiples facettes et parcourant trois décennies, le cinéaste espagnol explore évidemment les méandres de la passion et du désir avec une maîtrise parfaite de son art. (La Presse, 16 octobre 2004)

★ 3 ★
THE AVIATOR (L'aviateur)
Martin Scorsese (États-Unis)

Avec Leonardo DiCaprio, Cate Blanchett, Kate Beckinsale, John C. Reilly.

...

Les vingt premières années de la vie professionnelle du milliardaire Howard Hughes.

Dans The Aviator, *l'excellent film que propose Martin Scorsese dès samedi, Leonardo DiCaprio prête ses traits à celui dont le cinéaste dit qu'il est un « homme du 19ᵉ siècle, pionnier de deux des plus grands phénomènes du 20ᵉ : l'aviation et le cinéma ». L'acteur livre ici l'une de ses plus brillantes prestations dans ce qui est sans contredit l'un des meilleurs films de l'année.*
(La Presse, 23 décembre 2004)

★ 4 ★
ETERNAL SUNSHINE OF THE SPOTLESS MIND
(Du soleil plein la tête)
Michel Gondry (États-Unis)

Avec Jim Carrey, Kate Winslet, Kirsten Dunst, Mark Ruffalo.

...

Un homme se soumet à un lavage de cerveau afin d'effacer de sa mémoire toute trace de son ancienne compagne.

Beaucoup d'œuvres abordent ce fantasme qui consiste à pouvoir manipuler à sa guise son propre monde intérieur. Rarement l'aura-t-on illustré de façon aussi émouvante. Le scénariste Charlie Kaufman et le cinéaste Michel Gondry proposent un film qui, malgré son caractère très singulier (tant sur le plan narratif que sur le plan visuel), est ponctué de véritables moments de grâce.
(La Presse, 18 mars 2004)

★ 5 ★
GOOD BYE LENIN! (Au revoir Lénine!)
Wolfgang Becker (Allemagne)

Avec Daniel Brühl, Katrin Saß, Chulpan Khamatova.

...

En 1990, pour protéger sa mère d'un choc après un coma, un jeune Allemand fait en sorte que cette dernière croit que l'Allemagne de l'Est existe toujours.

Good Bye Lenin! *évoque avec humour et émotion une page d'histoire qui semble déjà appartenir à une époque lointaine. À l'aide de nombreuses scènes d'archives qui, ici, sont détournées de leur sens, comme pour bien faire la preuve qu'une image peut être manipulée au profit de n'importe quelle idée, Becker orchestre des quiproquos truffés de clins d'œil. Délicieux.*
(La Presse, 10 février 2003)

★ 6 ★
TEAM AMERICA : WORLD POLICE
(Escouade américaine : police du monde)
Trey Parker et Matt Stone (États-Unis)

Voix de Trey Parker, Matt Stone, Kristen Miller.

...

Un as des groupes antiterroristes venant d'être tué à Paris, un acteur est appelé à se joindre à une escouade d'élite pour le remplacer.

En empruntant le style de la superproduction, Stone et Parker enfoncent frénétiquement tous les clichés inhérents au genre et tirent effrontément ceux-ci vers l'absurde. Autrement dit, personne ne sort indemne du jeu de massacre auquel se livrent les deux trublions, à part, peut-être, le spectateur. Qui risque de se dilater la rate comme jamais. (La Presse, 16 octobre 2004)

★ 7 ★
COLLATERAL (Collatéral)
Michael Mann (États-Unis)

Avec Tom Cruise, Jamie Foxx, Jada Pinkett Smith.

...

Un tueur à gages embauche un chauffeur de taxi pour une nuit afin que ce dernier le conduise aux endroits où il doit honorer des contrats.

Michael Mann maîtrise formidablement bien l'art du suspense et parvient à communiquer le sentiment d'urgence qui anime une histoire qui se déroule en une seule nuit. Il utilise aussi toutes les possibilités que lui offre ce contexte particulier, notamment sur le plan visuel. Un excellent thriller urbain.
(La Presse, 5 août 2004)

★ 8 ★
CE QU'IL RESTE DE NOUS
François Prévost et Hugo Latulippe (Québec)
Avec Kalsang Dolma

...

Québécoise d'origine tibétaine, retourne dans le pays de ses ancêtres avec, dans ses bagages, un message du dalaï-lama.

Une Québécoise d'origine tibétaine retourne dans le pays de ses ancêtres avec, dans ses bagages, un message du dalaï-lama. Les moments où les habitants de la « plus grande prison du monde » découvrent les messages vidéo du dalaï-lama, en exil depuis 50 ans, sont bouleversants. (16 mai 2004)

★ 9 ★
CARNETS DE VOYAGE (Diarios de motocicleta)
Walter Salles (Brésil)
Avec Gael García Bernal, Rodrigo De la Serna, Mercedes Morán.

...

En 1952, deux jeunes Argentins, Alberto Granado et Ernesto Guevara, décident de partir à la découverte de l'Amérique du Sud.

Mis en scène avec sensibilité, ce film, dont le scénario est inspiré des récits distincts qu'ont rédigés Guevara et Granado, prend souvent les accents d'une comédie dramatique. Il comporte en outre des scènes très touchantes, mais jamais appuyées. À cet égard, le jeu nuancé de Gael García Bernal mérite d'être souligné. (La Presse, 20 mai 2004)

★ 10 ★
COMME UNE IMAGE
Agnès Jaoui (France)
Avec Marilou Berry, Agnès Jaoui, Jean-Pierre Bacri.

...

Une jeune femme tente d'exister dans le regard de son père, un écrivain qui règne en maître sur tout son petit monde.

Un film sur le pouvoir des images qui façonnent les mentalités, au point de bousiller l'existence des jeunes filles qui ne répondent pas aux canons imposés. Au-delà du cadre dans lequel se déroule l'intrigue, une réflexion sur la « dictature de l'image » et les souffrances qu'elle entraîne. Un film fin et sensible. (La Presse, 17 mai 2004)

RETOUR

· ·

LE SPECTATEUR FURIEUX

Encore aujourd'hui, même si la fréquence a quand même diminué, un lecteur me rappelle régulièrement à quel point je l'ai déçu d'avoir choisi un « navet » comme *Héros* comme film favori de l'année. Il s'était rendu au cinéma sur la foi de ma critique favorable. Il en est ressorti furieux. Je peux à la limite comprendre ce genre de réactions viscérales quand il s'agit d'un long métrage de Michael Haneke ou d'Abdellatif Kechiche (déferlement de courriels agressifs assuré), mais pour *Héros*? Zhang Yimou, qui a orchestré la mise en scène des extraordinaires cérémonies des Jeux olympiques de Pékin, offre pourtant ici un film extrêmement divertissant, doté de surcroît d'une facture visuelle remarquable. Vrai que ce film tranche nettement sur ses productions précédentes, mais quelle maîtrise! Le cinéaste chinois avait d'ailleurs déclaré à l'époque être redevable à Ang Lee. Grâce au succès planétaire de *Tigre et Dragon*, Zhang Yimou a enfin pu réaliser son rêve de toujours : réaliser un film de kung-fu. Il n'a pas raté l'occasion.

J'avais par ailleurs eu le plaisir de découvrir *Good Bye Lenin!* en compagnie d'un public allemand lors du Festival de Berlin en 2003. J'ai été ravi du succès que cette magnifique comédie devait ensuite connaître un peu partout.

Team America: World Police, du tandem Parker — Stone (*South Park*), est emblématique du paradoxe américain. Alors que les grands médias des États-Unis n'osaient remettre en question la propagande du gouvernement Bush, les humoristes, eux, s'en donnaient à cœur joie. À une rencontre de presse organisée à Los Angeles en marge de la sortie du film, j'avais demandé aux deux lascars s'ils avaient hésité longtemps avant de se lancer dans un documentaire sur la politique étrangère américaine. Ils l'avaient trouvée bien bonne.

Dans un autre ordre d'idées, je retiens aussi la projection de *Ce qu'il reste de nous* à Cannes. Le très beau document de François Prévost et Hugo Latulippe avait fait l'objet d'une présentation spéciale là-bas, dans le cadre de la Semaine de la critique. Un des spectateurs, un Français d'origine tibétaine, a échangé des propos avec Kalsang Dolma dans sa langue maternelle, ce qu'il n'avait pas eu l'occasion de faire depuis de nombreuses années. Nous n'avons rien saisi de la teneur de leur conversation, mais tout de son sentiment. C'était beau.

ACTEUR DE CONSCIENCE

· ·

À Cannes cette année-là, il n'y en avait que pour lui. Alors âgé de 25 ans, Gael García Bernal s'était déjà fait avantageusement remarquer dans *Amores Perros, Y Tu Mamá También* et *Le crime du Père Amaro,* mais sa cote a monté en flèche grâce à *La mauvaise éducation* et *Carnets de voyage,* tous deux montrés hors compétition sur la Croisette. L'année précédente, le monde entier était déjà tombé amoureux de lui quand, à la soirée des Oscar, il a dénoncé l'intervention américaine en Irak.

Tous ceux qui l'ont vu se souviennent de l'élégance avec laquelle Gael García Bernal s'était comporté lors de la soirée des Oscar en 2003. Venu présenter sur scène les interprètes de la chanson tirée de Frida, *ce film dans lequel sa compatriote Salma Hayek prêtait ses traits à l'artiste mexicaine Frida Khalo, le jeune acteur avait démontré un aplomb de tous les instants quand, armé de son plus beau sourire, il avait pris la parole pour dénoncer l'agression militaire américaine en Irak quelques jours à peine après le déclenchement des hostilités. «Elle comprenait bien la nécessité de la paix, avait-il alors déclaré calmement. Si Frida était vivante aujourd'hui, elle serait de notre côté, contre la guerre.» Appelé à évoquer ce souvenir avec* La Presse, *Bernal dit avoir agi sous le coup de la nécessité, la guerre ayant été déclenchée dans un «climat de mensonge et d'arrogance». Cela dit, l'acteur se dit reconnaissant envers la communauté hollywoodienne. «Il était très généreux de leur part de m'inviter, moi qui n'ai encore jamais tourné un film chez eux. Il s'agit d'ailleurs de la seule communauté étrangère qui m'ait lancé une invitation de ce genre. Aussi, il me semblait nécessaire d'être cohérent avec le contexte dans lequel nous étions plongés, d'être cohérent avec l'esprit de Frida, d'être cohérent avec moi-même. Je savais très bien que mes propos pouvaient susciter une certaine controverse chez les Américains, mais je n'avais franchement rien à perdre.* »[45]

J'ai eu l'occasion d'interviewer l'acteur mexicain à quelques reprises. Même si quelques années séparent parfois nos rencontres, Bernal fait partie de ceux qui vous accueillent en vous rappelant toujours l'entretien précédent, et parfois même les thèmes que nous avions alors abordés ensemble. C'est rare. Au fil des ans, l'acteur est toujours resté fidèle à lui-même, à ses convictions, à sa perception très personnelle de l'exercice du métier de comédien.

« *Gael est d'évidence très beau* », avait déclaré Pedro Almodóvar lors de la conférence de presse cannoise. « *Mais des beaux gars au cinéma, il y en a plein. Ce qui distingue Gael des autres, c'est qu'il possède cette espèce de beauté innocente derrière laquelle peut se cacher une réelle ambiguïté. Il peut à la fois être très dur, très mec, mais aussi très doux, très féminin.* »[46]

Derrière le visage du beau mec, il y a aussi un homme animé de fortes convictions sociales et politiques. Dès cette époque, l'acteur revendiquait la notion d'identité nationale. Et il se tenait loin des sirènes. À ce jour, Gael García Bernal ne compte pratiquement aucun film hollywoodien à son actif.

« *Le cinéma n'est pas au centre de ma vie. À Cannes, j'ai vécu toute cette folie avec un certain détachement amusé, comme si tous ces gens me renvoyaient une perception de ma personne que je ne partage pas. Alors oui, c'est plaisant de voir sa tête à la une des magazines, mais*

---

45. *La Presse*, 2 octobre 2004.
46. *Ibid.*

c'est comme si tout cela ne me concernait pas. Bien sûr, il s'agit là d'une belle conséquence, surtout quand on investit beaucoup de soi-même dans un film, mais au bout du compte, ma vie reste la même. Et je trouve cela plutôt rassurant. »

Gael García Bernal évoque en outre l'environnement dans lequel il a grandi pour expliquer les fondements mêmes de sa conscience politique.

« Quand tu vis dans une ville comme Mexico, la conscientisation est nécessaire à ta propre survie. Dans son essence même, la vie est chez nous empreinte d'une vraie complexité politique et celle-ci influe sur tous les aspects de l'existence. C'est une question de pain et de beurre. On ne peut faire autrement que de s'éveiller à la chose politique quand on côtoie la dure réalité dans laquelle les gens doivent se débattre. L'exercice de mon métier fait en sorte que je suis encore plus sensible à cette réalité-là. »

Cette sensibilité particulière se traduit notamment par une nette volonté de privilégier des projets tournés dans sa langue maternelle Et s'il n'exclut pas d'emblée l'idée d'aller travailler un jour à Hollywood pour les besoins d'un film qu'il estimerait amusant à faire, il se sent néanmoins une responsabilité envers son peuple d'abord, à la culture hispanophone ensuite.

« Encore là, il s'agit d'une question de survie, explique-t-il. On parle beaucoup de la globalisation des marchés mais dans l'esprit des Américains, cette notion ne fonctionne que dans un sens. Dans les faits, leur marché reste très fermé. Quand il est question de brasser des affaires, ces gens-là ne respectent ni les autres langues ni les autres cultures, pas plus que l'environnement. C'est la raison pour laquelle il devient impératif pour nous de préserver nos identités nationales. J'estime important de faire des choix en ce sens. »[47]

Comment diable pourrait-on ne pas l'aimer celui-là ?

---

47. *Ibid.*

2005

★ 1 ★
BROKEBACK MOUNTAIN
(Souvenirs de Brokeback Mountain)
Ang Lee (États-Unis)

Avec Heath Ledger, Jake Gyllenhaal, Michelle Williams, Anne Hathaway.

...

Au Wyoming en 1963, deux jeunes hommes, embauchés pour surveiller un troupeau de moutons, développent une liaison amoureuse.

La grande réussite de Ang Lee est d'avoir su révéler l'aspect dramatique de cette histoire d'amour avec sobriété, intelligence et subtilité. La charge émotionnelle du récit se nourrit progressivement du sentiment de gâchis qui en découle. Lequel fait non seulement écho au caractère étouffant d'un sentiment qui ne peut s'épanouir, mais aussi aux drames que vivent en parallèle les personnages périphériques. (La Presse, 17 décembre 2005)

★ 2 ★
SARABAND
Ingmar Bergman (Suède)

Avec Liv Ullmann, Erland Josephson, Börje Ahlstedt.

...

Trente ans après leur séparation, relatée dans *Scènes de la vie conjugale*, Marianne ressent le besoin urgent de revoir Johan.

Dès le prologue, au cours duquel la caméra s'approche du (magnifique) visage de Liv Ullmann, le génie du maître s'affiche en toute discrétion. Qualité d'écriture, de mise en scène, de direction d'acteurs ; du montage jusqu'à l'utilisation parcimonieuse de la musique, tout y est simplement sublime. Les visages sont à nu. Et filmés avec la grâce de celui qui sait bien qu'ils révèlent à eux seuls l'essentiel de la condition humaine. (La Presse, 6 août 2005)

★ 3 ★
DE BATTRE MON CŒUR S'EST ARRÊTÉ
Jacques Audiard (France)

Avec Romain Duris, Niels Arestrup, Linh-Dan Pham

...

Une rencontre fortuite avec l'ancien impresario de sa mère décédée, qui était concertiste, pousse un jeune agent immobilier véreux à exploiter son talent de pianiste.

Mariant les ambiances avec une maîtrise inouïe, développant de petites histoires parallèles qui nourrissent tout le récit, Audiard filme sec, sans esbroufe. Grâce à ses plans séquences, qui sont souvent filmés caméra à l'épaule, l'auteur cinéaste vise l'essentiel et atteint l'évidence, comme une espèce de sentiment d'urgence. Qui sert magnifiquement le propos. (La Presse, 22 octobre 2005)

★ 4 ★
C.R.A.Z.Y.
Jean-Marc Vallée (Québec)

Avec Michel Côté, Marc-André Grondin, Danielle Proulx, Pierre-Luc Brillant.

...

Né le 25 décembre 1960, Zachary Beaulieu traverse une crise d'identité alors que le Québec est en pleine ébullition.

Est-ce cette façon de dépeindre des sentiments complexes sans jamais tomber dans la mièvrerie? Est-ce le soin avec lequel les années 60 et 70 sont ici évoquées? Est-ce la formidable qualité d'interprétation d'une distribution sans failles? Est-ce la trame musicale, d'une richesse inouïe? Ou encore est-ce la beauté de l'écriture? La maîtrise de la mise en scène? Forcément, tout ça à la fois. (La Presse, 28 mai 2005)

★ 5 ★
THE CONSTANT GARDENER (La constance du jardinier)
Fernando Meirelles (Royaume-Uni)

Avec Ralph Fiennes, Rachel Weisz, Danny Huston.

...

Après le meurtre de son épouse au Kenya, un diplomate britannique mène sa propre enquête.

The Constant Gardener se révèle être à la fois un thriller passionnant, tout autant qu'un film incroyablement romantique. Et doté d'une forte conscience sociale. Ils sont rares les créateurs à pouvoir maîtriser avec autant de finesse les différents aspects d'un récit qui ratisse aussi large. Meirelles y parvient de superbe façon. (La Presse, 3 septembre 2005)

★ 6 ★
2046
Wong Kar-wai (Hong Kong)
Avec Tony Leung, Gong Li, Zhang Ziyi.

...

Un homme écrit un roman de science-fiction, mais se rend compte qu'il écrit en fait sur sa vie amoureuse.

S'il reconnaît que 2046 est une sorte de prolongement à l'exploration entreprise avec In the Mood for Love, Wong Kar-wai refuse toutefois de parler ici d'une « suite ». Même si le croisement entre les différentes époques n'est pas toujours réussi (le futur s'imbrique parfois dans le passé de façon boiteuse), il reste que ce nouveau film est parsemé de fulgurances et de moments immenses de cinéma. (La Presse, 22 mai 2004)

★ 7 ★
LA NEUVAINE
Bernard Émond (Québec)
Avec Élise Guilbault, Patrick Drolet, Denise Gagnon.

...

Une urgentiste minée par un sentiment de culpabilité est rescapée par un jeune homme.

La puissance du film de Bernard Émond réside dans cette façon d'évoquer la foi en élevant le propos bien au-dessus des institutions cléricales. Il trouve un écho certain auprès de ceux qui se questionnent sur le sens de la vie. Auprès de ceux aussi qui, tout comme le cinéaste, sont « plutôt non croyants, mais toujours sur le bord de croire ». (La Presse, 12 novembre 2005)

★ 8 ★
MILLION DOLLAR BABY (La fille à un million de dollars)
Clint Eastwood (États-Unis)
Avec Hilary Swank, Morgan Freeman, Clint Eastwood.

...

Un vieil entraîneur accepte à contrecœur de prendre une boxeuse sous son aile.

L'acteur cinéaste propose une réflexion sentie sur le sens de la vie et de la mort, dénuée de tout excès de sentimentalité. Si ce drame sportif commence en empruntant les allures d'un Rocky au féminin, Eastwood s'empresse d'entraîner le spectateur ailleurs, notamment au cours d'un dernier acte aussi inattendu que saisissant. (La Presse, 6 janvier 2005)

★ 9 ★
ROIS ET REINE
Arnaud Desplechin (France)
Avec Mathieu Amalric, Emmanuelle Devos, Maurice Garrel, Catherine Deneuve.

...

Une jeune femme, sur le point de se marier, part au chevet de son père mourant et reprend aussi contact avec un ancien amoureux.

Desplechin, dont on ne connaît chez nous — c'est scandaleux — que le premier film (La Sentinelle), orchestre une partition de virtuose dans laquelle se jouent les petits et grands thèmes de l'existence. C'est riche, c'est intelligent, parfois brutal et profondément émouvant. Un portrait du genre humain à la fois éclaté et limpide, qui interpelle le spectateur d'une façon aussi intime que profonde. (La Presse, 22 octobre 2005)

★ 10 ★
HORLOGE BIOLOGIQUE
Ricardo Trogi (Québec)
Avec Patrice Robitaille, Pierre-François Legendre, Jean-Philippe Pearson.

...

Confrontés à l'horloge biologique de leurs conjointes, trois amis s'interrogent sur leur désir de paternité...

On rit beaucoup dans Horloge biologique. On rit même parfois un peu jaune, un peu croche, un peu trop. On rit parce que le portrait que nous propose Ricardo Trogi dans son deuxième long métrage est trop juste pour ne pas être innocent, trop criant de vérité pour ne pas être suspect. Alors on rit. Fort. De peur d'être trop facilement démasqué. (La Presse, 6 août 2005)

RETOUR

LE BELLE ANNÉE

Quand, fin 2009, est venu le moment de choisir les plus beaux films de la décennie, *Brokeback Mountain* s'est hissé en tête de ma liste. Cette histoire déchirante, à laquelle tout le monde faisait écho en parlant d'un «film de cow-boys gais» avant sa sortie, dépasse de loin la simple dimension sexuelle. Ang Lee a réussi — c'est un rare tour de force — à enrichir la nouvelle d'Annie Proulx en y ajoutant une dimension mythique, laquelle donne au récit un caractère encore plus émouvant. Le regretté Heath Ledger et Jake Gyllenhaal sont inoubliables dans ce qui reste, à mon sens, le plus beau film d'amour des années 2000.

Au milieu de la décennie, les films se sont révélés d'excellente qualité en général. Il suffit de regarder les noms des cinéastes qui figurent sur cette liste pour s'en rendre compte.

Deux ans avant sa mort, Ingmar Bergman nous a offert une leçon de mise en scène avec son magistral *Saraband*. Ses deux acteurs fétiches, Liv Ullmann et Erland Josephson, y offrent en outre des performances magistrales. Le vieux routier Eastwood s'est aussi distingué grâce à *Million Dollar Baby*. Ce film lui a d'ailleurs valu, 12 ans après celui obtenu grâce à *Unforgiven,* le deuxième Oscar de la meilleure réalisation de sa carrière.

Mais les nouveaux maîtres du cinéma contemporain n'ont pas été en reste non plus. Chez les Français, Jacques Audiard et Arnaud Desplechin s'imposent assurément parmi les chefs de file du septième art. Le Brésilien Fernando Meirelles, révélé deux ans plus tôt grâce à *Cité de Dieu,* a de son côté effectué un virage à 180 degrés en adaptant un roman de John le Carré. Ce fut une grande réussite.

Wong Kar-wai n'a peut-être pas autant marqué les esprits avec *2046,* mais ce film n'en reste pas moins fascinant.

L'année 2005 fut aussi excellente pour le cinéma québécois. *C.R.A.Z.Y.* a notamment prouvé qu'on pouvait à la fois allier cinéma populaire et film d'auteur. Et rallier du même coup public et critique. Quant à Bernard Émond, son film *La neuvaine* a été un phénomène en son genre. Que les Québécois se soient déplacés en masse pour aller voir en salle une œuvre comme celle-là, à la fois belle et austère, constitue un signe très encourageant. *Horloge biologique* me fait toujours autant marrer. C'est aussi cette année-là que les parts de marché du cinéma québécois ont atteint un niveau record (18,2 %), grâce à des succès comme *Maurice Richard, Aurore,* et autres *Survenant.* On ne s'en est toujours pas remis.

★ Portrait ★
MARC-ANDRÉ GRONDIN
STOP OU ENCORE

• •

Quand *C.R.A.Z.Y.* a pris l'affiche en 2005, Marc-André Grondin était âgé de 21 ans. Il n'était pourtant pas un nouveau venu, loin de là. Il a tourné sa première publicité à l'âge de trois ans. Enfant, il a joué dans quelques téléromans aussi. Dix ans avant que sa carrière ne démarre véritablement au cinéma, il était l'une des têtes d'affiche des *Fleurs magiques,* un court métrage réalisé par Jean-Marc Vallée. Autrement dit, le jeune acteur, grand amateur de hockey, a toujours baigné dans ce milieu. D'où, parfois, cette apparence de détachement.

Au cours de l'une de nos récentes conversations, il me disait en outre n'avoir aucun souvenir «d'avant». Aussi loin puisse-t-il remonter dans sa mémoire, Marc-André Grondin a toujours été sous les feux des projecteurs d'une façon ou d'une autre. Il a du mal à comprendre la glorification faite autour du métier qu'il exerce.

« Je ne vois pas pourquoi un médecin, un chercheur ou un pompier n'aurait pas droit aux mêmes égards que quelqu'un qui va parader sous les flashes. Moi, si tu me "crisses" sur un tapis rouge, il se passera pas grand-chose. Je comprends mal la fascination qu'exercent les vedettes sur les gens. Cela dit, le jour où j'ai eu l'occasion de rencontrer Daniel Day-Lewis au Festival de Marrakech, j'avoue que ma mâchoire est tombée. J'étais impressionné. My Left Foot *m'a fait comprendre ce qu'un acteur peut accomplir. »*[48]

C.R.A.Z.Y. lui a aussi ouvert immédiatement les portes du cinéma français. Alors que tant d'acteurs bûchent comme des malades pour arriver à percer dans l'Hexagone, Marc-André s'est fait un nom dès le tout premier film tourné là-bas. *Le premier jour du reste de ta vie* (Rémi Bezançon) lui a d'ailleurs valu le César du meilleur espoir masculin en 2009. Très polyvalent, l'acteur n'a aucune difficulté à emprunter l'accent français. Pas plus qu'il n'en a pour reprendre ensuite son accent d'origine. Il est d'un naturel confondant.

Nous avions d'ailleurs beaucoup ri ensemble sur le plateau de *Bus Palladium*. On m'avait invité à me rendre à Paris pour assister au tournage du premier long métrage de Christopher Thompson, lequel avait lieu ce jour-là dans les locaux de la célèbre boîte. Quand il est en France, Marc-André s'exprime avec l'accent français. Je le comprends tout à fait. Parce que tout est alors plus simple. J'ai tendance à faire un peu la même chose. Plusieurs col-

---

48. *La Presse,* 23 mars 2013.

lègues québécois se foutent d'ailleurs de ma gueule quand ils m'entendent parler à nos cousins. C'est plus fort que moi, le petit accent prend le dessus dès que je pose le pied dans le pays de mes ancêtres.

Entre deux prises, Marc-André est venu me rejoindre pour qu'on puisse discuter un peu. Nous sommes installés un peu à l'écart, assis dans les marches d'un escalier. Entre deux bouchées apportées par la production (des McCroquettes!), on se parle entre nous en « québécois » bien sûr. D'autant que Marc-André était trop content d'avoir enfin l'occasion de discuter de ses chers Canadiens de Montréal avec quelqu'un!

Or, nous nous sommes vite rendus compte que nous étions devenus l'attraction de l'équipe. Ponctuellement, des têtes différentes apparaissaient dans le cadre de porte. On épiait la conversation. Apparemment, la langue qu'utilise Marc-André « au naturel » constituait une grande surprise pour tous ces gens. Et une grande valeur de divertissement!

La carrière en France n'est pas un but à atteindre pour l'acteur. Ni celle aux États-Unis du reste. Son changement de look a beaucoup fait jaser cette année. Pour faciliter l'emploi de perruques dans *L'homme qui rit* (Jean-Pierre Améris), l'acteur s'est rasé la tête. À la fin du tournage, il a décidé de rester chauve. Il l'est toujours aujourd'hui. Un peu comme s'il voulait remettre en jeu l'image de héros romantique qu'il véhicule malgré lui depuis *C.R.A.Z.Y.* Une façon de mettre aussi au défi producteurs et cinéastes.

« À l'étranger, on m'offre des rôles de "méchants" maintenant, souligne-t-il. Des personnages plus vieux aussi. Le téléphone sonne autant qu'avant mais j'avoue que c'est lent en ce moment. Je ne veux pas m'éparpiller en acceptant des contrats qui n'ont rien à voir avec le métier que j'exerce. En attendant, je fais de la menuiserie, j'écris. Et je me pose des questions! »

La constante remise en question semble indéniablement faire partie de la démarche de l'acteur, aujourd'hui âgé de 29 ans.

« Depuis huit ans, je me demande au moins une fois par mois si j'arrête ou si je continue. J'estime qu'il y a des choses plus importantes que ça dans l'existence. Or, il est difficile d'avoir une vie stable quand tu exerces ce métier, surtout si tu es appelé à travailler à l'étranger. Ta vie intime en souffre, tout autant que ta vie sociale. Je regarde mes amis qui sont bien installés avec leur petite famille et j'ai parfois l'impression de peut-être passer à côté de quelque chose. En même temps, je jouis d'une grande liberté. Je sais que c'est une chance. Je ne prendrais pas le risque de disparaître et de me faire oublier. Mais là, j'ai besoin d'être titillé un peu. »[49]

---

49. *La Presse,* 23 mars 2013.

2006

★ 1 ★
BABEL
Alejandro González Iñárritu (États-Unis)

Avec Brad Pitt, Cate Blanchett, Gael García Bernal, Koji Yakusho.

...

Un incident au Maroc a de graves conséquences auprès de différentes familles sur trois continents.

L'universalité de la douleur. Voilà ce qui ressort essentiellement du remarquable Babel, le nouvel opus du cinéaste mexicain Alejandro González Iñárritu. Après Amores Perros et 21 Grams, il clôt sa trilogie sur les relations humaines d'éclatante façon. On peut même parler ici d'une sorte d'exploit. Le cinéaste est en effet parvenu à mener de main de maître une histoire campée sur trois continents (tournée dans plusieurs langues), tout en demeurant dans le domaine de l'intime. (La Presse, 4 novembre 2006)

★ 2 ★
LE TEMPS QUI RESTE
François Ozon (France)

Avec Melvil Poupaud, Jeanne Moreau, Valeria Bruni-Tedeschi.

...

Romain, jeune photographe de 30 ans, apprend brutalement qu'il n'a plus que quelques mois à vivre.

On ne pourra s'empêcher d'établir un lien avec Sous le sable, un autre film dans lequel François Ozon traitait de la mort. La différence, ici, est pourtant notable. Dans la mesure où le jeune auteur cinéaste aborde cette fois la problématique de façon plus frontale. Ce faisant, il propose, sans faux-fuyants, une réflexion sensible, d'autant plus bouleversante qu'elle ne tombe jamais dans le pathos. (La Presse, 17 juin 2006)

★ 3 ★
THE QUEEN (Sa Majesté la Reine)
Stephen Frears (Royaume-Uni)

Avec Helen Mirren, James Cromwell, Michael Sheen.

...

À l'annonce de la mort de la princesse Diana, le silence de la famille royale plonge la Grande-Bretagne dans le désarroi.

Dans ce film remarquable, le cinéaste Stephen Frears évoque le fossé qui sépare la société britannique de ses souverains en nous entraînant dans les coulisses du pouvoir en temps de crise. La réussite tient à la qualité du scénario et des dialogues, ainsi qu'à celle, exceptionnelle, des interprètes. Dans le rôle d'Elizabeth II, Helen Mirren offre ici une prestation admirable.
(La Presse, 23 octobre 2006)

★ 4 ★
UNITED 93 (United vol 93)
Paul Greengrass (États-Unis)

Avec J. J. Johnson, Gary Commock, Polly Adams.

...

Une reconstitution des événements du 11 septembre 2001, à l'intérieur du vol 93 de la United Airlines.

La grande force de ce film réside dans l'approche qu'a empruntée le cinéaste Paul Greengrass pour raconter l'insupportable calvaire qu'ont vécu les passagers de cet infâme vol du 11 septembre 2001. L'auteur cinéaste a en effet évité — on aurait pu la craindre — toute dramatisation hollywoodienne. Le défilement de la tragédie en temps réel donne évidemment un caractère effroyable à ce film. C'est avec des productions comme United 93 qu'on s'aperçoit à quel point le cinéma reste un outil puissant. Et nécessaire. (La Presse, 26 avril 2006)

★ 5 ★
SOPHIE SCHOLL — LES DERNIERS JOURS
(Die Letzten Tage)
Marc Rothemund (Allemagne)

Avec Julia Jentsch, Fabian Hinrichs, Gerald Alexander Held.

...

En 1943 à Munich, une étudiante de 21 ans appelle à la résistance à l'intérieur même de l'Allemagne nazie.

Ce film est d'autant plus émouvant qu'il est constitué — à 80 % dit le réalisateur — des retranscriptions originales des procès-verbaux nazis, dont les documents n'avaient jamais été rendus publics avant la chute du Mur. Marc Rothemund décrit la mécanique de la «justice» nazie en suivant les interrogatoires, puis le «procès» de celle qui, en compagnie de deux de ses collègues du mouvement de la Rose blanche (un mouvement étudiant accusé de haute trahison), fut condamnée à mort. Bouleversant. (La Presse, 14 février 2005)

★ 6 ★
GABRIELLE
Patrice Chéreau (France)

Avec Isabelle Huppert, Pascal Greggory.

...

En 1912, une femme quitte son mari pour aller rejoindre un autre homme mais revient au domicile à peine quelques heures plus tard...

On pense parfois à Bergman dans cette façon de mettre en abîme les sentiments ; à d'autres moments à Visconti dans cette manière de dépeindre un monde en profonde mutation. Au duel attendu, Isabelle Huppert et Pascal Greggory offrent plutôt des compositions saisissantes, d'autant plus sensibles qu'elles ne misent justement pas sur un caractère spectaculaire. Du grand art.
(La Presse, 14 janvier 2006)

★ 7 ★
LITTLE CHILDREN (Les enfants de chœur)
Todd Field (États-Unis)

Avec Kate Winslet, Patrick Wilson, Jennifer Connelly, Jackie Earle Haley.

...

Les destins de quatre adultes n'ayant apparemment rien en commun.

Déjà remarqué grâce à In the Bedroom, Todd Field cristallise dans son nouveau film les peurs collectives de la société américaine à travers deux histoires : l'une d'adultère ; l'autre de pédophilie. Il module subtilement son récit en évoquant le poids du jugement que porte — à tort ou à raison — la population d'une petite ville de banlieue envers les différents personnages. Un film courageux.
(17 novembre 2006)

★ 8 ★
VOLVER
Pedro Almodóvar (Espagne)

Avec Penélope Cruz, Carmen Maura, Lola Duenas, Chus Lampreave.

...

À la suite d'un incident, des secrets sont révélés touchant trois générations de femmes au sein d'une même famille.

Avec ce film conjugué au féminin, Pedro Almodóvar revient au style qui a fait sa gloire à l'époque de Femmes au bord de la crise de nerfs. *La maturité aidant, l'inimitable cinéaste maîtrise désormais son art de façon impressionnante, laissant planer sur son récit un climat d'irrésistible et douce folie. Avec des accents d'humour noir, il rend hommage au courage des femmes qui ont marqué son enfance, à leur abnégation, à leur sens de l'humour. (La Presse, 12 décembre 2006)*

★ 9 ★
CACHÉ
Michael Haneke (France)

Avec Daniel Auteuil, Juliette Binoche, Maurice Benichou.

...

Un journaliste, animateur d'une émission littéraire à la télé, reçoit de mystérieuses cassettes qui le ramènent à son passé.

Le cinéaste autrichien, qui ne filme jamais légèrement, a élaboré ici un drame implacable qui s'incruste sous l'épiderme du spectateur comme une mauvaise conscience. Parce que c'est justement à cet aspect de l'âme humaine que fait écho le récit. Le protagoniste ne sait en effet pas tout à fait de quoi il est coupable, mais il ressent nettement tout le poids de cette culpabilité latente. (La Presse, 21 janvier 2006)

★ 10 ★
BORAT: CULTURAL LEARNINGS OF AMERICA FOR MAKE BENEFIT GLORIOUS NATION OF KAZAKHSTAN
(Borat)
Larry Charles (États-Unis)

Avec Sacha Baron Cohen, Ken Davitian, Pamela Anderson.

...

Un journaliste kazakh se rend aux États-Unis pour réaliser un reportage sur la plus grande nation du monde.

Rarement a-t-on vu au cinéma quelqu'un aller aussi loin dans l'outrance, dans la vulgarité, dans cette volonté manifeste de prendre le revers de la rectitude politique. Rarement, aussi, a-t-on autant ri. On admirera aussi le sang-froid et les capacités d'improvisation de Sacha Baron Cohen. L'humoriste est en effet parfois placé dans des situations plus inconfortables, certaines de ses «victimes» ne sachant visiblement pas à qui elles ont affaire. (La Presse, 4 novembre 2006)

RETOUR

UN CINÉASTE EMBLÉMATIQUE

J'ai déjà écrit qu'à mon avis, Alejandro González Iñárritu était le cinéaste emblématique de la première décennie du 21e siècle. En trois films, le cinéaste mexicain a brillamment su évoquer l'esprit de ce début de nouveau millénaire en parvenant à circonscrire la réalité contemporaine mondiale mieux que personne. À ses trois longs métrages, il faut aussi ajouter ses participations à des projets collectifs. Le segment qu'il a réalisé pour *11'09"01 — September 11*, long métrage produit en 2002, est remarquable. Le court métrage intégré dans *Chacun son cinéma*, projet mis sur pied en 2007 à l'occasion du 60e anniversaire du Festival de Cannes, était aussi fort bien mené.

À travers ces histoires, Iñárritu érige sa tour de Babel en tentant de chercher les valeurs communes du genre humain, malgré les diffé-rences culturelles. «Notre bonheur est déterminé par des éléments très différents d'une culture à l'autre, déclarait le cinéaste au Festi-val de Cannes. Nous partageons toutefois les choses qui nous rendent tristes et misérables parce qu'elles sont les mêmes.»

Plus largement, le récit fait écho à la méfiance qu'entretiennent les peuples entre eux, exacerbée depuis que l'Occident est engagé dans la guerre au terrorisme. À ce chapitre, on ne s'étonnera guère que l'«incident» marocain prenne une dimension politique, ni que de grands drames se jouent sur la frontière qui sépare le Mexique des États-Unis.

« Il n'y a pas de bons et de méchants dans ce film puisque je ne veux pas entrer dans la dynamique des idées préconçues, expliquait encore le cinéaste, aujourd'hui domicilié à Los Angeles. Cela dit, on ne peut faire autrement que de s'interroger sur les institutions. Ce qui se passe présentement à la frontière américaine est terrible. Pourquoi une superpuissance est-elle prise de ce besoin obsessif d'exercer son pouvoir? »[50]

À l'ombre de *Babel,* quelques habitués. François Ozon a offert en 2006 ce qui reste, à mon sens, l'un de ses plus beaux films. Patrice Chéreau, Pedro Almodóvar et Michael Haneke ont proposé aussi des œuvres de grande qualité Stephen Frears retrouve la forme grâce à *The Queen,* un film formidablement bien écrit (par le dramaturge Peter Morgan), que la grande Helen Mirren, lauréate incontestable de l'Oscar cette année-là, magnifie de sa présence.

United 93 fait partie de ces films qu'on admire mais qu'on souhaite ne jamais revoir. Paul Greengrass, un excellent réalisateur, recrée en temps réel le vol fatidique en touchant une vérité effroyable.

Peu de nouvelles de Marc Rothemund et de Todd Field depuis leurs coups d'éclat.

Quant à Sacha Baron Cohen, l'impact de *Borat* — un film hilarant — tient en grande partie sur l'anonymat de son créateur. Or, l'humoriste britannique n'a jamais pu recréer une satire aussi drôle que celle-là depuis 2006.

---

50. *La Presse,* 24 mai 2006.

LA GRANDE TRADITION

· ·

À mes yeux, Sydney Pollack était l'un des plus dignes représentants du cinéma hollywoodien « à l'ancienne ». *The Way We Were* (*Nos plus belles années*), qu'il a réalisé en 1973, reste pour moi l'un des plus grands films d'amour de l'histoire du cinéma. L'excellent thriller *Three Days of the Condor* (*Les trois jours du Condor*) et la comédie *Tootsie* sont aussi à ranger dans la classe supérieure de son œuvre. C'est pourtant *Out of Africa* (*Souvenirs d'Afrique*) qui lui a finalement valu la consécration aux Oscar (en 1986).

En 2006, j'ai eu l'occasion de rencontrer le cinéaste en tête à tête. Il était présent au Festival de Toronto à titre de producteur. La beauté du TIFF (Toronto International Film Festival), qui relève à mes yeux bien davantage d'un gros marché du film que d'un vrai festival de cinéma, est d'être un rendez-vous incontournable pour tous les intervenants du milieu, peu importe leur fonction. Sydney Pollack n'avait pas de film à présenter dans la Ville Reine — il avait réalisé *The Interpreter* l'année précédente — mais sa société avait participé à la production de *Catch a Fire* (Phillip Noyce), un drame sud-africain mettant en vedette Tim Robbins et Derek Luke, et à celle de *Breaking and Entering,* une réalisation du regretté Anthony Minghella, avec qui il était associé.

Coup de fil d'une attachée de presse :

— Ça te dirait de rencontrer Sydney Pollack pour une entrevue ?

Pas question de laisser filer l'occasion de discuter avec l'un des derniers géants du cinéma. L'homme m'est apparu chaleureux, passionné de son art. Il semblait chercher sa place dans le nouveau contexte du cinéma hollywoodien. Il confie pourtant ne jamais verser dans la nostalgie. Tout simplement parce qu'il ne revoit jamais ses films.

« *Les seules fois où les souvenirs de mes réalisations me traversent l'esprit, c'est quand quelqu'un me dit qu'il a "découvert" un de mes films récemment. Et qu'il m'en parle d'une façon qui me donnerait envie de le revoir. Par exemple, j'arrive tout juste du Festival de Deauville, où une rétrospective de mes films moins connus a été organisée. Dans un contexte comme celui-là, j'avoue que j'aurais parfois envie de rester dans la salle.* »[51]

Il disait en outre avoir de plus en plus de difficulté à trouver des projets qui l'allument à l'intérieur d'un système désormais orienté vers de grandes productions à effets spéciaux, résolument destinées à des spectateurs adolescents.

« *Le public dans les salles est de plus en plus jeune, a-t-il dit. Tout est orienté vers ce public pour des questions de gros sous. Il devient ainsi plus difficile pour moi de trouver un projet qui correspond à la fois à mes champs d'intérêt et à ceux des grands studios.* »[52]

Cet entretien a eu lieu alors que *Fauteuils d'orchestre*, un film français choral de Danièle Thompson, s'apprêtait à tenir l'affiche au Québec. Le cinéaste, qui aimait bien faire l'acteur de temps à autre (*Tootsie, Husbands and Wives, Eyes Wide Shut*, sans oublier la comédie télévisée *Will & Grace*), y tenait le rôle d'un réalisateur américain de passage à Paris afin de composer la distribution d'un film consacré à Jean-Paul Sartre et Simone de Beauvoir.

---

51. *La Presse*, 14 septembre 2006.
52. *Ibid.*

« Il est difficile de refuser quoi que ce soit à Danièle ! avait-il lancé. Nous nous sommes rencontrés au Festival de Cannes il y a une vingtaine d'années. Elle était membre du jury que je présidais alors. Nous sommes devenus amis. Fauteuils d'orchestre *a quelque chose de très français. Il y a un aspect magique dans cette façon d'amener discrètement une approche réaliste vers la fantaisie. Il serait d'ailleurs très difficile pour un cinéaste américain d'emprunter cette voie parce qu'il risquerait de tomber dans la guimauve ! »*[53]

Cela peut sembler étonnant au premier abord, mais j'ai constaté au fil des ans que les artisans du cinéma hollywoodien enviaient souvent leurs collègues européens. Parce qu'un cinéma plus adulte est encore viable là-bas.

Sydney Pollack est décédé le 26 mai 2008 à l'âge de 73 ans.

---

53. *Ibid.*

2007

★ 1 ★
LA VIE DES AUTRES (Das Leben der Anderen)
Florian Henckel von Donnersmarck (Allemagne)

Avec Ulrich Mühe, Sébastien Koch, Martina Gedek.

...

En 1984 à Berlin-Est, un officier de la Stasi est chargé de surveiller un drama-turge dont l'oeuvre est pourtant appréciée par les autorités du régime.

À travers cette histoire fictive, Florian Henckel von Donnersmarck brosse un portrait fascinant, qui convainc évidemment par sa grande rigueur sur le plan politique, mais aussi, surtout, par son extrême délicatesse sur le plan psycholo-gique. La démonstration n'a strictement rien de manichéen. Par des touches très subtiles, l'auteur cinéaste préfère entraîner le spectateur dans les zones d'ombre des protagonistes, lesquels tentent de trouver le moyen de survivre dans un contexte pour le moins oppressant. (La Presse, 10 février 2007)

★ 2 ★
NO COUNTRY FOR OLD MEN
(Non, ce pays n'est pas pour le vieil homme)
Joel Coen et Ethan Coen (États-Unis)

Avec Tommy Lee Jones, Josh Brolin, Javier Bardem, Kelly MacDonald.

...

Dans une petite ville frontalière du Texas, la recherche d'une mallette «égarée» contenant deux millions de dollars déclenche une réaction en chaîne d'une violence inouïe.

No Country for Old Men est bel et bien le meilleur film des frères Coen depuis Fargo.

On retrouve en tout cas dans ce film la touche d'humour très grinçant qui a établi la réputation du tandem dès Blood Simple. Tout, dans ce film, est stupé-

fiant : le récit, le ton, la mise en scène, la direction photo (travail sublime de Roger Deakins), sans oublier l'interprétation de haut vol d'une distribution d'ensemble de laquelle émerge notamment un Javier Bardem étonnant. (La Presse, 10 novembre 2007)

★ 3 ★
4 MOIS, 3 SEMAINES ET 2 JOURS
(4 luni, 3 saptamani si 2 zile)
Cristian Mungiu (Roumanie)

Avec Anamaria Marinca, Laura Vasiliu, Vlad Ivanov.

...

En 1987 en Roumanie, une jeune fille aide sa meilleure amie à avorter, un acte prohibé dans le régime communiste dirigé par Ceauşescu.

Sans pathos, sans complaisance, mais avec une âpreté et une grande puissance d'évocation, Mungiu concocte un récit prenant dont la forme emprunte les allures d'une implacable descente aux enfers. Admirablement bien servi par des acteurs formidables, le film bénéficie aussi d'une mise en scène époustouflante où s'entremêlent de longs plans séquences, souvent fixes, et des scènes tournées caméras à l'épaule. (La Presse, 6 octobre 2007)

★ 4 ★
I'M NOT THERE (I'm Not There — Les vies de Bob Dylan)
Todd Haynes (États-Unis)

Avec Christian Bale, Cate Blanchett, Charlotte Gainsbourg, Richard Gere.

...

Des évocations de la carrière et de l'oeuvre de Bob Dylan à travers sept incarnations différentes.

L'idée de multiplier les différentes facettes de la vie de Bob Dylan à travers autant de personnages relève presque du génie. Non seulement permet-elle à l'auteur cinéaste d'y aller à fond sur le plan créatif, mais elle possède aussi un formidable pouvoir d'évocation. Les éléments fictifs contribuent en outre à entraîner le récit bien au-delà du cadre biographique. Et permettent d'élaborer une vision issue d'une véritable interprétation artistique, laquelle emprunte ici la forme d'un jeu de miroirs complexe. (La Presse, 1er décembre 2007)

★ 5 ★
LUST, CAUTION (Se, Jie – Désir, danger)
Ang Lee (Taïwan)

Avec Tony Leung, Tang Wei, Joan Chen.

...

Durant la Seconde guerre mondiale à Shanghai, alors sous occupation japonaise, un groupe d'étudiants organise un complot pour assassiner le chef des services secrets du gouvernement collaborationniste chinois.

En portant à l'écran la nouvelle d'Eileen Chang, une auteure chinoise dont on dit souvent qu'elle est la Jane Austen de l'Extrême-Orient, Ang Lee donne au récit tout le souffle nécessaire afin de bien en traduire l'esprit romanesque. Campé à une époque rarement abordée au cinéma, le récit prend la forme d'un drame d'espionnage dans lequel s'entremêlent à la fois des enjeux politiques et intimes. (La Presse, 13 octobre 2007)

★ 6 ★
AWAY FROM HER (Loin d'elle)
Sarah Polley (Canada)

Avec Julie Christie, Gordon Pinsent, Olympia Dukakis.

...

Présentant des symptômes de plus en plus graves, une femme atteinte de la maladie d'Alzheimer doit être placée dans un centre de soins spécialisés.

En adaptant la nouvelle d'Alice Munro, Sarah Polley s'est attardée à l'évolution du sentiment amoureux, tout autant qu'aux différentes étapes de la maladie d'Alzheimer. Voilà d'ailleurs où se situe la richesse de ce superbe film, un coup de maître qui impose d'emblée le style feutré d'une jeune cinéaste vraiment inspirée. Un écho à la pérennité de l'amour entre deux êtres, sans pour cela ne jamais tomber dans la facilité, la complaisance, ou le sentimentalisme. (La Presse, 12 mai 2007)

★ 7 ★
ATONEMENT (Expiation)
Joe Wright (Royaume-Uni)

Avec Keira Knightley, James McAvoy, Romola Garai, Vanessa Redgrave.

...

Dans les années 30, la vie d'un jeune Anglais est complètement détruite à la suite du faux témoignage d'une adolescente.

*Réalisée par Joe Wright (*Pride & Prejudice*), cette adaptation du roman d'Ian McEwan révèle une histoire poignante, racontée de façon sensible et mise en scène de telle sorte qu'elle donne lieu à de belles envolées romanesques. Plutôt que de souffle, il conviendrait mieux de parler ici d'intelligence, de sens du cinéma, de choix artistiques judicieux qui, du montage jusqu'à l'interprétation, font d'*Atonement *un film remarquable. (La Presse, 8 décembre 2007)*

★ 8 ★
THE BOURNE ULTIMATUM (La vengeance dans la peau)
Paul Greengrass (États-Unis)

Avec Matt Damon, Joan Allen, Julia Stiles, David Strathairn.

...

L'ex agent Jason Bourne creuse plus loin sa quête d'identité après qu'un journaliste eut publiquement révélé son histoire.

Au-delà de la virtuosité du metteur en scène, The Bourne Ultimatum *fonctionne parce qu'il met en scène des personnages qui, même s'ils sont exceptionnels par leur fonction et leur expertise, n'en restent pas moins concrètement humains. Ceci conclut de façon magistrale une série qui se sera avantageusement démarquée des autres superproductions hollywoodiennes par son grand souci de réalisme. (La Presse, 4 août 2007)*

★ 9 ★
LADY CHATTERLEY
Pascale Ferran (France)

Avec Marina Hands, Jean-Louis Coulloc'h, Hippolyte Girardot, Hélène Alexandridis.

...

Au début des années 20, une jeune aristocrate anglaise, épouse d'un vétéran de la Grande Guerre, s'éprend d'un garde-chasse, un homme divorcé vivant seul dans les bois.

Lauréat du César du meilleur film plus tôt cette année, Lady Chatterley *est un drame complètement dépouillé des clichés entourant le célèbre roman de D.H. Lawrence. Pascale Ferran s'attarde plutôt à filmer magnifiquement la naissance d'un désir entre deux êtres. Avec beaucoup de délicatesse et de sensualité, la réalisatrice fait aussi corps avec la matière et propose une vision aussi singulière qu'émouvante. (3 septembre 2007)*

★ 10 ★
BREAKING AND ENTERING (Par effraction)
Anthony Minghella (Royaume-Uni)

Avec Jude Law, Juliette Binoche, Robin Wright-Penn, Martin Freeman.

...

L'entrée par effraction d'un jeune voleur dans son bureau provoque la crise existentielle d'un architecte londonien.

Un petit larcin d'ordre matériel est mis en exergue d'un système où la richesse est de plus en plus mal répartie entre les individus, entre les classes sociales, entre les peuples. Minghella propose ainsi un portrait qui arrive à point nommé dans les débats sociaux actuels, d'autant plus qu'il s'attarde principalement aux aspects intimes de ces problématiques. (La Presse, 17 février 2007)

RETOUR

• •

D'AUTRES NOUVEAUX NOMS

La vie des autres, lauréat de l'Oscar du meilleur film en langue étrangère, est un film exceptionnel. Quand je pense à son réalisateur, Florian Henckel von Donnersmarck, j'avoue éprouver un petit pincement au coeur. Voilà le parfait exemple d'un cinéaste doué qui s'est laissé séduire par les sirènes hollywoodiennes pour mieux y perdre son âme. *The Tourist*, un film qu'il a tourné en 2010 avec Angelina Jolie et Johnny Depp, fut l'un des plus grands fours des dernières années. Nous n'avons d'ailleurs plus aucune nouvelle de monsieur Henckel von Donnersmarck depuis.

Sinon, cette liste est essentiellement constituée de films réalisés par des cinéastes peut-être un peu moins renommés qu'à l'habitude. Bien entendu, Ang Lee est un abonné. *Lust, Caution* n'a pas eu autant d'attention que ses autres films, mais il vaut réellement le détour. Et que dire des frères Coen! Qui, grâce à *No Country for Old Men*, sont finalement allés décrocher les plus grands honneurs à Hollywood en mettant le grappin sur les deux plus prestigieux Oscar (film et réalisation). *Breaking and Entering* est par ailleurs le tout dernier film du regretté Anthony Minghella. À mon avis, ce film plus modeste n'a jamais été reconnu à sa juste valeur. Et Todd Haynes prouve avec *I'm Not There* à quel point il occupe une place à part dans le cinéma américain.

Cela dit, l'année 2007 a aussi été marquée par l'arrivée de Christian Mungiu, chef de file de la «nouvelle vague» du cinéma roumain. *4 mois, 3 semaines et 2 jours* a d'ailleurs obtenu la Palme d'or du Festival de Cannes. Avec son premier long métrage à titre de réalisatrice, Sarah Polley a aussi frappé un grand coup grâce à *Away from Her*.

Pascale Ferran et Joe Wright n'en étaient pas à leurs débuts, mais l'une comme l'autre ont offert cette année-là leur film le plus accompli.

★ Portrait ★
FABRICE LUCHINI

LA SINCÈRE AFFECTION

• •

Tous les ans après le Festival de Cannes, je me rends à Paris quelques jours avant de rentrer à Montréal. Histoire de décompresser un peu. Je n'accepte habituellement aucun rendez-vous professionnel pendant ce séjour mais j'ai fait une exception il y a deux ans pour Fabrice Luchini. D'autant que l'interview portait alors sur *Les femmes du 6ᵉ étage* (Philippe Le Guay), un film qu'il adore.

J'avais relaté les dessous de cette interview dans mon blogue. Autant que Catherine Deneuve, mais pour des raisons différentes, Fabrice Luchini, qui s'était fait remarquer dans *Molière* (Laurent Tirard) en 2007, suscite une vraie curiosité chez les gens. Ses admirateurs veulent tout savoir.

Au départ, il ne devait pas m'accorder plus de 15 minutes. « Vous savez, je devrai filer rapidement pour aller enregistrer l'émission de Drucker. On peut se voir un peu avant ou un peu après », m'explique-t-il au téléphone. J'ai préféré avant. Nous étions mercredi déjà. Les délais de bouclage de notre cahier Cinéma du samedi sont serrés. Et comme je rentre à Montréal le lendemain, j'espérais bien profiter de quelques heures en soirée dans la Ville Lumière.

Le rendez-vous est fixé. Je me pointe au Ritz (Place Vendôme) à 14 h 25. On me conduit à sa table, sur la terrasse à l'extérieur. Il fait un temps radieux. Son agente est là. Elle écoutera notre conversation mais ne s'en mêlera que pour apporter une précision, ou pour rafraîchir la mémoire de son ami (qu'elle connaît depuis 37 ans !), quand un truc lui échappe.

Quand je suis arrivé à sa table, en faisant les salutations d'usage, j'ai eu droit à un « Mais où t'as mis ton accent mon chéri ? » — « Ah beeen j'peux le prendre l'accent si tu veux, c'est pâs un problêêêême lâââ ». — « Ha ! J'adore ! »

Comme notre temps était compté, Luchini a d'entrée de jeu réitéré son amour pour le Québec, et rappelé les grands souvenirs qu'il garde de ses spectacles offerts chez nous. « Mais on ne s'éternisera pas là-dessus ; tu sais bien que cet amour est acquis, et qu'il est indéfectible. Allez vas-y mon chéri, pose-moi tes questions. »

Fabrice Luchini est ce qu'on appelle chez nous un « toucheux » et un « colleux ». C'est à dire qu'au cours de la conversation, il ressentira le besoin de vous prendre le bras ou de vous tenir la main. Et quand l'interview se passe bien, ça se termine inévitablement par des embrassades. Il est comme ça le Fabrice.

L'acteur ne s'en est jamais caché : le cinéma n'occupe qu'une fonction « alimentaire » dans sa vie. C'est plutôt le théâtre qui l'allume. En conséquence, il n'utilise jamais la langue de bois. On doit sa présence dans Les femmes du 6ᵉ étage *principalement au respect qu'il éprouve pour le réalisateur Philippe Le Guay, qu'il retrouve pour une troisième fois (après* L'année Juliette *et* Le coût de la vie*). Il ne croyait pas du tout en ce scénario au départ. Mais il estime aujourd'hui qu'il a eu tort. Et que, de toute façon, il ne sait pas lire les scénarios qu'on lui envoie.*

À la grande surprise de son agente, Luchini m'a aussi confié qu'il songeait s'installer un temps à New York. Pour y vivre. Même s'il ne parle pas un traître mot d'anglais.

« J'en ai un peu marre de la France, dit-il. On n'en peut plus de l'obsession égalitaire et de la suspicion dont font systématiquement l'objet ceux qui ont réussi un peu. Il y a présentement une haine démagogique. Et tyrannique. Il y a une passion pour l'échec en France en ce moment, un ressentiment généralisé. La gauche ne symbolise plus les grands idéaux et les grands projets. C'est une gauche du ressentiment. Et j'en ai marre. »

15 h 10. L'entretien aura finalement duré environ 40 minutes. Luchini doit maintenant se diriger vers le studio de France 2 où a lieu l'enregistrement d'un Vivement dimanche *consacré à Bernard Pivot. Luchini y sera à titre d'invité.*

« Je n'accepte pas les invitations de la télévision ces temps-ci mais je fais une exception pour Bernard. Parce que nous partageons l'amour de la langue française et que nous voulons la défendre. Et je n'ai pas

besoin de t'expliquer, toi qui es Québécois, pourquoi il est important de la défendre!»[54]

Le passage au cours duquel il explique avoir un peu marre de la France n'est pas passé inaperçu. Il a même suscité beaucoup de réactions — parfois violentes — sur certains sites français. Des journalistes de là-bas m'ont contacté pour demander des précisions. Et s'étonnaient que j'aie gardé ce passage de l'interview pour mon blogue plutôt que pour l'article «officiel» publié dans *La Presse*. «Parce que, leur ai-je répondu, l'article était d'abord consacré à un film. Et même si les Québécois portent davantage intérêt pour la politique française que les Français n'en portent pour la politique québécoise et canadienne, il reste qu'elle ne figure quand même pas très haut sur notre liste de priorités.» Fin de la discussion.

---

54. Blogue *Lapresse.ca*, 28 mai 2011

2008

★ 1 ★
LA GRAINE ET LE MULET
Abdellatif Kechiche (France)

Avec Habib Boufares, Hafsia Herzi, Farida Benkhetache.

...

À Sète, un homme âgé d'une soixantaine d'années tente de réaliser son rêve d'ouvrir un restaurant où pourrait travailler en harmonie sa nombreuse famille.

En allant au bout de chaque scène sans jamais forcer inutilement la note, Kechiche aligne les morceaux d'anthologie, fort d'un scénario exemplaire, truffé de dialogues qu'on dirait extirpés directement de conversations fortuites. Qu'il filme le grand-père rendant visite à sa petite fille ; qu'il nous invite à un repas en famille, ou qu'il s'attarde a une conversation entre amis, l'auteur cinéaste affiche une maîtrise exceptionnelle, laquelle culmine en un dernier acte époustouflant. (La Presse, 2 août 2008)

★ 2 ★
TOUT EST PARFAIT
Yves-Christian Fournier (Québec)

Avec Maxime Dumontier, Chloé Bourgeois, Claude Legault, Normand D'Amour.

...

Un adolescent âgé de 17 ans peine à se remettre du suicide de ses quatre meilleurs amis.

Rarement un film québécois aura-t-il été aussi éloquent dans sa façon de traduire à la fois l'impuissance, l'incompréhension, le malaise, la peine. Tant du côté de ceux qui choisissent de mourir que de celui qu'ils laissent derrière. On ne nomme pas vraiment les choses dans Tout est parfait. *On les ressent dans sa chair, dans son âme. L'un des films les plus puissants à avoir été produits chez nous au cours des dernières années. (La Presse, 16 février 2008)*

★ 3 ★
WALTZ WITH BASHIR (Valse avec Bachir)
Ari Folman (Israël)

Avec Ari Folman, Ori Sivan, Ronny Dayaq.

…

Victime d'un traumatisme qui a carrément effacé de sa mémoire les événements qu'il a vécus alors qu'il était en poste au Liban au début des années 80, un soldat israélien repart à la trace de lui-même.

Dans ce documentaire d'animation à caractère autobiographique, Ari Folman met à contribution d'anciens compagnons d'armes dispersés un peu partout dans le monde pour reconstruire pièce par pièce le puzzle de sa mémoire blessée. Empruntant la forme d'un journal intime, Valse avec Bachir *se transforme ainsi en portrait impressionniste poignant, l'animation octroyant au récit un grand pouvoir d'évocation. (La Presse, 27 décembre 2008)*

★ 4 ★
MILK
Gus Van Sant (États-Unis)

Avec Sean Penn, James Franco, Emile Hirsch, Josh Brolin.

…

À la fin des années 70, le conseiller municipal de San Francisco Harvey Milk s'engage dans un combat politique pour la reconnaissance des droits des homosexuels.

Voici le premier «grand» film à vocation populaire retraçant la lutte qu'ont dû mener les gais pour la reconnaissance de leurs droits. Mais au-delà de cette particularité, Gus Van Sant propose un drame biographique exemplaire, à la fois sobre et vibrant, mené de main de maître par un cinéaste en pleine possession de ses moyens. Performance exceptionnelle de Sean Penn dans le rôle titre. (La Presse, 6 décembre 2008)

★ 5 ★
DE L'AUTRE CÔTÉ (Auf Der Anderen Seite)
Fatih Akin (Allemagne)

Avec Baki Davrak, Tuncel Kurtiz, Hanna Schygulla.

…

Entre l'Allemagne et la Turquie, les chassés-croisés de six individus.

À n'en pas douter, le jeune auteur cinéaste fait désormais partie de ces créateurs qui, par la simple force de leur talent, contribuent à une meilleure compréhension du monde dans lequel on vit. À cet égard, De l'autre côté est un film important, particulièrement dans un contexte où les thèmes d'identité et d'affirmation se retrouvent au coeur du discours social et politique.
(La Presse, 3 mai 2008)

★ 6 ★
UN CONTE DE NOËL
Arnaud Desplechin (France)

Avec Mathieu Amalric, Catherine Deneuve, Chiara Mastroianni, Anne Consigny.

...

Une famille rapplique à la maison familiale quand la mère reçoit le diagnostic de la même maladie qui a tué le fils aîné il y a plus de 30 ans...

Desplechin aborde cette fois à un thème pour le moins délicat : le désamour au sein d'une famille. L'auteur cinéaste en explore les arcanes de manière très franche, tout en empruntant une liberté de ton qui amène le récit en des zones insoupçonnées. À cet égard, ce Conte de Noël s'inscrit dans la parfaite continuité d'une oeuvre singulière, construite sur la complexité des relations intimes et filiales. (La Presse, 22 novembre 2008)

★ 7 ★
THE CURIOUS CASE OF BENJAMIN BUTTON
(L'étrange histoire de Benjamin Button)
David Fincher (États-Unis)

Avec Brad Pitt, Cate Blanchett, Taraji P. Hanson, Julia Ormond.

...

Quelque 80 ans d'histoire à travers les yeux d'un homme qui est né dans le corps d'un vieillard et qui mourra dans celui d'un nouveau-né.

Pour une rare fois, la technologie est ici mise au service de l'histoire. Grâce cette adaptation libre d'une nouvelle de F. Scott Fitzgerald datant des années 20, David Fincher réussit le pari de rendre crédible un récit incroyable. Mieux, il parvient même à nous émouvoir en remontant le fil d'une histoire d'amour poignante à laquelle le destin n'offre que peu de chances de s'épanouir. Très beau. (20 décembre 2008)

★ 8 ★
LES TÉMOINS
André Téchiné (France)

Avec Michel Blanc, Emmanuelle Béart, Sami Bouajila.

...

En 1984, un médecin quinquagénaire noue une amitié avec un jeune homme alors qu'une étrange maladie fait son apparition.

Plutôt que de nous servir un récit didactique qui relaterait le pourquoi du comment de l'apparition du sida, Téchiné préfère aller voir ailleurs. Et propose une réflexion sur les dommages collatéraux qu'a laissés — que laisse toujours — le traumatisme d'une maladie à travers laquelle ont été cristallisées bien des idées reçues. Et pourtant non recevables. L'un des plus beaux films du réalisateur des Roseaux sauvages. (La Presse, 1er mars 2008)

★ 9 ★
THE DARK KNIGHT (Le chevalier noir)
Christopher Nolan (États-Unis)

Avec Christian Bale, Heath Ledger, Aaron Eckhart.

...

Batman collabore avec les autorités afin de combattre un voleur de banque aliéné qui met Gotham City à feu et à sang.

Le résultat, franchement, impressionne. Nolan a su allier harmonieusement la notion de grand spectacle au raffinement d'une véritable démarche d'auteur cinéaste. Plongeant Gotham City dans une atmosphère très «post 11 septembre», le réalisateur s'attarde à décrire les jeux de pouvoirs qui s'exercent et se tiraillent entre des personnages qui, tous, devront remettre en question leurs propres valeurs morales. (La Presse, 19 juillet 2008)

★ 10 ★
LES CHANSONS D'AMOUR
Christophe Honoré (France)

Avec Ludivine Sagnier, Louis Garrel, Chiara Mastroianni.

...

Après un drame qui l'affecte profondément, un jeune homme cherche réconfort dans les bras de garçons et de filles.

Christophe Honoré aborde son amour de la comédie musicale de front. Au-delà de la forme, il y a dans ce film très moderne, très ancré dans son époque, une

dynamique qui ramène à nos esprits les premiers émois de la Nouvelle Vague. Comme une façon d'imposer d'emblée des idées qui vont à l'encontre du conservatisme ambiant, tant sur le plan social, que moral ou sexuel.
(La Presse, 19 mai 2007)

RETOUR

. . . .

AH ! LES CHANSONS...

Je souris toujours un peu quand je pense au film de Christophe Honoré *Les chansons d'amour*. Je me souviens en effet de la réaction de mes collègues québécois quand le film fut projeté une toute première fois au Festival de Cannes. Ils n'en revenaient pas. Ils se demandaient quel détour insidieux j'avais emprunté pour arriver à apprécier ce qui, à leurs yeux, apparaissait comme une insupportable bluette, mal chantée par des acteurs sans voix. La presse internationale partageait généralement leur avis d'ailleurs. N'empêche. Je persiste et signe. Le film a été un succès en France (et nulle part ailleurs), particulièrement auprès des jeunes, et les chansons d'Alex Beaupain ont fait de ce dernier l'un des auteurs compositeurs les plus en vue. Encore aujourd'hui, je revois ce film avec grand plaisir. En fredonnant toutes les chansons...

L'année 2008 fut de très haut calibre. Et dominée bien entendu par *La graine et le mulet*, un film à mon sens exceptionnel, même s'il n'est pas du goût de tous. Les cinéastes dotés d'une forte personnalité provoquent d'ailleurs souvent des réactions viscérales. Encensez un film de Michael Haneke ou d'Abdellatif Kechiche et votre boîte de réception se remplira instantanément de courriels rédigés par des spectateurs furieux qui exigent remboursement. « J'y suis allé à cause de votre critique, écrivent-ils. Dites-moi ce que vous avez trouvé de bon là-dedans!»

Heureusement, d'autres films font davantage consensus. *The Dark Knight* par exemple. Autour duquel planaient cette année-là des rumeurs de nominations aux Oscar dans les catégories de pointe. Ce ne fut pas le cas. Mais Heath Ledger fut quand même célébré à titre posthume dans la catégorie du meilleur acteur de soutien.

Évidemment, plus on avance dans cet exercice, plus les titres restent frais à nos mémoires. Si je devais toutefois attirer une attention particulière sur l'une des œuvres retenues sur cette liste, je choisirais *De l'autre côté*. L'excellent film de Fatih Akin, pratiquement impossible à résumer, avait notamment obtenu le prix du meilleur scénario au Festival de Cannes. Un laurier tout à fait mérité.

Un mot, enfin, sur *Tout est parfait*. Yves-Christian Fournier a réalisé l'un des plus beaux films québécois de la dernière décennie. Qu'il ait autant de difficulté à monter ses nouveaux projets dépasse l'entendement.

★ Portrait ★
MARION COTILLARD

LE BEAU PARCOURS
. . . .

Ma première rencontre avec Marion Cotillard remonte à 2006. J'avais eu le plaisir de l'interviewer à Toronto. Elle y était pour soutenir la présentation de *A Good Year*, un film de Ridley Scott dans lequel elle donnait la réplique à Russell Crowe. Elle avait alors déjà tourné *La môme* (rebaptisé *La vie en rose* en Amérique du Nord) mais nous étions alors à six mois de la sortie du film qui, en 2008, devait lui valoir l'Oscar de la meilleure actrice. Elle est d'ailleurs la seule comédienne française à avoir décroché cet honneur grâce à un rôle où le personnage s'exprime dans la langue de Molière.

Marion Cotillard a beau tirer son épingle du jeu dans cette comédie ensoleillée, qui fut plutôt sèchement accueillie dans la Ville reine, il est clair que son esprit est plus habité par le film d'Olivier Dahan qui prendra l'affiche en février à Paris. Dans La môme, *l'actrice a pris un rôle colossal à bras le corps : celui d'Edith Piaf. « C'est l'une des plus grandes expériences de ma vie ! », lance-t-elle simplement.*

On sent en tout cas chez elle la fierté de celle qui a finalement réussi à convaincre ceux qui ne la prenaient pas au sérieux au départ. Marion Cotillard fut en effet révélée par Taxi, un film qui, reconnaît-elle, aurait pu faire appel à n'importe quelle autre actrice sans que l'ensemble n'y perde au change.

« On m'a tout de suite placée dans la catégorie des actrices de comédies populaires, pensant probablement que je ne savais faire que ça. »[55]

Évidemment, le succès de *La vie en rose* lui a ouvert les plus grandes portes du cinéma international. Visiblement, l'actrice a bien su gérer la notoriété que lui a valu son Oscar. Des œuvres signées Michael Mann, Christopher Nolan, Rob Marshall, Jacques Audiard, Steven Soderbergh (entre autres), figurent en outre sur sa feuille de route.

Il m'étonne aussi parfois de constater à quel point certains créateurs parviennent à deviner chez un interprète un tempérament insoupçonné.

---

55. *La Presse*, 4 novembre 2006.

Prenez Marion Cotillard, par exemple. Dans La vie en rose, *elle incarne une Piaf plus vraie que nature. Non seulement sur le plan physique, mais aussi en plongeant sans retenue dans les émotions exacerbées d'une femme qui aimait plus fort que sa mesure, qui souffrait plus que de raison, et qui, bénie d'un talent effrontément divin, chantait à s'en fendre l'âme pour se raccrocher à la vie. Pas évident de rendre justice à un tel personnage, de surcroît à un mythe intouchable.*

Avez-vous vu l'actrice cette semaine au cours de son passage en nos terres pour accompagner la sortie du film ? Honnêtement, dites-moi. Auriez-vous franchement pu penser une seule seconde que cette jeune femme au teint de pêche pouvait instinctivement se glisser dans le petit corps malade de l'interprète de L'hymne à l'amour *?*

Que cette actrice à la voix toute frêle pouvait mordre à pleines dents dans le vocabulaire tonitruant de l'orpheline de Belleville en empruntant les mêmes tonalités, le même accent gouailleur ? Qu'elle pouvait s'abandonner jusqu'au vertige ? Qu'elle pouvait ÊTRE Édith Piaf, avec tous les excès que cela implique sans jamais sombrer dans le ridicule ?

Le réalisateur Olivier Dahan, lui, a vu tout ça. Comment ? Je ne sais pas. Peut-être même Marion Cotillard ne le sait-elle pas non plus elle-même. Combien de fois, d'ailleurs, les acteurs nous disent attendre d'un cinéaste qu'il extirpe d'eux des choses dont ils ne devinent même pas l'existence ? Quand ce rare lien créatif se crée, il peut en tout cas engendrer de belles et grandes choses.

À mon avis, la prestation de Marion Cotillard relève de l'état de grâce. Je souhaite pourtant à l'actrice, qui compte déjà des films de Tim Burton, de Jean-Pierre Jeunet et de Ridley Scott à son palmarès, de ne pas avoir trouvé dans La vie en rose *le rôle de sa vie. Pour le salut de son propre parcours.*

Au Festival de Toronto l'an dernier, où elle accompagnait la présen-
tation de A Good Year *(le film raté de Ridley Scott), celle qui fut*
révélée grâce à Taxi *était visiblement un peu en deuil de sa Piaf. Six*
mois plus tard, aucun projet ne figure encore à son programme.
Doit-on y déceler une difficulté pour elle de trouver un projet aussi
enthousiasmant? Que peut-on faire après avoir incarné avec brio
un personnage pareil? Vraiment pas évident...[56]

Heureusement pour elle (et pour nous!), cette disette fut de courte
durée.

---

56. *La Presse*, 16 mars 2007.

2009

★ 1 ★
UP IN THE AIR (Haut dans les airs)
Jason Reitman (États-Unis)
Avec George Clooney, Vera Farmiga, Anna Kendrick.

...

L'existence d'un homme passant sa vie entre hôtels et aéroports risque d'être transformée par les nouvelles idées d'une recrue.

Plus qu'une comédie romantique aux relents de blues existentiel. Sans trop en avoir l'air, Reitman apostrophe quelque chose dans l'air du temps. Et circonscrit magnifiquement la nature d'une époque où les individus se replient sur eux-mêmes en guise de défense. À cet égard, l'auteur cinéaste affiche une finesse dans son écriture et dans sa réalisation, mais aussi dans sa compréhension d'un monde affligé par des drames qui vont bien au-delà des simples statistiques. Et il tient le pari de faire sourire malgré tout. (La Presse, 12 décembre 2009)

★ 2 ★
HOMMES À LOUER
Rodrigue Jean (Québec)

...

Pendant un an, le réalisateur rencontre des jeunes hommes de la rue.

Dans cet extraordinaire documentaire, Rodrigue Jean braque sa caméra sur les visages d'une douzaine de jeunes hommes qui s'adonnent à la prostitution dans le Village. Patiemment, le réalisateur de Lost Song donne la parole à ces p'tits poqués. Les témoignages sont là, bruts, plus éloquents que n'importe quelle étude, même s'ils sont parfois un peu tout croches. Du coup, ces êtres broyés à la moulinette de la marchandisation nous renvoient à la figure notre propre indolence collective. (La Presse, 18 décembre 2009)

★ 3 ★
TWO LOVERS (Deux amants)
James Gray (États-Unis)

Avec Joaquin Phoenix, Gwyneth Paltrow, Vinessa Shaw, Isabelle Rossellini.

...

Après une douloureuse rupture amoureuse, un homme retourne vivre chez ses parents et s'entiche d'une nouvelle voisine, mystérieuse et instable.

Même si le récit de Two Lovers *est articulé autour d'une histoire d'amour aux accents romanesques et tragiques, aucune trace de sentimentalisme ne peut être ici détectée. Ce film est superbe, tant sur le plan du style que sur celui de l'écriture. Il en émane un romantisme inouï, sombre et grave. D'une histoire aussi déchirante que ses protagonistes, Gray tire un drame sincère, qu'il ponctue de magnifiques envolées. (La Presse, 4 avril 2009)*

★ 4 ★
ANTICHRIST
Lars Von Trier (Danemark)

Avec Charlotte Gainsbourg, Willem Dafoe.

...

Un couple en deuil se retire en forêt en espérant calmer sa douleur et sauver son mariage.

Antichrist n'est pas un film « aimable », c'est certain. Mais ô combien fascinant. Lars Von Trier a mis son âme malade au service d'une plongée en apnée dans la psyché humaine. Dans toute sa complexité, ses contradictions, ses violences, sa morbidité. Une oeuvre forte, brillante et audacieuse, issue instinctivement d'un esprit fragile, tentant d'exorciser les peurs qui l'étreignent par une thérapie de choc. Déjà ça, c'est émouvant. (La Presse, 14 novembre 2009)

★ 5 ★
POLYTECHNIQUE
Denis Villeneuve (Québec)

Avec Maxim Gaudette, Karine Vanassse, Sébastien Huberdeau, Evelyne Brochu.

...

La vie de deux étudiants bascule le jour où un jeune homme débarque à Polytechnique avec le désir d'entraîner dans la mort le plus de femmes possible.

Avant tout une expérience sensorielle. L'approche que privilégie Villeneuve est de plonger le spectateur au coeur du tumulte. À cet égard, le choix d'utiliser le noir et blanc (travail remarquable du directeur photo Pierre Gill) se révèle parfaite-ment justifié. Dénuées de toute complaisance, les images évoquent ainsi l'hor-reur d'une réalité insoupçonnable, tout autant que son caractère inimaginable. (La Presse, 7 février 2009)

★ 6 ★
INGLOURIOUS BASTERDS (Le commando des bâtards)
Quentin Tarantino (États-Unis)

Avec Brad Pitt, Christoph Waltz, Diane Kruger, Mélanie Laurent.

...

Il y avait du potentiel dans la version présentée en primeur à Cannes, mais aussi des ratés. Le film présenté en salle quelques mois plus tard était beaucoup mieux resserré, et diablement plus efficace. En concoctant un drame de guerre loufoque aux allures de western spaghetti, Tarantino réinvente le cours de l'his-toire. Rares sont les cinéastes qui peuvent tout oser de la sorte et nous offrir quelques scènes d'anthologie en prime. (La Presse, 18 décembre 2009)

★ 7 ★
ENTRE LES MURS
Laurent Cantet (France)

Avec François Bégaudeau, Franck Keïta, Esméralda Ouertani.

...

Survol en profondeur d'une année entre les murs d'une classe de français, dans un collège multiculturel parisien.

Véritable microcosme, la classe devient ici un espace où sont débattus des enjeux qui marquent notre époque : immigration, intégration, rapports d'autorité, relations hommes — femmes, etc. Le réalisateur de L'emploi du temps a trouvé dans l'approche de François Bégaudeau, le prof dont l'ouvrage est à l'origine du long métrage (et qui joue magnifiquement son propre rôle), la matière docu-mentaire dont il avait besoin pour élaborer le film dont il rêvait sur le thème de l'éducation. (La Presse, 18 décembre 2009)

★ 8 ★
LES PLAGES D'AGNÈS
Agnès Varda (France)

...

En revenant sur les plages qui ont marqué sa vie, la cinéaste Agnès Varda se met en scène au milieu d'extraits de ses films, d'images et de reportages.

Pionnière en son domaine, Agnès Varda affiche un sens artistique hors du commun. Une façon d'occuper l'espace, de le concevoir autrement, de le réinventer. À cet égard, le ton est donné dès le départ alors qu'un simple jeu de miroirs installé sur une plage donne droit à des images d'une beauté sublime. Tout le film s'inscrit d'ailleurs sous le sceau de cette simplicité, dans les reflets des gens qui se répercutent sur une créatrice d'exception.
(La Presse, 14 mars 2009)

★ 9 ★
ÉTREINTES BRISÉES (Los Abrozos Rotos)
Pedro Almodóvar (Espagne)

Avec Penélope Cruz, Lluís Homar, Bianca Portillo.

...

Plusieurs années après être devenu aveugle, un cinéaste relate à un jeune homme les circonstances de l'accident.

De l'avis général, Los Abrazoz Rotos serait un film « mineur » dans la filmographie du chantre de la Movida. Quand même, on trouve dans ce nouvel opus des relents de la Loi du désir et de La mauvaise éducation. Surtout, il y a dans ce 17e long métrage une façon unique de parler d'amour, de création et de cinéma. Un cinéma qui, aux yeux du cinéaste, magnifie tout. Et sublime aussi bien les petits que les grands drames de l'aventure humaine.
(La Presse, 19 décembre 2009)

★ 10 ★
NINE (Neuf)
Rob Marshall (États-Unis)

Avec Daniel Day-Lewis, Marion Cotillard, Penélope Cruz, Nicole Kidman.

...

Alors qu'il traverse une grave crise créatrice, un cinéaste ramène à son esprit toutes les femmes de sa vie.

Je ne suis pas fan de tous les « musicals » mais j'ai quand même, disons, un préjugé favorable. Et celle-ci est bien torchée. Penélope Cruz, Kate Hudson, Marion Cotillard, Fergie, Nicole Kidman... Des actrices (et un acteur) magnifiées ; quelques numéros spectaculaires ; une évocation de la grande époque du cinéma italien à travers le 8 ½ de Fellini, le tout sous la direction très sûre de Rob Marshall, grand spécialiste du genre. Comment ne pas craquer ? (La Presse, 18 décembre 2009)

RETOUR

L'ANNÉE « SANS »

Il y a des années marquées par de véritables coups de cœur. Ces œuvres, vous le savez d'instinct, vous accompagneront ensuite pendant tout le reste de votre vie. Et puis, il y en a d'autres, plus « ordinaires ». Les mois passent, ponctués de beaux films, certes, mais pas un seul d'entre eux ne vous bouleverse au point où leur présence au palmarès est incontestable.

2009 fait partie de ces années « sans ». D'où, probablement, le choix d'inscrire le film de Jason Reitman *Up in the Air* en tête de liste. Il faut dire que le réalisateur de *Juno* a su apostropher dans son film de manière tangible le blues de la crise financière en dressant un portrait intime et social remarquable. Je dis toujours aussi que Reitman a certainement dû un jour me voir passer les mesures de sécurité dans un aéroport parce que le rituel que fait George Clooney dans ce film est en tous points conforme au mien !

Bien que les habitués de ces listes (Almodóvar, Von Trier, Tarantino) aient proposé des titres tout à fait honorables en 2009, ceux-ci ne trônent pas au sommet de leur œuvre d'ensemble. On remarque aussi un décalage de plus en plus marqué entre les sorties des films en Europe et au Québec. *Entre les murs*, lauréat de la Palme d'or du Festival de Cannes en 2008, a pris l'affiche chez nous seulement l'année suivante. On peut en dire autant du très beau film de James Gray *Two Lovers*. Dans ce cas précis, la distribution du film aux États-Unis fut carrément déficiente.

À 80 ans, Agnès Varda reste de son côté l'un des esprits les plus créatifs du monde du cinéma.

Grande année pour le cinéma québécois aussi. Denis Villeneuve a souligné son retour — il n'avait pas tourné de long métrage depuis *Maelström* — de grande façon avec *Polytechnique*. Rodrigue Jean a par ailleurs montré à quoi ressemble une vraie démarche documentaire. Et puis, trois films québécois ont été sélectionnés à la Quinzaine des réalisateurs du Festival de Cannes : *Carcasses* (Denis Côté), *Polytechnique* et *J'ai tué ma mère*. C'est là qu'est né le phénomène Xavier Dolan.

★ Portrait ★
XAVIER DOLAN
FULGURANCES
· ·

Xavier Dolan suscite des réactions passionnées. Admiré par une bonne partie de la population du Québec, il est aussi décrié par une certaine frange de ce même public qui accuse les journalistes locaux de complaisance et leur reproche d'avoir monté en épingle le talent de ce « petit prétentieux ». Il suffit pourtant de suivre le moindrement l'actualité cinématographique pour se rendre compte à quel point le jeune homme est devenu très vite une star du cinéma mondial. Voici le tout premier texte que j'ai rédigé à propos de Xavier. C'était au retour du Festival de Cannes de 2009.

Le dernier jour du 62ᵉ Festival de Cannes. Plus que trois heures avant l'annonce du palmarès. Cassivi a faim. On décide de se faire un « à table avec » dans un petit resto situé en retrait de la Croisette, chère et infréquentable le week-end de toute façon. On spécule sur la teneur du palmarès. On mesure surtout les chances qu'a Xavier Dolan de remporter la Caméra d'or, remise au meilleur premier long métrage, toutes sections confondues. Paraîtrait qu'au Québec, tout le monde retient son souffle depuis une semaine, soit depuis que J'ai tué ma mère a fait sensation à la Quinzaine des réalisateurs.

Nous sommes justement en train de discuter de la question « entre Marcs », en attaquant notre entrée tomates mozzarella, quand apparaît dans notre champ de vision — par le plus pur des hasards — notre amie journaliste Odile. Elle est accompagnée de celui que tout le monde s'arrache. Et dont elle est très proche — elle en a déjà fait part dans une chronique dans Le Devoir. Il y a beaucoup de fébrilité dans l'air. Asseyez-vous avec nous, prenez une pause, mangez donc un peu. Les tomates mozzarella sont délicieuses. Pis ? As-tu eu des nouvelles ? Non. Pas encore.

Le moment est un peu surréaliste, j'avoue. Xavier fait un peu partie de notre entourage depuis quelques années. J'ai souvent vu le jeune homme dans les festivals, dans les visionnements de presse, accompagnant notre distinguée collègue — à qui il dit devoir son goût pour la culture en général —, et il a parfois cassé la croûte avec nous entre deux projections. À vrai dire, jamais je n'aurais pu imaginer que ce jeune verbomoteur, encore inconnu du public il y a un mois, serait catapulté du jour au lendemain dans les plus hautes sphères de la hiérarchie cinématographique mondiale. J'ai écrit un scénario, je réalise mon film bientôt. Ben oui. T'es mignon. Et puis, bang! En lice pour la Caméra d'or à Cannes, toi! À peine 20 ans, putain!

On se commande des pâtes? Allez. Le portable de Xavier n'en finit plus de tempêter. À peu près tous les médias québécois lui courent après. Normal. Son histoire, en plus d'emprunter les allures d'un conte de fées, est unique. Et sa forte personnalité, doublée d'un sens de la répartie très vif, est du pur bonbon pour les médias.

Il reste maintenant un peu moins de deux heures avant la cérémonie. L'appel tombe enfin. C'est non. Pas de Caméra d'or ni de mention spéciale. Les délibérations auraient été longues. Bien sûr qu'il est déçu. Mais Xavier ne s'est pas apitoyé sur son sort plus de 30 secondes. Il a pris le temps de terminer son plat et de badiner un peu avec nous avant de prendre congé. Il regagnait Paris le soir même. Plusieurs rendez-vous figuraient à son horaire le lendemain. L'auteur cinéaste brasse ses affaires. Il est déjà dans son prochain film, Laurence Anyways. *Il souhaite le tourner le plus rapidement possible. Il le fera. Sans aucun doute.*

C'est probablement ce qui impressionne le plus chez ce garçon. Au-delà des qualités (bien réelles) et des défauts de J'ai tué ma mère, *voilà un type que rien ne semble pouvoir démonter. Incroyablement lucide, sans complexe par rapport à ses ambitions, le jeune créateur a très habilement su manier tous les aspects du jeu cannois. Alors que plusieurs d'entre nous auraient vite été dépassés par les événements ou auraient croulé sous la pression, Xavier a affiché un aplomb de tous les instants. On ne le lui dit pas fort, de crainte que sa mèche ne gonfle encore un peu trop, mais force est d'admettre que nous sommes ici en face d'un être d'exception.*

Lundi soir dernier, le gratin montréalais s'est réuni au Cinéma Impérial, où avait lieu la première québécoise du film. Encore une fois, le jeune homme a été brillant dans sa présentation. Drôle, vif, spontané, il n'a pas oublié non plus — c'est tout à son honneur — de saluer Jean-Guy Chaput, président-directeur général de la SODEC, à qui le conseil d'administration a demandé de quitter ses fonctions dans des circonstances pour le moins inélégantes. Il n'est pas dit qu'à sa place, un autre cinéaste aurait osé le faire. Mais Xavier ne fait rien comme les autres. Pas même sa mise au monde.[57]

----

57. *La Presse*, 5 juin 2009.

2010

★ 1 ★
UN PROPHÈTE
Jacques Audiard (France)

Avec Tahar Rahim, Niels Arestrup, Adel Bencherif.

...

Condamné à six ans de prison, un jeune délinquant analphabète tombe sous la coupe de mafieux corses à l'intérieur des murs.

Avec une maîtrise sidérante, sans jamais perdre le rythme, Audiard accouche d'une mise en scène à la mesure de son scénario. L'adéquation entre la forme et le fond frôle ici la perfection. Même les incursions oniriques, plus casse-gueule, atteignent la cible. D'une grande ambition formelle, ce film l'est, assuré-ment. Depuis Sur mes lèvres, le style du cinéaste se précise et s'affine. Il atteint ici des sommets. (La Presse, 6 février 2010)

★ 2 ★
LE RUBAN BLANC (Das Weisse Band)
Michael Haneke (Allemagne)

Avec Christian Friedel, Ernst Jacobi, Leonie Benesch, Ulrich Tukur.

...

Des accidents étranges surviennent dans un petit village protestant d'Allemagne du Nord, tout juste avant la Première Guerre mondiale.

Le réalisateur autrichien a délaissé l'approche plus provocante de ses films précédents pour offrir une chronique empreinte d'austérité. Le propos du Ruban blanc est d'autant plus puissant et ravageur que l'auteur cinéaste l'enrobe d'un voile doucereux — presque serein — sous lequel on devine les pires turpitudes. Une mise en abyme subtile aux accents bergmaniens. (La Presse, 27 février 2010)

★ 3 ★
DES HOMMES ET DES DIEUX
Xavier Beauvois (France)

Avec Lambert Wilson, Michael Lonsdale, Jean-Marie Frin.

...

En 1996 en Algérie, la sécurité de moines cisterciens est compromise par les actions du Groupe Islamiste Armé.

Lauréat du Grand Prix au Festival de Cannes cette année, Des hommes et des dieux, *est à inscrire au panthéon des grandes oeuvres spirituelles contemporaines. Au même titre que* Thérèse *(Alain Cavalier) ou, plus près de nous,* La neuvaine *(Bernard Émond) Portant à l'écran un scénario inspiré du massacre tragique, en 1996, de sept moines français à Tibhirine en Algérie, Xavier Beauvois* (Le petit lieutenant) *offre un film sobre et bouleversant, atteint par la grâce. (La Presse, 31 décembre 2010)*

★ 4 ★
INCEPTION (Origine)
Christopher Nolan (Grande-Bretagne)

Avec Leonardo DiCaprio, Marion Cotillard, Ellen Page, Joshua Gordon-Levitt.

...

Un espion industriel à la solde d'un riche homme d'affaires a pour mission d'inoculer une décision dans le subconscient de l'héritier d'une multinationale.

Sur le plan visuel, Inception *est tout simplement grandiose. Sur le fond, les questions auxquelles Christopher Nolan fait écho ont aussi de quoi nourrir notre esprit bien après la projection. Mise en scène remarquable, scénario étonnant, photographie exceptionnelle (signée Wally Pfister), partition musicale inspirée (Hans Zimmer), tout concourt ici à faire un film mémorable qui, d'emblée, s'inscrira parmi les classiques des films de science-fiction. (La Presse, 17 juillet 2010)*

★ 5 ★
CARLOS
Olivier Assayas (France)

Avec Edgar Ramirez, Alexander Scheer, Alejandro Arroyo.

...

Une évocation de la vie d'Ilich Ramirez Sanchez, célèbre terroriste surnommé « Carlos ».

Sans recourir au psychologisme facile, Assayas s'attarde surtout à dépeindre un homme dont la personnalité est très complexe, notamment par rapport à son image. Triomphant au début, misant à fond sur son côté séducteur, Carlos dépérit pourtant au fil des périples et des contrariétés. Encore aujourd'hui, du fond de la geôle, Carlos reste une énigme. Et un formidable personnage de cinéma. Lequel est aussi emblématique d'une époque. (La Presse, 16 octobre 2010)

★ 6 ★
POTICHE
François Ozon (France)
Avec Catherine Deneuve, Fabrice Luchini, Gérard Depardieu, Karin Viard.
...

Dans les années 70, l'épouse d'un industriel doit prendre en main l'entreprise de ce dernier...

À mi-chemin entre Sitcom et 8 Femmes. Catherine Deneuve fait merveille dans le rôle d'une femme — trophée des années 70 à qui personne ne demande son avis. Et qui, par un concours de circonstances, se retrouve à la tête de l'entreprise dirigée par son mari (Fabrice Luchini) Cette comédie grinçante et tendre à la fois, toujours étonnante, nous offre aussi d'irrésistibles moments entre l'actrice vedette et Gérard Depardieu. (La Presse, 31 décembre 2010)

★ 7 ★
BIUTIFUL
Alejandro González Iñárritu (Mexique)
Avec Javier Bardem, Maricel Álvarez, Eduard Fernández.
...

Un homme impliqué dans des actions clandestines a aussi des dons de médium.

Le réalisateur de Babel amorce un nouveau cycle avec Biutiful, un mélodrame assumé dont il a écrit seul le scénario. Si ce plus récent opus s'inscrit différemment dans sa démarche artistique, le cinéaste mexicain aborde néanmoins de front ses préoccupations habituelles. Iñárritu offre ici un film émouvant, porté par une performance remarquable de Javier Bardem. (La Presse, 31 décembre 2010)

★ 8 ★
PERSÉCUTION
Patrice Chéreau (France)

Avec Romain Duris, Charlotte Gainsbourg, Jean-Hugues Anglade.

...

Un homme exigeant en amitié et en amour est persécuté par un inconnu qui affirme être amoureux fou de lui.

La quête du réalisateur de L'homme blessé *l'amène à pousser les affrontements psychologiques dans leurs derniers retranchements. Comme une urgence de dire, de scruter les sentiments dans ce qu'ils ont de plus brut, sans faux-fuyants.* Persécution *est sans doute le film où Chéreau amène son questionnement le plus loin, même s'il n'est pas son plus « aimable ». (La Presse, 24 juillet 2010)*

★ 9 ★
ANIMAL KINGDOM
David Michôd (Australie)

Avec James Frecheville, Jacki Weaver, Joel Edgerton, Guy Pearce.

...

À la mort de sa mère, un adolescent accepte d'aller habiter chez sa grand-mère. Qui est à la tête d'une famille de criminels...

Ce premier long métrage se distingue par une approche très réaliste, en parfait équilibre entre le film de « pègre » et le drame familial. Marquée par des performances électriques d'acteurs pratiquement inconnus chez nous (Guy Pearce mis à part), cette évocation quasi shakespearienne, campée dans un modeste milieu de Melbourne, se colle sur les réflexes instinctifs de ses protagonistes. Très fort. (La Presse, 31 décembre 2010)

★ 10 ★
INCENDIES
Denis Villeneuve (Québec)

Avec Maxim Gaudette, Lubna Azabal, Mélissa Désormeaux-Poulin, Rémy Girard.

...

À la mort de leur mère, des jumeaux reçoivent un testament les incitant à retracer au Moyen-Orient un frère dont ils ignoraient l'existence.

Un film poignant. Des scènes puissantes ponctuent cette histoire, que Villeneuve filme sans ostentation mais de façon très franche, comme pour mieux retranscrire la nature horrible des faits relatés. Pour qui n'a pas vu la pièce originale de Wajdi Mouawad, l'impact émotif n'en sera que plus grand, d'autant plus que tous les éléments du récit convergent vers un dénouement dont on ne peut soupçonner la résonance intime. (La Presse, 4 septembre 2010)

RETOUR

• •

LA FILIÈRE HANEKE – AUDIARD

Au chapitre précédent, nous évoquions une année «sans». Virage à 180 degrés pour 2010. Dans mon esprit, il n'y a même pas de «première» et «deuxième» position sur ce palmarès. *Le ruban blanc* et *Un prophète* figurent tous deux dans une classe à part, pratiquement à égalité. L'année précédente, le film de Haneke avait obtenu la Palme d'or du Festival de Cannes. Et celui d'Audiard le Grand prix. Visiblement, les membres du jury cannois ont été aussi déchirés.

Encore une fois, le décalage entre les sorties en France et au Québec se creuse. Lancés au mois de mai 2009, les deux chefs-d'œuvre de l'année n'ont pris l'affiche en salle qu'en février 2010 au Québec. Ces grands titres internationaux étant désormais acquis par des sociétés américaines, les distributeurs locaux se voient dans l'obligation d'harmoniser la sortie québécoise avec celle des États-Unis. Or, il appert que les distributeurs américains préfèrent de loin profiter de la course aux Oscar pour lancer leurs titres étrangers.

La situation est tellement ridicule que nous avons pris alors la décision d'intégrer dans nos listes les oeuvres vues dans la même année, même si leur sortie n'est prévue que l'année suivante. À la condition qu'elles aient au moins fait l'objet d'une présentation dans un festival de cinéma au Québec. D'où la présence dans ce palmarès de *Des hommes et des dieux*, *Potiche* et *Biutiful*, sortis en salle chez nous en 2011.

Un palmarès solide, composé de films qui ont marqué les esprits. *Animal Kingdom*, moins connu, a révélé au monde des acteurs australiens qui, depuis, mènent une belle carrière internationale (Jacki Weaver et Joel Edgerton notamment). *Persécution* fut plutôt mal accueilli dans l'ensemble, mais les admirateurs du cinéma de Chéreau n'ont pas été déçus.

Le cinéma québécois a une fois de plus engendré de beaux succès internationaux, notamment *Curling* (Denis Côté) et *Incendies* (Denis Villeneuve). Dans ce dernier cas, j'ai eu le plaisir de suivre l'équipe lors de la première mondiale du film à la Mostra de Venise, où il était inscrit dans « Venice Days », une section parallèle semblable à la Quinzaine des réalisateurs à Cannes. Personne, à ce moment, n'aurait pu prévoir le succès phénoménal qu'allait obtenir *Incendies* sur son propre territoire. Preuve que des films plus « exigeants » peuvent aussi trouver un véritable écho auprès du public.

★ Portrait ★
MARIE-JOSÉE CROZE

LE RAPPORT
« AMBIGU »

• •

Depuis son sacre inattendu au Festival de Cannes en 2003, où son rôle de soutien dans *Les invasions barbares* (Denys Arcand) lui a valu le prix d'interprétation, Marie-Josée Croze mène une carrière essentiellement française. Ce laurier est arrivé à point nommé dans le parcours professionnel de l'actrice québécoise. Qui a aussi eu la chance de faire son entrée dans le cinéma français grâce à un véritable succès populaire (*Mensonges et trahisons* de Laurent Tirard).

L'actrice s'est clairement « trouvée » là-bas. Elle y vit, elle y travaille, elle s'y épanouit. Et elle est sollicitée par des metteurs en scène dont elle partage la vision sur le plan culturel et artistique. Une simple question de sensibilité qui, dans son cas, s'adonne à trouver un plus bel écho en Europe qu'au Québec. Cela dit, elle sera de *Deux nuits*, le prochain Arcand (attendu en 2014).

Le fait que l'actrice travaille davantage à l'étranger semble être un irritant aux yeux de certaines personnes. On fait aussi tout un plat du fait que l'accent français persiste quand elle s'exprime en entrevue. Si Marc-André Grondin est capable de reprendre sur le champ son accent naturel, pourquoi pas elle ? J'avoue mal comprendre notre attitude. Et je trouve injuste le traitement réservé à l'actrice. J'en avais fait part dans un article consacré à Marc-André Grondin sur mon blogue :

Dans la plupart des reportages que j'ai entendus à la télé ou à la radio au Québec, dans quelques articles que j'ai pu lire aussi, un élément revient de façon récurrente : « Rassurez-vous, nous dit-on, Marc-André n'a pas l'intention de s'installer à Paris ! ». Ici même sur ce blogue, un intervenant demandait si le jeune acteur allait faire « une Marie-Josée Croze de lui-même ».

Mais d'où vient cette espèce de peur panique à l'idée que « nos » artistes puissent aller faire carrière dans un pays où il se produit pratiquement dix fois plus de films qu'ici ? Pourquoi prend-on comme une trahison nationale le fait qu'un acteur ou une actrice emprunte l'accent français afin de camper des personnages qui ne sont pas seulement définis par leurs origines ? À ce que je sache, personne en Belgique ne reproche à

Olivier Gourmet de s'être installé à Paris et de gommer son accent belge quand vient le moment de jouer dans des films français. Même chose pour le très suisse Vincent Perez. Pourquoi cela nous heurte-t-il autant ? Expliquez-moi, je ne comprends pas.

Si une actrice comme Marie-Josée Croze, dont la carrière n'allait pratiquement nulle part au Québec avant Les invasions barbares, s'épanouit désormais en campant des personnages dans des univers qui correspondent davantage à sa propre sensibilité artistique, où est le problème ?

« Oui mais elle emprunte l'accent français même quand elle ne joue pas ! » Ouain, pis ? [58]

En 2007, alors qu'elle m'accordait une interview en marge de la sortie de Ne le dis à personne (Guillaume Canet), Marie-Josée avait expliqué son rapport plus ou moins « ambigu » avec le milieu du cinéma québécois.

« Il est certain que le succès international des Invasions barbares a radicalement changé ma vie. Mais bien avant cela, j'étais déjà très attirée par la culture française et européenne. Après avoir obtenu le prix à Cannes, il était devenu impossible pour moi de rester à Montréal de toute façon. Impossible. Trop de rancoeurs. Les mêmes personnes qui m'avaient jetée pendant des années — je n'étais même jamais invitée à me présenter aux auditions — m'envoyaient tout à coup leurs scénarios ! Cette schizophrénie était difficile à vivre. »

Évidemment, l'actrice est passée à une autre étape de sa vie depuis cette époque, mais les vieilles blessures ne sont visiblement pas encore toutes cicatrisées. Au cours de la conversation, elle reviendra notamment sur un chapitre assez peu glorieux, en racontant comment, à peine quelques jours après avoir reçu son prix dans le plus grand

---

58. Blogue *Lapresse.ca*, 28 février 2009.

festival de cinéma du monde, on lui a fait parvenir une proposition de façon complètement intéressée.

« *C'était un scénario écrit par une directrice de casting qui, avant que je ne sois primée à Cannes, ne m'avait pourtant même jamais appelée pour me convoquer à ses auditions. J'ai juste eu envie de pleurer. On souhaite que ceux qui ne nous aiment pas continuent de ne pas nous aimer ou alors, s'ils changent leur fusil d'épaule, qu'ils le fassent pour de bonnes raisons !* »[59]

Deux ans plus tard, enchantée par son expérience de tournage avec Zabou Breitman, réalisatrice de *Je l'aimais*, l'actrice avait évoqué de nouveau l'importance pour elle de travailler avec des gens de confiance.

« *Parfois, les gens croient qu'une fois une certaine notoriété obtenue, plus rien ne peut nous atteindre. Rien n'est moins vrai. Quand il y a malveillance, on le sent immédiatement. Et on peut se faire mal. C'est pour cela que je dis que je préfère m'entourer de créateurs chez qui je sens une affection, un respect. Un état de souffrance ne mène à rien de bon.* »[60]

---

59. *La Presse*, 14 avril 2007.
60. *La Presse*, 3 octobre 2009.

2011

★ 1 ★
POLISSE
Maïwenn (France)
Avec Karin Viard, Marina Foïs, Joey Starr, Nicolas Duvauchelle.
...

Une plongée dans le quotidien des policiers de la Brigade de protection des mineurs de Paris.

Il y a dans Polisse *cette volonté de dépeindre la vie des policiers au quotidien. Et de mesurer l'impact sur les vies intimes d'individus constamment confrontés à leur propre impuissance. Tenant à créer des parcelles de vérité de façon la plus authentique possible, la réalisatrice parsème aussi son récit de scènes tragicomiques au cours desquelles ses personnages peuvent ventiler un peu leur trop-plein de douleur des autres. (La Presse, 3 mars 2012)*

★ 2 ★
SHAME (La honte)
Steve McQueen (Grande-Bretagne)
Avec Michael Fassbender, Carey Mulligan, James Badge Dale.
...

Un homme souffrant de dépendance sexuelle est confronté à son état quand arrive dans le décor sa sœur dépressive.

De ce postulat désespéré, Steve McQueen tire un film subtil et bouleversant. La mise en scène, très élégante, évite tout effet racoleur, même si elle fait claire-ment écho à l'obsession d'un personnage en recherche constante d'aventures sexuelles. L'auteur cinéaste expose ce drame sans porter de jugement, préférant plutôt s'attarder à décrire le tourment d'un homme qui, dans son quotidien, se languit dans sa chair. (La Presse, 17 décembre 2011)

★ 3 ★
LA GUERRE EST DÉCLARÉE
Valérie Donzelli (France)

Avec Valérie Donzelli, Jérémie Elkaïm, Gabriel Elkaïm.

...

Un couple déploie une machine de guerre quand leur jeune garçon de 18 mois est diagnostiqué d'une grave maladie.

La grande force de Valérie Donzelli est d'avoir su transcender le drame personnel qu'elle a vécu (dont le dénouement fut heureux) pour se lancer dans une véritable expérience de cinéma. Ce faisant, elle évite tous les pièges de la complaisance et offre en retour un film original, tonique, dans lequel des éléments plus fantaisistes interviennent dans un contexte on ne peut plus réaliste.
(La Presse, 15 octobre 2011)

★ 4 ★
THE DESCENDANTS
Alexander Payne (États-Unis)

Avec George Clooney, Shailene Woodley, Amara Miller.

...

Sa femme étant dans le coma, un avocat spécialisé dans l'immobilier doit maintenant assumer son rôle de père.

Truffé d'irrésistibles touches d'humour, peuplé de personnages qui, malgré leur aspect parfois décalé, restent bien ancrés dans la réalité, The Descendants marque sans contredit un sommet dans la carrière d'Alexandre Payne. Et permet à George Clooney de se glisser dans la peau d'un type « ordinaire » dont le mauvais goût vestimentaire n'a d'égal que sa maladresse avec ses filles.
(La Presse, 26 novembre 2011)

★ 5 ★
UNE SÉPARATION
Asghar Farhadi (Iran)

Avec Leila Hatami, Peyman Moadi, Sareh Bayat, Shahab Hosseini.

...

Sa femme l'ayant quitté, un homme embauche une jeune femme pour soigner son père malade.

Au départ, cette histoire semble presque banale. L'auteur cinéaste dresse pourtant un portrait très éclairant. Il crée en outre un suspense passionnant qui mêle habilement l'intime, le social et le politique. Sans aucun manichéisme, Farhadi pose un regard subtil sur sa société, renvoyant inévitablement le spectateur à ses propres interrogations, sa propre grille de lecture, sa propre morale. (La Presse, 25 février 2012)

★ 6 ★
MONSIEUR LAZHAR
Philippe Falardeau (Québec)
Avec Fellag, Émilien Néron, Sophie Nelisse, Danielle Proulx.

...

Un professeur d'origine étrangère prend le relais d'une enseignante disparue dans une classe de sixième année.

À travers la parole des enfants, l'auteur cinéaste aborde des problématiques sociales très concrètes, sans porter de jugement. Son regard relève plutôt du constat. Falardeau construit d'ailleurs chaque plan avec méticulosité, chaque détail révélant subtilement le contexte psychologique dans lequel évoluent les protagonistes. Le meilleur film de Philippe Falardeau. (La Presse, 29 octobre 2011)

★ 7 ★
HUGO
Martin Scorsese (États-Unis)
Avec Asa Butterfield, Chloë Grace Moretz, Ben Kingsley, Sacha Baron Cohen.

...

Dans le Paris des années 30, un jeune garçon orphelin vivant dans les murs du métro est happé dans une aventure fantastique et mystérieuse.

La première incursion du célèbre cinéaste dans le domaine du «divertissement familial», et du film en 3D, est une grande réussite. En adaptant le roman illustré de Brian Selznick pour le grand écran avec les technologies de pointe, Scorsese fait magnifiquement le pont avec les débuts de l'histoire du septième art. Et rend un vibrant hommage à l'œuvre de Georges Méliès, lui même grand inventeur en son temps. Pour un cinéphile, c'est irrésistible. (La Presse, 24 décembre 2011)

★ 8 ★
LE NOM DES GENS
Michel Leclerc (France)

Avec Jacques Gamblin, Sara Forestier, Zinedine Soualem.

...

Une jeune femme se fait une idée si haute de l'engagement politique qu'elle n'hésite pas à coucher avec ses ennemis pour tenter de les convertir...

Comme le titre l'indique, ce film de Michel Leclerc prend un malin plaisir à détourner les clichés en se glissant avec habileté sous le vernis des apparences. Sous des allures légères, Le nom des gens s'immisce avec intelligence au cœur des thèmes débattus présentement en France, notamment à propos de la question de l'identité nationale. Une comédie aussi savoureuse que pertinente. (La Presse, 24 décembre 2011)

★ 9 ★
THE ARTIST
Michel Hazanavicius (France)

Avec Jean Dujardin, Bérénice Bejo, John Goodman.

...

À l'arrivée du parlant, George Valentin, vedette en déclin du cinéma muet, assiste à l'ascension fulgurante d'une jeune starlette.

La réussite du film est à la hauteur du pari que s'est lancé le réalisateur des comédies OSS 117. Elle tient sans doute à ces multiples références au premier âge d'or du cinéma hollywoodien, tout autant qu'au charme d'interprètes qui s'amusent comme larrons en foire. Alliant la grâce d'un Gene Kelly et le charisme d'un Douglas Fairbanks, Jean Dujardin étonne autant qu'il séduit. (La Presse, 10 décembre 2011)

★ 10 ★
LA PEAU QUE J'HABITE (La piel que habito)
Pedro Almodóvar (Espagne)

Avec Antonio Banderas, Elena Anaya, Marisa Paredes.

...

Pour perfectionner sa technique, un éminent chirurgien esthétique trouve un cobaye en la personne d'un jeune homme qu'il soupçonne d'avoir violé sa fille.

Évoquant à la fois Franju (Les yeux sans visage), Hitchcock et Cronenberg (versant Dead Ringers), le réalisateur de Volver propose un film clinique et froid

*comme la mort. Même si le propos est puisé à même les avenues moins fré-
quentables de l'âme humaine, point d'approche sensationnaliste ici. Malgré son
caractère très dérangeant,* La piel que habito *est à classer dans les Almodóvar
de très bon cru. (La Presse, 19 décembre 2011)*

RETOUR

CROIRE AU DESTIN

Quand on a vu *Polisse* une première fois au Festival de Cannes, on
a eu du mal à y croire. Comment une réalisatrice qui, jusque-là,
n'avait pour tout bagage qu'un film thérapeutique très irritant
(*Pardonnez-moi*) et un autre, plus sympathique (*Le bal des actrices*),
avait-elle pu en arriver à une telle maîtrise? En attaquant un sujet
si hautement délicat? Toujours est-il que Maïwenn a soufflé tout le
monde. Enfin, presque. L'auteure cinéaste fut aussi violemment
attaquée dans certains cercles. On l'a accusée de manipulation
émotive et de démagogie. Pourtant, la démarche de Maïwenn dans
ce cas-ci rappelle singulièrement celle qu'ont empruntée les concepteurs de la série télévisée québécoise *19-2*. On y trouve le même
souci d'authenticité, la même envie d'immerger le spectateur dans
l'esprit d'individus constamment confrontés à la misère humaine.

Si l'année fut marquée par de belles offrandes du côté des habitués
(Almodóvar, Scorsese), l'on ne peut s'empêcher de remarquer
l'arrivée dans ce tableau d'honneur de signatures, qui, même si
elles s'étaient déjà fait remarquer auparavant, n'avaient jamais été
aussi fortes. Steve McQueen, Alexander Payne, Michel Leclerc et
Asghar Farhadi ont proposé des œuvres exceptionnelles.

C'est d'ailleurs au cinéaste iranien qu'est allé l'Oscar du meilleur film en langue étrangère, trophée pour lequel était aussi en lice Philippe Falardeau. De Locarno jusqu'à Hollywood, *Monsieur Lazhar*, aussi gratifié d'un très grand succès public au Québec, a connu un parcours aussi inattendu qu'exemplaire.

Quant à *The Artist,* ce film français sans paroles en noir et blanc, il est passé du statut de pari audacieux à celui d'enfant chéri de Hollywood en quelques mois à peine. Et il a raflé cinq statuettes, parmi lesquelles les plus prestigieuses (film, réalisation, sans oublier celle attribuée à Jean Dujardin). Un an auparavant, même dans leurs rêves les plus fous, aucun des artisans du film n'aurait pu croire à un tel destin.

★ Portrait ★
JEAN DUJARDIN

LAURÉAT D'UN OSCAR

Depuis *Brice de Nice,* Jean Dujardin s'est prêté souvent à l'exercice du « service après-vente », mais il était clair qu'en cette année 2011, quelque chose d'un peu plus particulier flottait dans l'air. Quand il est venu accompagner *The Artist* au festival de Toronto, où le film a véritablement amorcé sa carrière nord-américaine, Jean Dujardin pouvait déjà se targuer d'avoir un prix d'interprétation du festival de Cannes à son actif. Là, tout se jouait désormais dans une autre ligue. Les journalistes américains — nous étions pourtant à six mois de la cérémonie — spéculaient déjà sur les chances du film de Michel Hazanavicius aux prochains Oscar. Harvey Weinstein, qui avait acquis les droits du film français quelques mois plus tôt à Cannes, avait juré de tout faire en sorte pour emmener son poulain jusqu'aux plus hauts sommets.

« Je ne me suis pas vraiment rendu compte de tout ça, car je tournais déjà un autre film. Pour être honnête, je n'ai pas vraiment envie que ma vie change. Je ne suis pas en attente d'une carrière américaine ; je ne suis en attente de rien, en fait. Évidemment, le prix à Cannes m'a fait très plaisir. D'autant que je suis monté sur la scène du Théâtre Lumière avec l'intention ferme de bien profiter de ce grand moment de bonheur. »[61]

Le destin, bien entendu, a frappé. Jean Dujardin fut le premier acteur français lauréat de l'oscar du meilleur acteur à Hollywood. On a pu mesurer l'impact d'un tel triomphe dans l'imaginaire collectif au retour de l'acteur en France.

Dans la hiérarchie des grandes manifestations cinématographiques de l'année, les cinéphiles du monde entier placeront toujours le Festival de Cannes au sommet. Cela va de soi. Mais l'impact d'un prix obtenu sur la Croisette — très prestigieux — se ressentira surtout à l'intérieur de leurs cercles. Pour tout dire, l'événement cannois lui-même fait davantage partie de la mythologie culturelle que les lauréats qu'il célèbre. Mais à Hollywood, ceux qui ont un jour la chance de mettre le grappin sur un Oscar obtiennent d'office leur ticket d'entrée pour le cénacle du star-système haut de gamme.

Il suffit simplement d'aller se promener un peu sur YouTube pour en avoir la preuve. On y trouve en effet des scènes croquées cette semaine à l'aéroport Roissy Charles-de-Gaulle, au moment du retour triomphal de Jean Dujardin à la maison. Le même Jean Dujardin

---

61. *La Presse*, 3 décembre 2011.

qui, au mois de mai l'an dernier, a pu rentrer chez lui bien peinard, son prix d'interprétation du Festival de Cannes sous le bras, sans être importuné par qui que ce soit.

Mardi, c'était autre chose. Le héros était attendu par une meute de journalistes et de photographes qui se sont agglutinés autour de lui, causant ainsi une foire d'empoigne à la française pour le moins divertissante. Et ils ont crié leurs questions — forcément édifiantes — pour essayer de se faire entendre. Le principal intéressé leur a répondu au milieu de la bousculade, Oscar à la main, avec l'irrésistible sourire d'OSS 117. Le pauvre a dû, dans cette cohue, se frayer péniblement un chemin vers la sortie sous haute escorte policière.

Pourquoi tout ce cirque? Un mot: Oscar. Qui ramène inévitablement la question du rayonnement. Et du besoin viscéral d'exister dans le regard d'un «plus grand que soi». L'acteur a eu beau collectionner les lauriers un peu partout, de Cannes à Londres en passant par tous ces endroits où des associations professionnelles ont remis des prix, le sacre hollywoodien vient surclasser tous les autres. On célèbre en France le triomphe de The Artist aux Oscar comme une victoire des Bleus en Coupe du Monde. C'est compréhensible. D'autant qu'il s'agit ici d'une première. Aucun film étranger entièrement produit par un pays non anglophone n'avait jamais obtenu les plus prestigieuses statuettes jusqu'à maintenant. Si jamais un film québécois obtenait les mêmes honneurs que The Artist, il y a fort à parier que nous succomberions tous à la même frénésie.

Tant que l'objet Oscar aura une aussi grande valeur symbolique dans l'esprit des gens, particulièrement à l'extérieur des frontières américaines, l'Académie peut dormir tranquille.[62]

---

62. *La Presse*, 2 mars 2012.

Au cours d'une interview qu'il m'a accordée quelques mois plus tard, alors que la poussière était un peu retombée, Jean Dujardin gardait toujours la tête froide

« Je suis encore incrédule par rapport à tout ça. Contrairement à ce qu'on pourrait croire, ce genre de truc rend plutôt humble. Je ne sais pas tout faire, je ne peux pas tout jouer, et j'ai encore plein de choses à apprendre. Je trouve que l'Oscar est un très bel objet, mais je ne veux pas y voir autre chose que cela. J'ai peur de l'enfermement, peur de perdre la naïveté, la notion de plaisir avec laquelle j'ai toujours exercé ce métier. Quand j'ai un problème d'ego, je regarde le trophée et cela me fait du bien. Mais la plupart du temps, je continue mon travail exactement de la même façon qu'avant. »[63]

Dans un magazine français, Dujardin a en outre raconté sa rencontre avec Leonardo DiCaprio sur le tournage de *The Wolf of Wall Street* (Martin Scorsese).

« DiCaprio a été très sympa sur le tournage du Scorsese, mais en même temps, je sentais qu'il me regardait un peu du genre : « Tu ne serais pas un accident, toi ? Tu l'as eu comment ton Oscar ? »[64]

---

63. *La Presse*, 18 août 2012.
64. *Première* (no. 432 — février 2013).

2012

★ 1 ★
DE ROUILLE ET D'OS
Jacques Audiard (France)
Avec Marion Cotillard, Matthias Schoenaerts, Armand Verdure, Corinne Masiero.
...

À la suite d'un incident malheureux, une dresseuse d'orques reprend contact avec un type rencontré dans un bar quelques mois auparavant.

Une œuvre filmée au plus près de la peau, truffée de scènes qui hantent l'esprit. Ce film d'Audiard emprunte à la fois les accents du drame social, du film noir, du film d'amour aussi, et pourtant, il reste parfaitement imprévisible, inclassable. Avec un style qui n'appartient qu'à lui, le chef de file du cinéma français nous offre une œuvre puissante, devant laquelle on ne peut qu'être soufflé. (La Presse, 15 décembre 2012)

★ 2 ★
AMOUR
Michael Haneke (France - Autriche)
Avec Jean-Louis Trintignant, Emmanuelle Riva, Isabelle Huppert.
...

Un vieil homme apprend à se détacher de celle qu'il aime depuis si longtemps, maintenant atteinte d'une maladie dégénérative.

Sans complaisance aucune, le réalisateur autrichien illustre la nouvelle dynamique qui s'installe dans ce couple de personnes âgées le jour où Anne est victime d'un accident. Georges prend soin d'elle. Avec une infinie dévotion. Mais aussi le détachement de celui qui doit faire le deuil de son amour. Comme toujours dans le cinéma d'Haneke, la mise en scène d'Amour est marquée d'une extrême précision, d'une rigueur exceptionnelle, et de compositions sublimes des acteurs en présence. (La Presse, 20 mai 2012)

★ 3 ★
THE MASTER (Le maître)
Paul Thomas Anderson (États-Unis)

Avec Philip Seymour Hoffman, Joaquin Phoenix, Amy Adams.

...

L'ascension d'un chef religieux dans les années 1950 aux États-Unis et sa relation avec celui qui deviendra son bras droit.

La réalisation, en forme d'hommage au grand cinéma américain des années 40 et 50, n'est rien de moins qu'éblouissante. À cette virtuosité de cinéaste s'ajoute aussi l'interprétation magistrale des deux acteurs principaux. Tous deux lauréats d'un prix d'interprétation à la Mostra de Venise, Philip Seymour Hoffman et Joaquin Phoenix offrent — c'est un euphémisme — de saisissantes compositions. (La Presse, 6 octobre 2012)

★ 4 ★
BULLHEAD (Rundskop)
Michael R. Roskam (Belgique)

Avec Matthias Schoenaerts, Jeroen Perceval, Jeanne Dandoy.

...

Un éleveur de boeufs fait du trafic d'hormones de croissance dans l'industrie bovine.

On ne peut faire autrement que de tracer des parallèles avec le cinéma de gangsters américain, façon réaliste à la Scorsese. L'auteur cinéaste Roskam impose d'emblée son style et son rythme, mais si Bullhead atteint cette puissance d'évocation, c'est avant tout grâce à la présence stupéfiante à l'écran de Matthias Schoenaerts, révélé grâce à ce film très fort. (La Presse, 22 décembre 2012)

★ 5 ★
BEASTS OF THE SOUTHERN WILD
(Les bêtes du sud sauvage)
Benh Zeitlin (États-Unis)

Avec Quvenzhané Wallis, Dwight Henry, Jonshel Alexander.

...

Une fillette de six ans survit à l'ouragan Katrina sur sa petite île d'un bayou de la Louisiane

Ce premier long métrage emprunte la forme du conte pour transgresser la dure réalité qu'il dépeint. Le récit atteint une puissance poétique magnifique, d'autant que la petite actrice, Quvenzhané Wallis, est tout simplement prodigieuse. Superbement filmé, cette œuvre magique est aussi une ode à une contrée d'Amérique plus singulière. (La Presse, 22 décembre 2012)

★ 6 ★
TOUT CE QUE TU POSSÈDES
Bernard Émond (Québec)

Avec Patrick Drolet, Willia Ferland-Tanguay, Isabelle Vincent, Gilles Renaud.

...

Confronté à la mort prochaine de son père, un professeur de langues étrangères refuse l'héritage familial.

Avec beaucoup de finesse et de sensibilité, l'auteur cinéaste évoque la prise de conscience d'un homme dont l'envie de dépouillement se dirige inévitablement vers un cul-de-sac. Des images brumeuses et magnifiques servent avec grâce ce film dans lequel l'écriture poétique devient prodigieusement belle et vivante. À classer dans la frange supérieure de l'œuvre de Bernard Émond.
(La Presse, 3 novembre 2012)

★ 7 ★
REBELLE
Kim Nguyen (Québec)

Avec Rachel Mwanza, Serge Kanyinda, Alain Lino Mic Eli Bastien.

...

Une adolescente de 14 ans raconte à l'enfant qui grandit dans son ventre l'histoire de sa vie depuis qu'elle fait la guerre.

Kim Nguyen a su emprunter le ton juste, la bonne manière. Il a aussi trouvé le moyen d'évoquer des instants de beauté dans un contexte infernal. Tous les pièges ont été évités. Pas de sentimentalisme surfait, ni de manipulation émotive, encore moins de voyeurisme. Rachel Mwanza est l'âme de ce grand film entièrement africain de cœur et d'esprit. (La Presse, 21 avril 2012)

★ 8 ★
LE CHEVAL DE TURIN (A Torinoi lo)
Béla Tarr (Hongrie)
Avec Erika Bók, Mihály Kormos, János Derzsi.
...

Pendant deux heures trente, le cinéaste filme le vide de l'existence en le ponctuant de sublimes plans séquences. Et c'est fascinant. Parce que très intense quand même. En phase avec la nature hostile, Tarr parvient à faire ressentir les éléments de façon viscérale. Sur le plan cinématographique, il est rare d'être témoin d'une aussi belle pureté, d'une telle expression dans les images.
(La Presse, 9 juin 2012)

★ 9 ★
SKYFALL
Sam Mendes (Grande-Bretagne)
Avec Daniel Craig, Javier Bardem, Judi Dench.
...

L'agent 007 doit prouver sa loyauté envers M lorsque le passé de celle-ci revient la hanter.

Sam Mendes met entièrement sa mise en scène au service de l'histoire et des personnages. Si les séquences d'action se révèlent toujours aussi dynamiques, les scènes dialoguées le sont désormais tout autant. L'éminent cinéaste fait d'ailleurs assez confiance à son script pour ne pas céder à la folie du montage frénétique, ni à cette manie de la caméra survoltée. Les artisans de ce nouvel opus auraient difficilement pu faire mieux. Vraiment, c'est excellent.
(La Presse, 10 novembre 2012)

★ 10 ★
LES BIEN-AIMÉS
Christophe Honoré (France)
Avec Catherine Deneuve, Chiara Mastroianni, Milos Forman.
...

La fille d'une femme un peu volage ayant vécu sa jeunesse dans les années 60 a du mal à s'épanouir.

Présenté l'an dernier à la soirée de clôture du festival de Cannes, le nouvel opus de Christophe Honoré reprend la formule des Chansons d'amour. *Ponctué par les chansons d'Alex Beaupain,* Les bien-aimés *joue à fond la carte référentielle au détour d'une peinture des années 60. Ce film mal aimé se révèle néanmoins délicieux aux yeux des amateurs. (La Presse, 22 décembre 2012)*

RETOUR

· ·

UN GRAND TRIO EN TÊTE

Un peu une répétition de 2010. Audiard, Haneke en tête. Auquel s'ajoute cette fois le film de Paul Thomas Anderson. *The Master* est une œuvre remarquable. Mais elle ne fait pas l'unanimité, loin de là. À mon sens, ce sont là les trois films qui se démarquent incontestablement dans cette cuvée 2012.

Cela dit, l'année a aussi été marquée par la révélation d'un acteur :

S'il comptait déjà plus d'une trentaine de productions cinématographiques et télévisuelles à son actif, parmi lesquelles une participation dans Black Book *(Paul Verhoeven), Matthias Schoenaerts fut révélé seulement l'an dernier sur la scène internationale. C'est d'ailleurs grâce à son époustouflante performance dans* Bullhead, *film belge finaliste dans la catégorie du meilleur film en langue étrangère aux Oscar, que l'acteur flamand s'est fait remarquer de Jacques Audiard.*[65]

Cela dit, on note quand même une assez belle diversité dans le bon cinéma de l'année. Des productions aussi confidentielles que *Le cheval de Turin*, œuvre exigeante qui ne peut qu'être vue sur grand écran, ou même *Tout ce que tu possèdes*, côtoient le

---

65. *La Presse*, 31 octobre 2012.

nouveau James Bond. *Le Journal de Montréal* avait d'ailleurs mis en exergue une comparaison douteuse pour évoquer la « crise » du cinéma québécois en mettant côte à côte les recettes au box-office des films de Bernard Émond et de Sam Mendes. Cherchez l'erreur.

À cet égard, 2012 restera l'année de la grande auto flagellation collective du milieu du cinéma québécois. Les parts de marché ayant chuté de moitié, on a beaucoup discuté du fragile équilibre entre cinéma d'auteur et cinéma « populaire », même si plusieurs exemples récents illustrent que le mariage est pourtant possible. On a aussi beaucoup évoqué le décalage entre le rayonnement du cinéma québécois à l'extérieur de nos frontières (*Rebelle* fut le troisième film québécois en trois ans à être sélectionné aux Oscar) et son impopularité à l'intérieur de son propre territoire. Il se trouve pourtant que les films d'ici n'ont jamais autant été appréciés sur la scène internationale. Et sont primés un peu partout. À vrai dire, cette « crise » est essentiellement d'ordre économique. Et n'a rien à voir avec l'aspect créatif.

★ Portrait ★
JOAQUIN PHOENIX
L'ÉCORCHÉ VIF

· ·

C'était soirée de grande première au festival de Toronto. L'un des films les plus attendus de la sélection, *The Master*, allait être présenté au Princess of Wales Theatre. Avec nos billets bien en main, mon comparse Cassivi et moi nous apprêtons à gagner la loooooongue file d'attente. Qui doit bien faire trois pâtés de maison. Au point où nous avons craint un refoulement à la porte. Quand nous avons rencontré par hasard une figure amie, liée à l'organisation du festival, on s'est demandé si, par hasard, nous ne pourrions pas… , enfin, bref, y aurait-il moyen de… Bon.

« Suivez-moi les garçons ». On l'a suivie. Après bien des hésitations, des négociations, on nous entraîne dans une petite pièce vide qui, comprendrons-nous très vite, se remplira des invités les plus distingués de la soirée. Clairement, cet endroit n'est pas destiné aux journalistes. On joue la carte de la discrétion. D'autant qu'il est maintenant impossible de rebrousser chemin. Des vedettes de catégorie «A» se pointent. Puis, le grand chef de la soirée Harvey Weinstein. *The Master* est l'un de «ses» films. Il n'est visiblement pas d'humeur. Quand on se rappelle cette soirée, Marc et moi, on se dit en riant que si nous avions été démasqués auprès du puissant nabab, nous aurions probablement fini la soirée en prison ! Joaquin Phoenix arrive dans la pièce. Agité. Quelque chose ne fait pas son affaire. Il repart. Pour ne jamais revenir. On ne le verra plus du festival. J'aime cet acteur. Cela dit, ses performances sont tellement intenses que mon admiration se transforme parfois en inquiétude. Dans la foulée de la sortie de *The Master*, j'ai écrit ce portrait :

Joaquin Phoenix offre une composition remarquable après avoir pratiquement mis sa carrière en veilleuse pendant trois ans à cause du faux documentaire I'm Still There. *Dans cet étrange* home movie *(tourné par son beau-frère Casey Affleck), l'acteur, qui avait annoncé sa retraite du cinéma pour se lancer dans le hip hop, avait fait croire à un suicide professionnel étalé sur grand écran. Plusieurs n'y ont vu que du feu. Un être aussi fragile, qui exprime son mal-être à travers des rôles toujours plus intenses les uns que les autres, ne pouvait que frapper un mur un jour. Comme si le destin tragique était déjà tout tracé. Bien des gens ont eu ce mauvais pressentiment pour Joaquin Phoenix. Et l'ont encore.*

Les journalistes ne peuvent évidemment prétendre connaître de façon intime les personnalités qu'ils interviewent. Ils n'ont accès qu'à des moments, privilégiés parfois, au cours desquels la plupart de leurs interlocuteurs sont parfaitement conscients de la nature promotionnelle de la rencontre. Surtout si celle-ci se déroule dans le cadre d'une journée de presse organisée par un grand studio américain.

Quand même, une personnalité se dessine au fil des ans. Et Phoenix n'a jamais triché à cet égard. Ses doutes, son inconfort, son malaise, ont toujours transparu dans ses propos, son attitude. Si l'acteur est en pleine possession de ses moyens, la personnalité publique, elle, l'est beaucoup moins. À la Mostra de Venise, où il a obtenu un prix d'interprétation (partagé avec son partenaire Philip Seymour Hoffman), l'acteur n'a pratiquement répondu à aucune question. Et il a quitté la table au beau milieu de la conférence de presse pour ne jamais revenir. Quelques jours plus tard à Toronto, Phoenix était bien là. Nous l'avons croisé, nerveux et un peu agité, à la soirée de gala au Princess of Wales Theatre. Ce fut pourtant sa seule apparition publique. Interviews annulées, et absence remarquée à une conférence de presse où sa présence était pourtant annoncée. Visiblement, Joaquin Phoenix a du mal à composer avec cet aspect du métier.

Cela dit, son talent est si exceptionnel que bien des observateurs n'hésitent pas à comparer l'acteur à Marlon Brando. Même présence animale à l'écran, même façon de se jeter dans un rôle à corps perdu. Au TIFF, Paul Thomas Anderson racontait que pour la scène où «le maître» et son nouveau disciple se retrouvent voisins de cellule dans une prison, il avait laissé son acteur extérioriser sa rage intérieure. Sans filet.

«La scène avait été écrite de trois façons, avait expliqué l'auteur cinéaste. La première stipulait que Joaquin pouvait laisser aller sa folie. Ce fut la première prise. On l'a gardée. Et nous n'en avons tourné aucune autre. Quand on assiste à ce genre de moment, on craint que l'acteur n'en sorte pas indemne mais en même temps, on se sent privilégié de capter un tel instant de vérité. »

Cette anecdote de tournage fait furieusement penser à une fameuse scène de Série noire. *Le regretté Alain Corneau avait souvent raconté que l'acteur principal de son film, mort il y a maintenant 30 ans, ne l'avait pas prévenu de ses intentions, sinon en s'assurant que la prise allait être bonne sur le plan technique. Pour faire écho aux frustrations de son personnage, le comédien s'est violemment frappé la tête sur le capot d'une voiture. Au point où la tôle en fut froissée.*

D'une certaine façon, Joaquin Phoenix fait aussi beaucoup penser à Patrick Dewaere. En plus de Brando. Forcément, ça peut devenir un peu lourd à porter.[66]

---

66. *La Presse*, 5 octobre 2012.

ÉPILOGUE

POUR LA SUITE DES CHOSES

Souvent, des gens me demandent s'il m'arrive d'être blasé. « À voir autant de films, c'est certain que tu ne peux avoir le même regard que nous », me dit-on. C'est pourtant faux. Bien sûr, le métier que j'exerce m'amène à voir quantité de films plus « ordinaires ». Ni bons, ni mauvais. Seulement « moyens ». Ce sont d'ailleurs sur ces films-là qu'il est le plus difficile d'écrire sans recourir à des formules maintes fois utilisées.

Quand survient une longue période de léthargie, c'est-à-dire quand rien ne m'enthousiasme depuis un bon moment, je commence à douter. Peut-être est-ce vrai, finalement. Peut-être devient-on blasé. Inévitablement.

Puis, au moment où ce maudit doute s'installe arrive un chef-d'œuvre. Un film qui vous remue de l'intérieur et attise de nouveau la flamme. Non seulement une œuvre comme celle-là comble vos attentes sur le plan cinématographique, mais elle a aussi la faculté de vous conforter dans l'idée que, finalement, le goût de la qualité n'est pas négociable. Un bon film se révèle d'évidence.

Au moment de la rédaction de cet ouvrage, mon palmarès 2013 n'était pas encore établi. Je vois pourtant mal comment une œuvre pourrait, d'ici décembre, surclasser en tête de liste *La vie d'Adèle — Chapitres 1 et 2,* l'exceptionnel film d'Abdellatif Kechiche.

On s'en reparle dans 25 ans ?